MINERVA
はじめて学ぶ教科教育
3

吉田武男
監修

初等社会科教育

井田仁康/唐木清志
編著

ミネルヴァ書房

監修者のことば

　本書を手に取られた多くのみなさんは，おそらく学校の教師，とくに小学校の教師になること
を考えて，教職課程を履修している方ではないでしょうか。それ以外にも，中等教育の教師の免
許状とともに，小学校教師の免許状も取っておこうとする方，あるいは教育学の一つの教養とし
て本書を読もうとしている方も，わずかながらおられるかもしれません。

　どのようなきっかけであれ，本シリーズ「MINERVA はじめて学ぶ教科教育」は，小学校段階を
中心にした各教科教育について，はじめて学問として学ぶ方に向けて，教科教育の初歩的で基礎
的・基本的な内容を学んでもらおうとして編まれた，教職課程の教科教育向けのテキスト選集です。

　教職課程において，「教職に関する科目と教科に関する専門科目があればよいのであって，教
科教育は必要ない」という声も，教育学者や教育関係者から時々聞かれることがあります。しか
し，その見解は間違いです。教科の基礎としての学問だけを研究した者が，あるいは教育の目的
論や内容論や方法論だけを学んだ者が，小学校の教科を 1 年間にわたって授業を通して学力の向
上と人格の形成を図れるのか，と少し考えれば，それが容易でないことはおのずとわかるでしょ
う。学校において学問と教科と子どもとをつなぐ学問領域は必要不可欠なのです。

　本シリーズの全巻によって，小学校教師に必要なすべての教科教育に関する知識内容を包含し
ています。その意味では，少し大げさにいうなら，本シリーズは，「教職の視点から教科教育学
全体を体系的にわかりやすく整理した選集」となり，このシリーズの各巻は，「教職の視点から
各教科教育学の専門分野を体系的にわかりやすく整理したテキスト」となっています。もちろ
ん，各巻は，各教科教育学の専門分野の特徴と編者・執筆者の意図によって，それぞれ個性的で
特徴的なものになっています。しかし，各巻に共通する本シリーズの特徴は，多面的・多角的な
視点から教職に必要な知識や知見を，従来のテキストより大きい版で見やすく，「用語解説」「法
令」「人物」「出典」などの豊富な側注によってわかりやすさを重視しながら解説されていること
です。また教科教育学を「はじめて学ぶ」人が，「見方・考え方」の資質・能力を養うために，
各章の最後に「Exercise」と「次への一冊」を設けています。なお，別巻は，教科教育学全体と
その関連領域から現代の学力論の検討を通して，現在の学校教育の特徴と今後の改革の方向性を
探ります。

　この難しい時代に子どもとかかわる仕事を志すみなさんにとって，本シリーズのテキストが各
教科教育の大きな一つの道標になることを，先輩の教育関係者のわれわれは心から願っています。

　2018年

吉　田　武　男

はじめに

　社会科というと，暗記教科，覚えさせられる教科と思っている人は少なくない。教師にとって，社会科は教科書にそっていれば教えやすい教科である一方で，さまざまな社会的事象の関係性を見出し，空間的にも時間的にも社会的事象を追究し，将来の望ましい社会を考え，構想する能力を育成するという社会科の目的を鑑みると，教科書を深く読み込んだり，教科書の記述の先にある教材の追究をしたりすることが必要となり，その教材と指導をどう絡めていくのかという難しい教科でもある。つまり社会科は，突き詰めていけば，事実（社会的事象）に基づき，未来の社会を構築できる能力を育成する科目であり，その意味では短期的には評価のできない，指導の難しい教科であるといえる。それぞれの子どもが将来どう社会に向き合い，そして貢献し，幸福な生活を送ってくれるか見えないだけに，目先のテストのための用語や事象の暗記にとらわれてしまうことは，社会科の負の宿命なのかもしれない。しかし，社会科を深く理解することで，社会科のもつ意義，社会科でなすべきことが見えてきて，社会科の授業をどう創るべきかを考えることができよう。

　本書は，以上のような社会科の本質を理解してもらいたいと思い編集した。第Ⅰ部では社会科の本質を理念的に解説する。社会科の授業をするにあたり，なぜ社会科が必要なのか，なぜ社会科を教えなくてはいけないのかといった社会科の理念を考えてもらいたい。その理念を考えたうえで，どのような社会科の授業が成立するのかといった実践が第Ⅱ部となる。第Ⅱ部は優れた実践であるが，実践だけ読んでも，そのよさは十分には理解できないであろう。その授業の精神，授業づくりの背景を第Ⅰ部で理解したうえで読むと，その実践の意味がより一層理解でき，自分たちが授業を創っていくうえでの哲学を深めることができ，社会科の本質にそった授業づくりができる素地ができてこよう。そして，第Ⅲ部では，目を日本から海外に向け，諸外国の社会科を知ることで，より一層日本の社会科について理解を深めることができ，客観的にそしてグローバルに社会科を見ることができることを意図とした。

　社会科は小学校からはじまる。社会科に限らないが，中学校，高等学校に進むにあたって，小学校で学ぶ教科のイメージは重要である。小学校で社会科が暗記教科と刷り込まれてしまうと，中学校，高等学校に進んでもそのイメージはぬぐえないことが多い。それゆえ，初等社会科を教える小学校の教師には，社会科の本質をしっかりと考えて，子どもたちに社会科を学ばせていかなければならない。これからの子どもの人生，社会の構築のために，初等教育の役割は極めて大きい。なお，初等教育とは小学校および幼稚園での教育をさすが，本書では小学校第3学年からはじまる社会科を対象とするため，初等社会科ということにする。

　社会科の普遍的，本質的なことがある一方，社会科は学習指導要領にも規定される。学習指導要領でも社会科として普遍的な考え方は示されているが，内容や方法については，学習指導要領の改訂によってその重点が変わってくる。そうした普遍的なことと，学習指導要領で規定されることがあいまって，初等社会科は展開される。ほぼ，10年ごとに改訂される学習指導要領であるが，小学校で2020年から完

全実施される学習指導要領は，2017（平成29）年３月に公示された（以下，新学習指導要領という）。

　新学習指導要領のポイントは，資質・能力を「知識及び技能」「思考力，判断力，表現力等」「学びに向かう力，人間性等」の３つに整理したこと，および知識・技能ともに思考力・判断力・表現力等を，内容の項目ごとに示し，知識・技能と思考力・判断力・表現力等との両者を項目ごとに身につけることを求めている。とくに思考力については，「社会的な見方・考え方」として，初等社会科から中等社会科（高等学校地理歴史科，公民科を含む）までの連続性を強調している。このことは，社会科が暗記教科ではないこと，および初等教育から中等教育まで一貫した「社会的な見方・考え方」を有していることを強調したものといえる。しかし，これは知識を軽視しているわけではなく，基礎となる知識に基づいて「社会的な見方・考え方」を働かせ，思考・判断するとともに，それによりさらなる深化したあるいは概念的な知識を習得し，「社会的な見方・考え方」を確固としたものにしようとしている。

　さらに，判断する際には，事実の検証とともに価値観がともなう。教師が価値観をどう捉え，どう指導するのかは社会科としての課題である。判断力を育成するにあたって，知識を伝授し，活動させ，考えさせ，判断させるまでのプロセスにおいて，どの程度まで教師が児童に対して介入していくのかは，初等社会を担当する教師にとっての大きな課題の一つでもある。

　社会科は，教えるのが一見楽そうにみえて，実は難しい教科である。初等社会科ではとくにそういえる。このような初等社会科に真摯に向き合おうとする教員志望の学生，それだけでなく「社会科って何？」と思っている学生をはじめ，初等社会科に関心をもっておられる方々にとって，本書が少しでも役立ってくれれば幸いである。

　本書の出版にあたり，ミネルヴァ書房編集部の河野菜穂様には大変お世話になった。厚くお礼申し上げます。

2018年２月

執筆者を代表して　井田仁康

目　次

監修者のことば

はじめに

第Ⅰ部　初等社会科教育の基盤

第1章　初等社会科教育の意義 ……………………………………………… 3
1　社会科はなぜ必要か ……………………………………………………… 3
2　社会科が目指す人間像 …………………………………………………… 5
3　初等社会科の役割 ………………………………………………………… 7

第2章　初等社会科教育のねらい ………………………………………… 11
1　社会科教育を通して教師は何をねらうのか──学習指導要領と教師 ……… 11
2　新学習指導要領における初等社会科教育のねらい …………………… 12
3　社会科を取り巻く社会的文脈──ねらいの背景を読み解く ………… 16
4　一人ひとりの子どもの文脈に寄り添う──ねらいを具体化する ……… 17
5　教師が主体的に初等社会科教育のねらいを調整する ………………… 19

第3章　初等社会科教育の歴史的変遷 …………………………………… 21
1　初期社会科の名残を残す初等社会科 …………………………………… 21
2　1945年以後の初等社会科の歴史的変遷 ………………………………… 22
3　初等社会科における主要なテーマ ……………………………………… 23
4　初等社会科の歴史的変遷を顧みて ……………………………………… 29

第4章　初等社会科教育の学習指導 ……………………………………… 31
1　初等社会科の学習指導法としての問題解決学習 ……………………… 31
2　問題解決学習の目的と方法 ……………………………………………… 32
3　問題解決学習における学習指導の性格 ………………………………… 34
4　「主体的・対話的で深い学び」の実現──問題解決学習から学ぶこと ……… 38

第5章　初等社会科教育における教科書の取扱い ……………………… 41
1　社会科授業における教科書の役割 ……………………………………… 41
2　社会科教科書の性格 ……………………………………………………… 42
3　社会科教科書の構成 ……………………………………………………… 44
4　社会科教科書の役割 ……………………………………………………… 47

5　社会科教科書を活用するうえでの留意点 ………………………………………… 48

第6章　初等社会科教育の評価 ……………………………………………………… 51

　　1　教育改革のなかの評価 ……………………………………………………………… 51

　　2　何のために評価するのか …………………………………………………………… 51

　　3　評価規準はどのようにつくられているのか ……………………………………… 52

　　4　どのように評価するのか …………………………………………………………… 57

第Ⅱ部　初等社会科教育の実践

第7章　初等社会科教育の実践①──第3学年／身近な地域／地図 ………… 63

　　1　社会科学習で大切にしたいこと──児童にとって初めての社会科学習 …………… 63

　　2　新学習指導要領における「身近な地域」「地図」の位置づけ ………………………… 65

　　3　学習指導案と授業実践の概要──スケッチとフィールドワークを取り入れて …… 66

　　4　実践するにあたっての留意点──小学校第3学年からの地図帳活用 ……………… 71

第8章　初等社会科教育の実践②──第4学年／地域／水 …………………… 73

　　1　社会科学習で大切にしたいこと──問題解決的な学習 …………………………… 73

　　2　新学習指導要領における問題解決的な学習の位置づけ ………………………… 74

　　3　学習指導案と授業実践の概要 …………………………………………………… 77

　　4　実践するにあたっての留意点──選択・判断する学習 ………………………… 82

第9章　初等社会科教育の実践③──第5学年／産業 ………………………… 85

　　1　社会科学習で大切にしたいこと──産業学習の役割 …………………………… 85

　　2　新学習指導要領における産業学習の位置づけ ………………………………… 86

　　3　学習指導案と授業実践の概要 …………………………………………………… 87

　　4　実践するにあたっての留意点 …………………………………………………… 93

第10章　初等社会科教育の実践④──第5学年／国土 ……………………… 95

　　1　社会科学習で大切にしたいこと──防災学習の意義 …………………………… 95

　　2　新学習指導要領における防災学習の位置づけ ………………………………… 96

　　3　学習指導案と授業実践の概要 …………………………………………………… 98

　　4　授業の振り返り …………………………………………………………………… 101

　　5　実践するにあたっての留意点 …………………………………………………… 103

第11章　初等社会科教育の実践⑤──第6学年／歴史 ……………………… 105

　　1　社会科学習で大切にしたいこと──歴史学習を行うポイント ………………… 105

2 新学習指導要領における歴史学習の位置づけ ……………………………… 107

3 学習指導案と授業実践の概要 …………………………………………………… 109

4 実践するにあたっての留意点——授業づくりのポイント ……………………… 112

第12章　初等社会科教育の実践⑥——第 6 学年／政治 …………………… 115

1 社会科学習で大切にしたいこと——政治に関する学習の役割 ……………… 115

2 新学習指導要領における政治に関する学習の位置づけ …………………… 116

3 学習指導案と授業実践の概要 …………………………………………………… 118

4 実践するにあたっての留意点 …………………………………………………… 123

第13章　初等社会科教育の指導計画 ………………………………………… 125

1 社会科における指導計画の役割 ………………………………………………… 125

2 新学習指導要領およびその解説で説明される指導計画 …………………… 126

3 年間指導計画の作成 ……………………………………………………………… 128

第Ⅲ部　諸外国の初等社会科教育

第14章　中華人民共和国の初等社会科教育 ……………………………… 139

1 社会科の成立と展開 ……………………………………………………………… 139

2 初等社会系教科の構造 …………………………………………………………… 142

3 初等社会系教科の性格 …………………………………………………………… 145

4 初等社会系教科教育の展望 ……………………………………………………… 146

第15章　大韓民国の初等社会科教育 ……………………………………… 149

1 社会生活科の導入 ………………………………………………………………… 149

2 社会科教育課程の変遷——第 2 次（1955年）〜第 7 次（1997年）………… 151

3 社会科教育課程の現状——2007年以降の随時改訂 ………………………… 154

4 社会科の課題と展望 ……………………………………………………………… 157

第16章　アメリカ合衆国の初等社会科教育 ……………………………… 159

1 アメリカの小学校の教室の風景 ………………………………………………… 159

2 アメリカにおける近年のカリキュラム改革の動向 ………………………… 160

3 ハワイ州の社会科カリキュラム改革の変遷 ………………………………… 161

4 社会科の本質を包含した教科 Language Arts ………………………………… 164

5 「アメリカの社会科」とは何か ………………………………………………… 168

6 今後の課題 ………………………………………………………………………… 169

終章　初等社会科教育の課題と展望 ………………………………… 171

　　1　社会科の課題 ……………………………………………………… 171

　　2　将来に向けての社会科のあり方 ……………………………… 173

　小学校学習指導要領 社会 …………………………………………… 176

　索　　引 ……………………………………………………………… 186

第 I 部

初等社会科教育の基盤

第1章
初等社会科教育の意義

〈この章のポイント〉

　人間形成や学校教育において，社会科という教科がなぜ必要なのだろうか。社会科で求められる人間像はどういうものなのであろうか。社会科は，人間生活でのさまざまな課題を解決するための考え方や態度を養う教科である。本章では，社会科成立の経緯，初期社会科から社会科の必要性を考えるとともに，学習指導要領などから社会科で目指す人間像を描きだし，幸福な社会生活を営める人間を育成しようとする社会科の意義について学ぶ。

1　社会科はなぜ必要か

1　社会科設立の経緯

　日本での社会科は，1947（昭和22）年9月から実施された。1945年の終戦までは，日本では社会科は存在しなかったのである。第二次世界大戦終了後，民主的平和的な国家づくりの中核として設立されたのが社会科である。社会科は，超国家主義的・軍国主義の教育の下での知識注入の画一的な授業から，児童生徒を主体とした授業へ転換し，内容的には地理，歴史などを融合し，方法的には問題解決学習を採用し，目的としては近代的市民（公民）の育成を謳った民主主義を担う新教科として期待された。その一方で，設立の経緯から，アメリカ（連合国）に押し付けられた社会科という見解もある。アメリカでは，Social Studies が1916年から実施されていた。終戦後，文部省により新教科の設立が模索されていたが，新教科を設立することおよび設立の過程でアメリカの Social Studies が CIE から紹介され，それが契機で社会科の設立に至ったことなどが，押し付けられた社会科という評価の根拠となっている。

▷1　CIE
Civil Information and Educational Section の略。GHQの組織の一つとして，連合国占領下における，日本の教育，文化などの諸改革を指導・監督した。

　社会科の設立に関しては，上記のようにいくつかの見解はあるが，民主主義を担う教科としてスタートしたことは確かであろう。設立当時の社会科は，学習指導要領にも「（試案）」が付けられ，学習内容が規定されていたわけではなかった。つまり，社会科の授業内容は，子どもを直接指導する教師の裁量に任されていたのである。それは，社会科が子どものもつ生活上の問題，社会的問題を取り上げ，それを解決する過程を学び，解決していくための教科であった

第 I 部　初等社会科教育の基盤

からである。子どもの生活上の問題や社会的問題は，日本中どこでも同じわけではなく，子どもの生活事情や学校の生活環境により異なる。したがって，その子どもと直に接する教師が，その子どもたちの問題を最もわかっているとし，教師に授業の内容が託されたのである。自分たちで自分たちの理想とする住みやすい社会を建設するため，つまりは民主主義に基づいた社会を建設するための能力を育成するために社会科は必要とされたのである。

2　社会科における問題解決学習

　社会科の方法論としては，問題解決学習が提唱された。問題解決学習の「問題」は，上記で述べたように，社会生活上の子どもたちの問題である。生きていくうえでの生活に直結する問題なのである。そのため，子どもたちは，自分自身の問題として，積極的に取り組むことができる，換言すれば主体的に学習することができるのである。さらに，問題解決学習では，問題を解決する過程を学ぶことが重要となる。問題を解決する過程とは，問題を明確に把握し，その問題を解決するのにふさわしい資料を収集し，その資料を吟味し（討論し），問題解決に向けての仮説をたて，調査などでその仮説を検証して，問題解決に至るといった一連の流れである。つまり，教科書に記述されている内容を問うような「問題」は，問題解決学習の「問題」とはならないということである。

　社会科の真髄は，用語の暗記でもなければ，社会的事象を知識として知るだけではないのである。1955（昭和30）年改訂の学習指導要領以降の社会科は，このような問題解決学習としての社会科（初期社会科）ではなく，学習の順序性が重視される（学習内容の固定化）系統学習へと変わっていくが，初等社会科では，初期社会科の流れを受けて，社会科の真髄ともいえる学習過程が重視されている。なお，社会科が，問題解決学習から系統学習へと変わりはしたが，民主主義を担う，民主的で平和的な社会を建設できる人間を育成するという目的は変わらない。

3　社会科の必要性

　戦争を体験して，もう二度と戦争を起こさない，起きない社会をつくり上げるための教科が社会科であった。そのために，初期社会科は子どもに主体性をもたせて取り組む問題解決学習が採用され，問題を解決するために分野の壁をもたない融合的な学習内容とされた。現在の社会科は，内容こそ社会科の学習内容が規定されてはいるが，地理なり歴史なり公民なりが関係しあうような学習内容が理想とされる。とくに，小学校ではそれが顕著である。さらに，社会科を学習する目的は，人と人が殺しあう戦争のない平和な社会を築くことを目的としているといっても過言ではない。人間は，過去から自分の家族や社会を

▷2　学習指導要領
1955（昭和30）年改訂の学習指導要領から，学習指導要領が法的拘束力をもち，それまで参考程度だったものが，それに則していかなければならないこととなった。教師の自由度は狭まるが，全国どこでも共通した学習内容が保証されるようになったともいえる（本書11ページの側注▷1も参照）。

4

守るために，他の社会の人間と戦ってきた。そのように自分の社会を守るために戦うことは，動物としての本能なのかもしれない。その意味では，自分の社会を守るために戦争を放棄するのは，本能とはまったく別の方向を向いているといえよう。戦争を放棄して理性で自分たちの社会を守っていくこと，その素地を育成しているのが社会科である。

　一方で，世界の状況が変化し，また自分たちの社会の「社会」をどの範囲まで広げるか，また「戦争」をどのように定義するかで，初期社会科の「戦争しない」という意味と，現代社会での「戦争しない」の意味は異なってこよう。社会科は，こうした現代社会にあって，どのような社会をつくり，どのような方向性をとっていくのか，常に自分たちを，自分たちの社会を見つめ，将来に向かっていく舵をとる能力を育成する役目をもつ教科である。それだからこそ，常に社会科が必要なのである。社会科の学習内容には，日本や世界の地理や歴史を知り，社会組織を学び，そのなかでどう生きていくのかを模索することが含まれるが，それらの学習から得られる知識や技能は，民主的で平和的な社会を建設するための礎となるのである。

　以上のように，社会科は，幅広い知識や技能を身につけることが目的なのではなく，それらの知識や技能を駆使して，本能を理性でおさえながら社会（家族から地域住民，国民，世界市民までを含む）を守り，主体的に民主的で平和的な社会を築きあげていける人間の育成を目的として，そのための必要な教科であり，必要とされなければいけない教科なのである。換言すれば，自分にとっても，社会にとっても幸福な社会を築くために必要な教科といえる。

> ▷3　民主的で平和的な社会
> 「民主的で平和的な社会」とはどういう社会なのか。社会科を学習するにあたり，常に問い直していかなければならない，社会科を教える教師としての課題でもある。

2　社会科が目指す人間像

1　学校教育として目指す人間像

　文部科学省をはじめとして学校教育で育成したい人間像は，以下のようにまとめられよう（井田，2016，75ページ）。

- ・高い倫理観をもって，自己を磨き，高めることのできる人間
- ・豊かな人間性と創造性を備えた人間
- ・持続可能で豊かな社会を創造できる人間
- ・伝統を継承し，新しい文化の創造を目指す人間
- ・地域および国際社会に貢献し，その信頼と尊敬を得ることのできる人間
- ・人類普遍の価値観・思想を尊重するとともに，自分自身の立場を主張できる人間
- ・他者を理解し，協調できる人間

第Ⅰ部　初等社会科教育の基盤

▷4　映画『男はつらいよ』
1969年8月に第1作が封切られ，1995年12月の第48作まで続いたロングランシリーズの映画。露天商の車寅次郎を中心に，妹さくら，その息子満男などの家族，近所の人々との絆と，毎回恋をする寅次郎の純粋さ，優しさを軸にストーリーが展開する。

前記のいずれも格調が高く，理想的に高い人間像であるようにみえる。しかし，これは誰でも子どもにこうなってほしいという願いだといえる。井田（2012）は，映画『男はつらいよ』での主人公車寅次郎が，妹の子どもである，大学受験をひかえた満男に向けてのメッセージを次のように解釈している。寅次郎からのメッセージは「町内の人に慕われる立派な人になれ」というものであるが，「町内」とは満男が住む東京葛飾区柴又の地域社会だが，グローバル化という観点からみれば「地球村」といわれるように，地域社会から東京，日本，アジア，世界のいずれでも適用でき，「立派な人」とは，具体的にあげれば，先にあげた学校教育で育成したい人間像ということができる。つまり，先にあげた人間像は，崇高にみえるかもしれないが，誰もが子どもにはこうなってほしいと思う人間像が具体的に示されたものだといえるのである。

２　社会科の目指す人間像

翻って，2017（平成29）年に改訂された初等社会科の学習指導要領（以下，新学習指導要領と記す）の目標からは，「グローバル化する国際社会に主体的に生きる平和で民主的な国家及び社会の形成者」が社会科の目指す人間像と読むことができよう。この人間像が寅次郎の言う「立派な人」であり，具体的には先にあげた人間像となろう。

この人間像にせまるために，「知識及び技能」として，初等社会科では，地域や国土の地理的環境，現代社会の仕組みや働き，日本の歴史や伝統と文化を通した社会生活についての知識，資料や調査活動を通しての調べまとめる技能が求められる。また，「思考力，判断力，表現力等」として，社会的事象の特色，相互の関連，意味を多角的に考え，課題を把握し，その解決に向けて社会とのかかわり方を選択・判断したりする力，それを適切に表現する力が求められる。さらに，「学びに向かう力，人間性等」として，主体的に課題を解決しようとする態度や地域社会やわが国に対する誇りや愛情，将来を担う地域社会の一員や国民としての自覚，世界の国々の人々と共に生きていく大切さの自覚が求められるのである。

▷5　新学習指導要領の評価の観点
新学習指導要領では，従来の評価の観点が4つから3つに整理された。その3観点が「知識及び技能」「思考力，判断力，表現力等」「学びに向かう力，人間性等」である。

このように，社会科で育成しようとする人間像は，決して特別なものではなく，グローバル化された，持続可能な幸福な日常生活をしていくうえでの社会の一員としての人間像なのである。一方では，「平和」や「幸福」をどう考えるかによって，目指すべき社会や人間像が変わってくることもある。戦争がないことを「平和」と考える人もいれば，戦いのない「平和」な生活を築くための武力行使はやむをえないと考える人もいる。さらには，「幸福」の考え方にも人や社会により相違がある。そのような社会にあるさまざまな課題を解決できるような人間は，社会科に求められる人間像である。

3 初等社会科の役割

1 小学校・中学校・高等学校とのつながり

　小学校の社会科を検討するうえでも，中学校，高等学校の社会科および地理歴史科，公民科を概観し，小学校社会科の役割を考えるべきであろう。新学習指導要領は，小学校から高等学校までの「社会的な見方・考え方」を考慮して作成されている。従来の学習指導要領では，知識・技能については明記されていたが，新学習指導要領では「思考力，判断力，表現力等」が重視され，思考力を「社会的な見方・考え方」とすることで，その小学校から高等学校までの連続性が重視されるのである。

　図1-1は，小学校から高等学校までの「社会的な見方・考え方」の連続性を示したものである。小学校での「社会的事象の見方・考え方」は，中学校や高等学校での地理，歴史，公民に分化する前の総合的・融合的なものとなっており，中学校での地理的分野の「社会的事象の地理的な見方・考え方」，歴史的分野の「社会的事象の歴史的な見方・考え方」，公民的分野の「現代社会の見方・考え方」へと専門化していく。さらに高等学校の地理歴史科では，中学校での「社会的事象の地理的な見方・考え方」および「社会的事象の歴史的な見方・考え方」が継承され深化するのに対して，公民科では「人間と社会の在り方についての見方・考え方」となり，中学校の公民的分野の見方・考え方がさらに発展するものとなっている。

▷6　新学習指導要領
新学習指導要領では思考力が重視される。そのため，項目ごとに身につけるべき「知識及び技能」と「思考力，判断力，表現力等」が記され，従来の学習指導要領の記述の仕方とは大きく変わった。

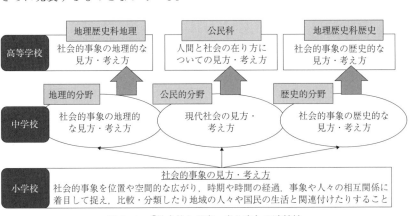

図1-1　「社会的な見方・考え方」の連続性
出所：筆者作成。

2 小学校が重視する学びのプロセス

　小学校では，知識の獲得より，知識を獲得するプロセス，すなわち調査や体験

第Ⅰ部　初等社会科教育の基盤

活動が重視される。しかし，調査や体験活動が重視されるために，児童を主体的に活動させ，調査や体験活動，それ自体が目的となり，調査や活動を通して得られる知識が十分ではないということもありうる。さらに，小学校の社会科では，社会的事象をディシプリンにとらわれず広く見ることから，意識するしないにかかわらず総合性が要求される。つまり，まだ専門化した見方は時期尚早であるので，小学校の社会科では，子どもたちの活動を重視して，社会的事象を広く見ていくということに重きがおかれる。したがって，社会的事象の内容より，社会的事象を捉えようとする方法や態度が重視される。このことは，社会科の教科書の執筆者をみるとわかりやすい。小学校の社会科教科書の執筆者は，大学では教育学の研究者であり，知識内容であるディシプリンの専門家はほとんどいない。他方，中学校，高等学校の教科書では教育学の研究者は減り，ディシプリンの研究者が執筆している。小学校から高等学校へと成長するに従い，学習方法から学習内容の探究へとシフトしていくのがわかるが，このことから小学校の学習と中学校の学習とのギャップが大きいことが指摘でき，子どもの学習上のバリアとなっているといえる。

　方法論が重視される小学校の社会科では，専門的知識や専門学的な見方・考え方よりも子どもの活動そのものに注目があつまり，どのように子どもが活動できたかといったことが，議論されることが多い。学習内容は，社会科としての総合性を重視する。このような社会科の総合性を重視する考え方は，中学校，高等学校でも必要であり，社会科としての総合性，場合によっては教科をこえての合科性，総合性の必要性が述べられる。こうしたなかで，「総合的な学習の時間」が小学校から高等学校まで設定されている。

　小学校においては，総合性を重視した社会科が実施され，調査活動などの方法論が児童の主体的活動として高く評価される。学習のプロセスは，課題の把握，資料の収集，資料の整理，分析・解釈，意思決定・価値判断，行動（社会参画）というプロセスで示される。小学校の社会科では，この学習プロセスが子どもたちによって進められるように授業計画が立てられる。中学校，高等学校でも学習プロセスは変わらないが，学習内容が多くなるために，教師によってこの一連の学習プロセスが授業として行われる。したがって，子どもによる意思決定・価値判断が行われにくくなり，行動まで進むことは少なく，結果的に知識を教え込むことになる。しかし，アクティブ・ラーニングの導入などにより，中学校，高等学校でも生徒による学習プロセスの実施が推奨されるようになり，小学校での学習は，学習方法としても中学校，高等学校での基盤をつくるより一層重要な役割をもつことになる。

３　社会科の総合性

　1947年に始まる社会科は，もともとは，総合的な学習内容，調査活動を取り

▷7　ディシプリン
専門学問のことをさしている。ここではとくに内容学である，地理学，歴史学，経済学，政治学，社会学などを示している。

入れた問題解決学習を柱とすることで，戦後の新教科として期待された。しかし，社会科としての学習内容が学習指導要領［1955（昭和30）年改訂］により「系統学習」へと舵をとり，これにより総合としての社会科というより，枠組みが設定された社会科となった。中学校，高等学校では，さらに分野，科目に細分化され，学習内容の枠組みがさらに明確になる。そのため，社会科の学習内容の枠組みができ，その枠組みをこえた内容が取り扱えないことになり，総合性が薄れていった。そこで学習指導要領［1989（平成元）年改訂］からは，「総合的な学習の時間」が小学校，中学校，高等学校で導入され，教科の枠をこえた学習ができるとして注目された。一方で，社会科の総合性も追究され，とくに小学校では総合的な性格をもつ社会科が実践されている。

その一方で，社会科における専門性も重視される。方法論は内容と相まってはじめて効果を生む。小学校の社会科は，学習プロセスや内容の総合性が重視されるが，それをより一層効果的にするためには，内容教科としての専門性も必要となってくる。しかし多くの教科を担当する教師に，各教科の技能や知識を満遍なく習得してもらうことも難しい。この課題は，以前から指摘されているが，解決の困難な課題である。小学校の社会科でも地図などの技能を必要とする社会科学習が行われてはいるが，地図の指導が，十分になされているとはいいがたい側面もある。それゆえに小学校から高等学校に至る段階的な技能の育成が図りにくくなっている。こうしたことを克服するためには，学習指導要領で，技能などを小学校から高等学校までの到達目標を段階的に示すことが必要となってこよう。

④ 学校教育社会科における初等社会科の意義

社会科は，人間としておよび社会としての幸福を追求する中核的な教科であるといえる。そのためには，社会科では知識や技能を習得しながら，総合的に考える力を身につけ，課題を解決する能力を培う。そこで求められる人間像は，幸福な社会生活を営める人間である。とくに小学校の新学習指導要領では「知識及び技能」については「社会生活についての理解」「適切に調べまとめる技能」，「思考力，判断力，表現力等」では社会的な課題について「解決に向けて社会への関わり方を選択・判断する力」，「学びに向かう力，人間性等」については「自覚等を養う」と記されており，中学校社会科および高等学校地理歴史科，公民科と比較すると，より基礎的なことに重点が置かれている。

このように初等社会科教育は，中等社会科教育（地理歴史科・公民科を含む）と関連させながら，子どもたちの能力を段階的に向上させ，「グローバル化する国際社会に主体的に生きる平和で民主的な国家及び社会の形成者」，幸福な社会生活を営める人間になるための基盤を養うという役割と意義をもっている

▷8 地図の指導
地図活用などの技能は，専門性が高く教えにくいとされる。しかし，地図を見ることは日常的なことであり，日常使う技能として指導する必要がある。国土地理院のサイトにアクセスすると，授業で使えるような白地図，地形図，３D地図などが簡単に手にはいるようになった。国土地理院の学校教育での利活用サイト：http://www.gsi.go.jp/MUSEUM/school.html，さらには，ドラえもんのストーリーから地図に関心をもってもらうための本，小学館ドラえもん編（2017）『ドラえもん社会ワールド──地図のひみつ』などを参考にしてもよい。

第Ⅰ部　初等社会科教育の基盤

のである。

Exercise

① 社会科はどのような経緯でできたのだろう。その経緯を調べて，社会科の意義について問い直してみよう。

② 何のために社会科を学ぶのだろう。社会科が目指す人間像を踏まえ，自分なりにどのような人間を育成するために社会科を教えるのかを考え，討論してみよう。

③ 社会科の目標である「民主的で平和的な社会」とはどういう社会なのか。日本だけでなく，世界にも目を向けて「民主的」「平和的」の意味を追究してみよう。

📖次への一冊

片上宗二『日本社会科成立史研究』風間書房，1993年。
　　日本の社会科の成立の歴史を追った研究書。社会科の成立を知るための重要な書。
木村博一『日本社会科の成立理念とカリキュラム構造』風間書房，2006年。
　　初期社会科の成立理念を丁寧に追っている研究書。現在の社会科のあり方を考えるうえでも参考になる書。
日本社会科教育学会編『新版　社会科教育辞典』ぎょうせい，2012年。
　　社会科教育に関する項目が基礎，実践，発信という3つの柱で整理され，社会科教育の基本事項を調べるためには必須の書。
井田仁康『社会科教育と地域』NSK 出版，2005年。
　　地域という観点から社会科教育を分析した研究書。国内だけではなく世界にも目を向け，社会科教育の意義を考えている。
井田仁康・卯城祐司・塚田泰彦編『教科教育の理論と授業Ⅰ　人文編』協同出版，2012年。
　　教科教育としての理論と授業のあり方を考える書。社会科の役割，シティズンシップ教育，法教育，歴史学習，環境教育の観点から社会科を論じている。

引用・参考文献

井田仁康「高等学校『地理』の動向と今後の地理教育の展望」『人文地理』68-1，2016年，66〜78ページ。
井田仁康「社会科と何か――映画『男はつらいよ』から社会科を考える」井田仁康・卯城祐司・塚田泰彦編『教科教育の理論と授業Ⅰ　人文編』協同出版，2012年，111〜129ページ。

第2章
初等社会科教育のねらい

〈この章のポイント〉

　社会科教育のねらいは，新学習指導要領では，「グローバル化する国際社会に主体的に生きる平和で民主的な国家及び社会の形成者に必要な公民としての資質・能力の基礎」を育成することにおかれている。教師は，主体的に学習指導要領を読み解き，目の前にいる一人ひとりの子どもの実態を踏まえ，社会の動向を見据えながら，平和で民主的な国家及び社会の形成者に求められる公民としての資質・能力とは何か，また，如何にすればこうした資質・能力の基礎を育成することができるのかを，問い続ける必要がある。本章では，初等社会科教育のねらいをどのように捉えるのかについて学ぶ。

1　社会科教育を通して教師は何をねらうのか
——学習指導要領と教師

　社会科教育のねらいは，制度的には学習指導要領に示されている。小学校の新学習指導要領では，社会科の目標を「社会的な見方・考え方を働かせ，課題を追究したり解決したりする活動を通して，グローバル化する国際社会に主体的に生きる平和で民主的な国家及び社会の形成者に必要な公民としての資質・能力の基礎」を育成することとしている。このように初等社会科教育のねらいを，文部科学省は学習指導要領によって明示している。

　しかし，実際には，学習指導要領を読み解きながら，社会科の授業で何をねらうのかは，教師に委ねられている部分も大きいといえる。教師が学習指導要領を主体的に読み解くことの重要性については，文部事務官として日本の初等社会科の誕生に関与した重松鷹泰（1994）が，1947年頃の教師の様子を振り返るなかで論じている。

　重松（1994）は，当時の教師を3つに区分している。第一に，主体的に日本の教育を考え，その参考として学習指導要領試案を受け止め，発展させようとする受け止め方をした「主体性の強い」教師である。第二に，学習指導要領試案を国が指定したものと解釈し，それに忠実であろうと考え，自分のなすべきことを積極的に追究し，それに基づいての実践を展開する「惜しい」教師である。第三に，社会科というものにまったく無関心ないしはそれを無視している人たちであって，「独善的であり，あるいは拒否的な姿勢」の教師である。上

▷1　学習指導要領
学習指導要領とは，文部科学大臣が公示した教育課程の基準である。各教科の目標，内容および内容の取扱い等を規定している。学習指導要領は，［昭和22年］版と［昭和26・27年］版は「試案」であった。［昭和33・35年］版以降は，教育課程の国家基準としての性格をもち，「告示」となり，法的拘束力がある（本書4ページの側注▷2も参照）。

からの指示にのみ従順な2番目の「惜しい」教師が全体の約6割，1番目の「主体性の強い」教師と3番目の「拒否的な」教師が各2割を占めるなか，「一人ひとりの子どもの個性的発達を追究し把握し支援する，具体的なそして系統的（体系的）な手掛かりを，明白にすることは進展しなかった」と回顧している。

たしかに，学習指導要領が試案であった当時と法的拘束力をもつ現在とでは，状況は異なっている。しかし，重松（1994）の上記の回顧からもうかがえるように，社会科が一人ひとりの子どもに即したものとして使命を果たすには，教師が主体的に学習指導要領を読み込み，社会科を通して何を実現していくのかについての考えをもつことが不可欠である。

そのため，本章では，新学習指導要領の特徴を読み解きながら，どのような視点に着目し，初等社会科教育のねらいを考えていく必要があるのかについて論じることにする。

2　新学習指導要領における初等社会科教育のねらい

1　初等社会科教育の目標

新学習指導要領が，初等社会科教育のねらいをどのように定めているかを明らかにするために，ここではまず学習指導要領［平成20年改訂］と比較する。以下に，［平成20年改訂］と［平成29年改訂］の初等社会科の目標を掲載しており，文言に変化の見られた箇所に下線を引いている。

【学習指導要領［平成20年改訂］】
社会生活についての理解を図り，我が国の国土と歴史に対する理解と愛情を育て，国際社会に生きる平和で民主的な国家・社会の形成者として必要な公民的資質の基礎を養う。

【学習指導要領［平成29年改訂］】
社会的な見方・考え方を働かせ，課題を追究したり解決したりする活動を通して，グローバル化する国際社会に主体的に生きる平和で民主的な国家及び社会の形成者に必要な公民としての資質・能力の基礎を次のとおり育成することを目指す。
(1)　地域や我が国の国土の地理的環境，現代社会の仕組みや働き，地域や我が国の歴史や伝統と文化を通して社会生活について理解するとともに，様々な資料や調査活動を通して情報を適切に調べまとめる技能を身に付けるようにする。
(2)　社会的事象の特色や相互の関連，意味を多角的に考えたり，社会に見られる課題を把握して，その解決に向けて社会への関わり方を選択・判断したりする力，考えたことや選択・判断したことを適切に表現する力を養う。
(3)　社会的事象について，よりよい社会を考え主体的に問題解決しようとする態度を養うとともに，多角的な思考や理解を通して，地域社会に対する誇りと愛情，地域社会の一員としての自覚，我が国の国土と歴史に対する愛情，我が国の将来を担う国民としての自覚，世界の国々の人々と共に生きていくことの大切さについての自覚などを養う。

［平成20年改訂］と［平成29年改訂］では，いずれも国際社会に生きる国家および社会の形成者に求められる公民としての資質を育む点に目標を置いている点では，共通している。その一方で，大きく変化した点として，次の２点を指摘できる。

　第一に，［平成29年改訂］では，３つの項目が加わっていることからもうかがえるように，(1)「知識及び技能」，(2)「思考力，判断力，表現力等」，(3)「学びに向かう力，人間性等」の３つの育成すべき資質・能力の柱から目標が体系化されていることである。この３つの育成すべき資質・能力の柱と初等社会科教育の目標は，下記の図２−１のように示すことができる。

> ▷2　公民としての資質
> ［平成20年改訂］の「小学校学習指導要領解説社会編」では，「公民的資質」について，「国際社会に生きる平和で民主的な国家・社会の形成者，すなわち市民・国民として行動する上で必要とされる資質」と説明されてきた。［平成29年改訂］では，「公民としての資質・能力」という語句になり，小学校・中学校・高等学校の社会科・地理歴史科・公民科で一貫する目標となった。［平成29年改訂］の「小学校学習指導要領解説社会編」では「公民としての資質・能力」は，選挙権を有する18歳に求められる「広い視野に立ち，グローバル化する国際社会に主体的に生きる平和で民主的な国家及び社会の有為な形成者に必要な資質・能力」であるとされている。資質・能力の３つの柱が結びついて育まれるものであると考えられている。

> 社会的事象について，よりよい社会を考え主体的に問題解決しようとする態度を養うとともに，多角的な思考や理解を通して，地域社会に対する誇りと愛情，地域社会の一員としての自覚，我が国の国土と歴史に対する愛情，我が国の将来を担う国民としての自覚，世界の国々の人々と共に生きていくことの大切さについての自覚などを養う。

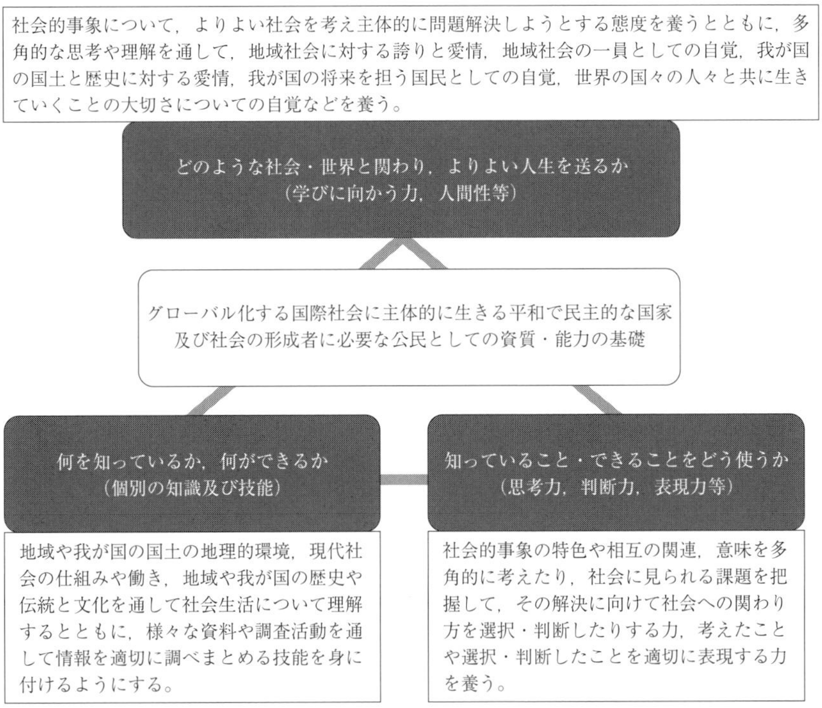

どのような社会・世界と関わり，よりよい人生を送るか
（学びに向かう力，人間性等）

グローバル化する国際社会に主体的に生きる平和で民主的な国家及び社会の形成者に必要な公民としての資質・能力の基礎

何を知っているか，何ができるか
（個別の知識及び技能）

> 地域や我が国の国土の地理的環境，現代社会の仕組みや働き，地域や我が国の歴史や伝統と文化を通して社会生活について理解するとともに，様々な資料や調査活動を通して情報を適切に調べまとめる技能を身に付けるようにする。

知っていること・できることをどう使うか
（思考力，判断力，表現力等）

> 社会的事象の特色や相互の関連，意味を多角的に考えたり，社会に見られる課題を把握して，その解決に向けて社会への関わり方を選択・判断したりする力，考えたことや選択・判断したことを適切に表現する力を養う。

図2−1　育成すべき資質・能力の３つの柱と初等社会科の目標
出所：筆者作成。

　第二に，［平成29年改訂］では，「社会的な見方・考え方を働かせ，課題を追究したり解決したりする活動」が重視されている点である。この「社会的な見方・考え方」とは，初等社会科の段階では，「社会的事象の見方・考え方」とされ，「位置や空間的な広がり，時期や時間の経過，事象や人々の相互関係に着目して（視点），社会的事象を捉え，比較・分類したり総合したり，地域の人々や国民の生活と関連付けたりすること（方法）」である。中学校や高等学校での，社会的事象の地理的な見方・考え方，社会的事象の歴史的な見方・考え方，現代社会の見方・考え方へと，発展していくことが想定されている。［平成20年改訂］では，「社会生活についての理解」や「我が国の国土と歴史に

第Ⅰ部　初等社会科教育の基盤

対する理解」という学習内容の理解に重きが置かれていた。これに対して，［平成29年改訂］では，学習内容の理解にとどまらず，知っていることをどのように活用していくかという能力が一層重視されていることがうかがえる。

　以上のように，根底になる資質・能力の捉え方の変化にともない，［平成29年改訂］の初等社会科教育の目標は，［平成20年改訂］までの目標とは大きく異なっている。

［2］　各学年の目標の系統性

　次に，新学習指導要領において，各学年の目標がどのように規定されているのかを見ていくことにする。以下は各学年の目標をまとめたものである。

	知識及び技能	思考力，判断力，表現力等	学びに向かう力，人間性等
第3学年	身近な地域や市区町村の地理的環境，地域の安全を守るための諸活動や地域の産業と消費生活の様子，地域の様子の移り変わりについて，人々の生活との関連を踏まえて理解するとともに，調査活動，地図帳や各種の具体的資料を通して，必要な情報を調べまとめる技能を身に付けるようにする。	社会的事象の特色や相互の関連，意味を考える力，社会に見られる課題を把握して，その解決に向けて社会への関わり方を選択・判断する力，考えたことや選択・判断したことを表現する力を養う。	社会的事象について，主体的に学習の問題を解決しようとする態度や，よりよい社会を考え学習したことを社会生活に生かそうとする態度を養うとともに，思考や理解を通して，地域社会に対する誇りと愛情，地域社会の一員としての自覚を養う。
第4学年	自分たちの都道府県の地理的環境の特色，地域の人々の健康と生活環境を支える働きや自然災害から地域の安全を守るための諸活動，地域の伝統と文化や地域の発展に尽くした先人の働きなどについて，人々の生活との関連を踏まえて理解するとともに，調査活動，地図帳や各種の具体的資料を通して，必要な情報を調べまとめる技能を身に付けるようにする。	社会的事象の特色や相互の関連，意味を考える力，社会に見られる課題を把握して，その解決に向けて社会への関わり方を選択・判断する力，考えたことや選択・判断したことを表現する力を養う。	社会的事象について，主体的に学習の問題を解決しようとする態度や，よりよい社会を考え学習したことを社会生活に生かそうとする態度を養うとともに，思考や理解を通して，地域社会に対する誇りと愛情，地域社会の一員としての自覚を養う。
第5学年	我が国の国土の地理的環境の特色や産業の現状，社会の情報化と産業の関わりについて，国民生活との関連を踏まえて理解するとともに，地図帳や地球儀，統計などの各種の基礎的資料を通して，情報を適切に調べまとめる技能を身に付けるようにする。	社会的事象の特色や相互の関連，意味を多角的に考える力，社会に見られる課題を把握して，その解決に向けて社会への関わり方を選択・判断する力，考えたことや選択・判断したことを説明したり，それらを基に議論したりする力を養う。	社会的事象について，主体的に学習の問題を解決しようとする態度や，よりよい社会を考え学習したことを社会生活に生かそうとする態度を養うとともに，多角的な思考や理解を通して，我が国の国土に対する愛情，我が国の産業の発展を願い我が国の将来を担う国民としての自覚を養う。

第6学年	我が国の政治の考え方と仕組みや働き，国家及び社会の発展に大きな働きをした先人の業績や優れた文化遺産，我が国と関係の深い国の生活やグローバル化する国際社会における我が国の役割について理解するとともに，地図帳や地球儀，統計や年表などの各種の基礎的資料を通して，情報を適切に調べまとめる技能を身に付けるようにする。	社会的事象の特色や相互の関連，意味を多角的に考える力，社会に見られる課題を把握して，その解決に向けて社会への関わり方を選択・判断する力，考えたことや選択・判断したことを説明したり，それらを基に議論したりする力を養う。	社会的事象について，主体的に学習の問題を解決しようとする態度や，よりよい社会を考え学習したことを社会生活に生かそうとする態度を養うとともに，多角的な思考や理解を通して，我が国の歴史や伝統を大切にして国を愛する心情，我が国の将来を担う国民としての自覚や平和を願う日本人として世界の国々の人々と共に生きることの大切さについての自覚を養う。

　各学年とも，「社会的事象の見方・考え方を働かせ，学習の問題を追究・解決する活動を通して，次のとおり資質・能力を育成することを目指す」としたうえで，先述の「知識及び技能」「思考力，判断力，表現力等」「学びに向かう力，人間性等」の3つの柱から目標がたてられている。

　「知識」については，下線で示したように，第3学年で市区町村，第4学年で都道府県，第5学年で我が国の国土と産業，第6学年で我が国の政治と発展，国際社会というように，身近な地域から日本，国際社会へと展開している。これにともない，「技能」に関しても，波線で示したように，調査活動，地図帳，地球儀，統計，年表というように，情報を調べまとめる際の資料を展開している。

　「思考力，判断力，表現力等」については，第3学年〜第4学年と第5学年〜第6学年とで相違がみられる。思考力については第5学年〜第6学年では「多角的に」という文言が加わり（太線部），表現力については，「表現する力」が「説明したり，それらを基に議論したりする力」になっている（点線部）。このように，「思考力，判断力，表現力等」においても，学年が上がるにつれて発展させることが求められている。

　「学びに向かう力，人間性等」については，学習内容と連動して，「地域社会の一員としての自覚」「国民としての自覚」といった共同体の一員としての自覚と，産業の発展や平和への願いを養うことが重視されている（二重線部）。

　以上のように，学年間の連続性を意識しながら，最終的に，「グローバル化する国際社会に主体的に生きる平和で民主的な国家及び社会の形成者に必要な公民としての資質・能力の基礎」を育成することにつなげることが求められている。

3 社会科を取り巻く社会的文脈
——ねらいの背景を読み解く

▷3 **公教育**
国または地方公共団体による「公の性質」をもつ教育のことである。国民の教育を受ける権利を保障する「公の性質」をもつため，多くの場合，私立学校教育も公教育として捉えられている。

　前節で示したとおり，社会科のねらいは学習指導要領で定められている。公教育のなかで教師が使命を果たしていくには，学習指導要領で規定されている社会科の目標を意識する必要がある。ただし，学習指導要領に単に従うだけでなく，教師が主体的に社会科のねらいを捉えていくには，社会的な文脈のなかで社会科がどのように位置づけられてきたのかを考慮し，教師自身が現在の「国家及び社会の形成者に必要な公民としての資質・能力」とは何かを，常に問い続けなければならないだろう。

　ここでは，社会の変化とともに，どのように初等社会科教育が変化してきたのかを捉えることにする。約30年の間に改訂された，学習指導要領［平成元年改訂］，［平成10年改訂］，［平成20年改訂］，［平成29年改訂］の小学校の学習指導要領「社会」の本文で使用されている語句の変化に着目すると，社会的な文脈のなかで，初等社会科教育が変化してきた状況を捉えることができる。

　表2-1，表2-2，表2-3は，学習指導要領のなかで使われている語句の数の推移を表している。各改訂版によって全体の記述量や語句の用いられる文脈が異なることに注意を払う必要はあるが，時代の変化のなかで，初等社会科教育がどのように変化してきたかを捉えることができる。

▷4 **ナショナリズム**
国家主義のこと。学校教育は，ナショナルアイデンティティを形成し，国民を統合する機能を担ってきた。この一方で，近隣諸国と，領土や歴史認識に関する見解の相異が生じている。

　表2-1では，ナショナリズム，グローバリズム，民主主義に関する語句の推移を示している。「国際」や「世界」など，グローバル化に関する記述が増えるとともに，「国土」の語数の変化からも明らかなように，国民国家の置かれている状況を反映していることがみてとれる。

　表2-2では，資本主義に関する語句を取り上げている。産業の変化を反映

表2-1　グローバル化や国民国家に関する語句の推移

	［平成元年改訂］	［平成10年改訂］	［平成20年改訂］	［平成29年改訂］
国民	19	18	21	31
国土	12	11	11	22
国際	8	12	12	15
世界	7	6	8	12
外国	4	9	9	11
グローバル	0	0	0	3
平和	5	4	4	3
憲法	5	5	5	7
権利	2	2	2	2

出所：各学習指導要領をもとに筆者作成。

表2-2　産業や環境に関する語句の推移

	［平成元年改訂］	［平成10年改訂］	［平成20年改訂］	［平成29年改訂］
産業	18	17	14	21
農業	6	3	3	3
工業	17	12	12	19
情報	1	1	7	21
消費	4	3	3	7
環境	10	8	11	18
災害	3	3	6	18
防災	0	0	1	2
遺産	3	4	5	6

出所：各学習指導要領をもとに筆者作成。

第**2**章　初等社会科教育のねらい

しながら，情報化や環境に関する記述が増加している。「災害」や「防災」に関する記述や，「遺産」に関する記述のように，ESD とも関連の深い記述が増えている。

表2-3は，活動や資料に関する語句の推移を表している。社会科は何をなす教科であるのかを考えた場合，［平成29年改訂］では，「理解」や「調査」に関する語句だけではなく，考察や「判断・表現・解決」に関する語句が増え，「地図」をはじめとした資料に関する語句も増加している。「平和で民主的な国家及び社会の形成者」になるうえで，考えることや判断すること，表現することが一層求められている。新学習指導要領を作成する際に，「自分の参加により社会をよりよく変えられると考えている若者の割合が国際的に見ても低いこと」が課題としてあげられていた（教育課程企画特別部会「教育課程企画特別部会における論点整理について（報告）」2015年8月26日）。そのため，積極的に活動する市民の育成が求められていると考えられる。

以上のように，民主主義，ナショナリズム，グローバリズム，資本主義といった多方面からの社会の要請に応じて，初等社会科教育は変化し続けている。教師が社会科のねらいを考える際は，こうした時代の動向と照らし合わせた時に，ふさわしい内容になっているかを吟味していく必要があるだろう。

時代状況とともに，一人ひとりの社会へのかかわり方も変化している。このことは，選挙制度に代表される間接民主主義だけではなく，参加民主主義や，討議民主主義といった考え方が重視されてきたことにも現れている。こうしたなかで社会科のねらいを定めていくには，教師が，「平和で民主的な国家及び社会の形成者」になるうえで求められる資質・能力とは何か，また，どのようにすれば授業でこのような資質・能力の基礎を育成できるのかを常に探究し続けることが重要である。こうした探究が次代の社会科教育を創造することにつながるのである。

4　一人ひとりの子どもの文脈に寄り添う
——ねらいを具体化する

社会科のねらいを定めるには，社会的な文脈といったマクロの視点だけではなく，一人ひとりの子どもの文脈に寄り添うことが重要である。

新学習指導要領では，カリキュラム・マネジメントが重視されている。新学

表2-3　活動や資料に関する語句の推移

	［平成元年改訂］	［平成10年改訂］	［平成20年改訂］	［平成29年改訂］
理解	56	17	17	63
考える	17	18	21	65
判断	1	1	1	36
表現	1	4	4	50
調べる	37	30	30	26
調査	1	14	15	14
解決	0	0	0	35
追究	0	0	0	23
活用	8	18	22	12
活動	7	5	4	38
地図	15	11	12	26
年表	3	1	2	4
新聞	2	2	2	4

出所：各学習指導要領をもとに筆者作成。

▷5　ESD
Education for Sustainable Development の略で「持続可能な開発のための教育」のこと。ESD では，環境，貧困，人権，平和，開発といった世界のさまざまな課題を自らの問題として捉え，身近なところから取り組む（think globally, act locally）ことにより，課題の解決につながる新たな価値観や行動を生み出し，持続可能な社会を創造していくことを目指している。

▷6　参加民主主義
選挙での投票だけではなく，積極的な政治参加によって，市民が公共のものごとにかかわることを重視する民主主義のこと。住民運動など，さまざまな政治参加のあり方が考えられる。

▷7　討議民主主義
市民の活発な議論によって，何らかの合意を形成することを重視する民主主義のこと。熟議民主主義といわれることもある。合意に至ることよりも多様な対立する価値があることを認めることを重視する闘技民主主義という考え方もある。

習指導要領では，カリキュラム・マネジメントを，「児童や学校，地域の実態を適切に把握し，教育の目的や目標の実現に必要な教育の内容等を教科等横断的な視点で組み立てていくこと，教育課程の実施状況を評価してその改善を図っていくこと，教育課程の実施に必要な人的又は物的な体制を確保するとともにその改善を図っていくことなどを通して，教育課程に基づき組織的かつ計画的に各学校の教育活動の質の向上を図っていくこと」と説明している。

社会科のねらいを定めるうえでも，児童や学校，地域の実態を適切に把握する必要がある。とくに，第3学年の社会科では，身近な地域について学習するため，教師自身が当該地域の特色を理解していることが求められる。そして，社会科の授業を地域での生活に引き付け，社会科の学びを一人ひとりの子どもにとって不可欠で意味のあるものにしていかなければならない。このように一人ひとりの子どもの文脈に寄り添うには，学級の具体的な子どもの姿を思い浮かべながら，社会科の授業のねらいが適したものになっているかを吟味し続けるとよいだろう。

社会科教育のねらいを定めるうえで，教師の果たす役割の重要性は，「意図したカリキュラム」「実施したカリキュラム」「達成したカリキュラム」の3つのカリキュラムの関係を捉えると明確になる。IEA（国際教育到達度評価学会）は，カリキュラムを，国家または教育制度の段階で決定された「意図したカリキュラム」，教師が解釈して生徒に与える「実施したカリキュラム」，生徒が学校教育のなかで獲得した「達成したカリキュラム」の3つのレベルに区分している（安彦，2006，12ページ）。

この区分をもとにすると，教師は，学習指導要領という「意図したカリキュラム」で掲げられた目標に基づきながら，児童の「達成したカリキュラム」を導く役割を担っている。「意図したカリキュラム」を具現化し，「達成したカリキュラム」を実現するうえで，教師の「実施したカリキュラム」が重要になる。つまり，初等社会科教育のねらいを実現するうえで，図2-2のように，教師によるカリキュラムや授業の主体的な調節者としての働き（＝ゲートキーピング）が重要になっている。

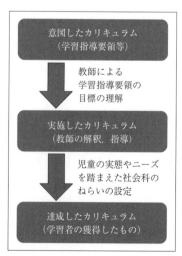

図2-2　3つのカリキュラムの関係
出所：筆者作成。

5　教師が主体的に初等社会科教育のねらいを調整する

　以上で論じたように，初等社会科教育の目標は，制度的には，学習指導要領で定められている。しかし，社会科のねらいは，決して静的なものではない。時代の変化や一人ひとりの子どもの置かれた状況によって常に捉え直される動的なものである。教師には，こうした社会科のねらいを主体的に調整する役割が委ねられている。

　本章では，第2節で制度的な要請（学習指導要領），第3節で社会的な要請（社会の動向），第4節で児童のニーズ（一人ひとりの子どもの実態）を捉えながら，教師が主体的に社会科のねらいを定めていくことの重要性について論じてきた。以上をもとにした教師が主体的に初等社会科教育のねらいを定める際の視点は，図2-3のとおりである。

　これからの初等社会科教育を，より豊かなものへと発展させていくには，教師が，主体的に学習指導要領を読み解き，目の前にいる一人ひとりの子どもの実態を踏まえ，社会の動向を見据えながら，「平和で民主的な国家及び社会の形成者に必要な公民としての資質・能力」とは何か，また，如何にすればこうした資質・能力の基礎を育成することができるのかを，問い続けることが重要である。

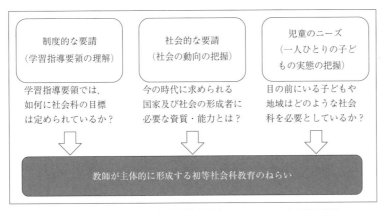

図2-3　教師が主体的に初等社会科教育のねらいを定める際の視点
出所：筆者作成。

第Ⅰ部　初等社会科教育の基盤

Exercise

① 　新旧の学習指導要領を対比しながら，初等社会科教育の目標は，どのように変わったのか，また，なぜ変わったのかを考えてみよう。

② 　現代社会の特徴を考慮しながら，平和で民主的な国家・社会の形成者に最も必要になる公民としての資質・能力とは何かを考えてみよう。

③ 　②であげた具体的な資質・能力は，初等社会科の授業のなかでどのようにすれば育成できるのか考えてみよう。

📖次への一冊

柳田国男・和歌森太郎『社会科教育法』実業之日本社，1953年。
　　日本を代表する民俗学者が，「社会科の狙い」についても論じている。「一人前の選挙民として信頼できる者」の育成など，現在でも重要な点を述べている。

上田薫『知られざる教育──抽象への抵抗』黎明書房，1958年。
　　教育目標にみられる断片的で抽象的な理想としての人間像の問題点を指摘し，具体的で動的な視点に立つことの重要性を唱えている。

鈴木崇弘ほか編『シチズン・リテラシー──社会をよりよくするために私たちにできること』教育出版，2005年。
　　「社会をよりよくするために私たちにできること」という副題が示すように，「市民」が「市民」であるために考えるべきことやできることを，さまざまな視点から論じている。

山脇直司『社会とどうかかわるか──公共哲学からのヒント』岩波書店，2008年。
　　公共哲学の視点から「社会との理想のかかわり方」を追求し，自分を殺す「滅私奉公」とも，自分中心の「滅公奉私」とも異なる，「活私開公」を提唱している。

ソーントン，スティーブン・J，渡部竜也・山田秀和・田中伸・堀田諭訳『教師のゲートキーピング──主体的な学習者を生む社会科カリキュラムに向けて』春風社，2012年。
　　アメリカ合衆国の社会科教育について論じながら，教師がカリキュラムおよび授業の調整役（＝ゲートキーパー）になることの重要性を提唱している。

唐木清志編『「公民的資質」とは何か──社会科の過去・現在・未来を探る』東洋館出版社，2016年。
　　12名の日本の社会科教育研究者が自分なりに「公民的資質」を読み解き，理想とすべき社会科授業のあり方をそれぞれの視点から提案している。

引用・参考文献

安彦忠彦『改訂版　教育課程編成論』放送大学教育振興会，2006年。

重松鷹泰「戦後社会科の誕生と教師に期待したこと」『日本教師教育学会年報』Vol.3，1994年，20～28ページ。

第3章
初等社会科教育の歴史的変遷

〈この章のポイント〉

　1945年の敗戦により，アメリカ合衆国を中心とした GHQ が日本の占領政策を行うのにともない，社会科教育（Social studies）が導入された。日本の民主主義への移行を背景に，問題解決学習・経験主義を特徴とする社会科は戦後の花形教科ともてはやされた。しかし占領期が終わるとともに，中学校や高等学校の社会科は地理・歴史・公民といった分野での「系統学習」へと移行し，初等社会科も1989年には第１学年〜第２学年では「廃止」され生活科となった。しかし，現在の初等社会科も日本に社会科が導入された時の理想を色濃く残している。本章では初等社会科の歴史的変遷について学ぶ。

1　初期社会科の名残を残す初等社会科

　小中高の学年段階のなかでも初等社会科は，社会科の特色といわれる経験主義や単元で構成された問題解決学習などを今もなおよく体現している。日本で社会科は1947年に誕生した。2017年でちょうど誕生70年となる。この70年の間，1989年には第１学年〜第２学年の社会科が「廃止」され，理科とともに生活科という教科となった。これにともない，小学校第３学年から第６学年までが社会科といわれるようになるという大きな変化もあった。しかし，このように枠組みを変えながらも，小学校は第３学年〜第４学年で地域学習，第５学年〜第６学年でも社会という教科書が作成されており，中学校や高等学校と比べて，社会科の本来の形を残しているのが初等社会科であるといえよう。ちなみに，中学校では社会科という枠組みではあるものの，すでに1950年代の時点で地理的分野・歴史的分野・公民的分野という３分野それぞれに教科書が作られ，学問の体系に沿う「系統学習」が始まった。加えて，高等学校でも1989年に社会科が地理歴史科・公民科に「解体」され，高校社会科はなくなった。

　本章は，そうした初等社会科を取り巻く時代的な背景のなかでその歴史的変遷を年表で示し，タームポイントとなる時代や事項，カリキュラムについての解説を行う。そして，初等社会科の歴史的変遷を見ていくうえで主要なテーマとなる，戦前の生活綴方と郷土教育，初期社会科における教科書，人物学習に関する説明を行う。

2　1945年以後の初等社会科の歴史的変遷

　　初等社会科の授業は1947年より開始された。その契機となったのは1947年の学習指導要領の発行と授業開始であった。1945年以後，社会科の制度に関する主要な出来事を示すと以下のとおりとなる。

1945年	GHQ「修身，日本歴史及ビ地理停止ニ関スル件」指令。
1946年	第一次米国教育使節団が来日。
	文部省『くにのあゆみ』（上下）発行。
	GHQ 地理・国史の授業再開を許可。
1947年	東京都桜田小学校の日下部しげ教諭が「社会科」の実験授業を行う。
	「教育基本法」「学校教育法」交付，6・3制開始。
	文部省「学習指導要領社会科編（Ⅰ）（試案）」発行。
	文部省『あたらしい憲法のはなし』発行。
	社会科授業が始まる。
1948年	文部省「小学校社会科学習指導要領補説」で作業単元を説明。
	民間でコア・カリキュラム連盟が結成。
1949年	検定教科書使用開始。
1950年	文部省『小学校社会科指導法』発行。
1951年	文部省「小学校学習指導要領社会科編（試案）」発行。47年版継承。
1955年	文部省「小学校学習指導要領社会科編」発行。系統学習への移行。
1958年	文部省「小中学校学習指導要領道徳編」告示。社会科と道徳の分離。
1978年	高校社会科で，地理・歴史・公民の内容を総合した「現代社会」が1年生必修となる。
1982年	高校の歴史教科書の叙述をめぐり中国・韓国からの抗議（歴史教科書問題）。
1989年	文部省，小・中・高の「学習指導要領」告示。
	小学校低学年で社会科が「廃止」され「生活科」が新設される。
	高校でも社会科が「廃止」され，地理歴史科・公民科となる。

▷1　コア・カリキュラム連盟
民間教育団体として1948年に設立された。雑誌『カリキュラム』を発行し，コアと周辺の2層からなる教科の枠を超えた総合的なカリキュラム編成を志向し，地域や児童の興味・関心を重視した。1953年に日本生活教育連盟となる。

▷2　GHQ
連合国軍最高司令官総司令部（General Headquaters）の略。サンフランシスコ講和条約発効まで設置された。マッカーサーが最高司令官となり，女性参政権や教育や経済の民主化などの5大改革，憲法改正も指示した。

　　1945年12月には軍国主義および天皇中心の皇国史観を注入したとして，GHQ により地理や修身とともに歴史の授業も停止となった。翌年10月12日には歴史授業も許可されるが，その頃『くにのあゆみ』という小学校（当時は国民学校）第5学年～第6学年用の教科書が文部省で作成されていた。実際は新制中学校で使用されることになるこの教科書は，戦前の天皇に関する記述を残した個所もあったが，考古学の成果をとり入れたり，政権所在地による時代区分を採用したりして，これまでにない特色も見られたとされる（梅野，1946）。

　　東京都桜田小学校の日下部しげによる社会科の実験授業が行われ，1947年には社会科として初めて学習指導要領が試案として出される。1951年にも1947年版の趣旨はそのままでより詳しく説明する改訂版のような位置づけで試案がだされ，小・中・高で社会科の授業が開始した。社会科の特色は子どもの「経

験」を大事にするデューイの経験主義と地理や歴史，公民（政治経済・倫理など），道徳的な内容も総合した問題解決学習であった。社会科を通じて，日本に民主主義を根づかせることがその背景にあった。しかし，1947年に日本国憲法施行後に朝鮮戦争が勃発（1950年）すると，日本を西側諸国に呼び入れたいアメリカの思惑から「片面講和」によりサンフランシスコ講和条約が締結（1951年）され，独立を果たした。同時に，日米安全保障条約も調印され，1954年には警察予備隊から現在の自衛隊が発足するなど「逆コース」が始まっていく。

　日本が占領軍より独立したことを受けて，戦後は社会科のなかに内包されていた道徳（戦前の修身より名称変更）を社会科より分離すべきであるという議論も1953年頃から始まる。こうした情勢のなか，社会科もそれまでの学問の総合を重視するものから，戦前のような学問の系統を重視する方向へと変化するようになる。一般的に，日本に社会科が導入された1947年版・1951年版の学習指導要領に基づく社会科を「初期社会科」と呼ぶ。これはそれ以後の社会科と区別する意味合いをもっている。小学校は社会科が維持されたが，中学校では総合ではなく，地理・歴史・公民を分野として捉え，それぞれの学問体系を教える教科となっていった。1970年代には高等学校 1 年生で現代社会科目[3]が創設されるなど，3 分野の総合を志向する科目も再度みられたが，逆に1989年には高等学校社会科が地理歴史科・公民科へと「解体」された。これ以後，小学校は初期社会科の形態を残しているものの，中学校が分野，高等学校では地理歴史科・公民科という枠組みのなかで社会科学の研究成果を学ぶという現在にみられる形がつくられていった。また，1982年に日本の近現代の高等学校歴史教科書叙述に対する抗議が韓国や中国などから相次ぎ，国際理解・国際協調の側面から近隣諸国への考慮を求める「近隣諸国条項」[4]が設けられ，小学校の教科書叙述にも反映された。そして，1989年には前述したように，低学年社会科が「廃止」[5]され，高等学校社会科も地理歴史科・公民科となった。この枠組みは2000年代に入っても大きな変動がなく，継続している。以下からは，初等社会科の歴史的変遷を見ていくうえでのいくつかの主要なテーマを示す。

3　初等社会科における主要なテーマ

1　戦前との断絶と連続

　戦後に開始された社会科に類似したものが戦前にはなかったのだろうか。1947年に学習指導要領が出され社会科の考えが示されたのだが，こうした社会科に対する批判は次のとおりであった。系統的な知識を得ることがなく，ただ子どもたちが動きまわっているだけという「はい回る社会科」であるというこ

▷3　現代社会科目
小中高の社会科を一貫的に捉える科目として，高等学校指導要領［1979（昭和54）年改訂］より新設された。高等学校 1 年生での必修科目として，（a）現代社会の基本的問題，（b）現代社会と人間の生き方の 2 つを，多様な学習方法で学ぶことが目指された。

▷4　近隣諸国条項
「近隣のアジア諸国との間の近現代の歴史的事象の扱いに国際理解と国際協調の見地から必要な配慮がなされていること」の条項をさす。1982年高校日本史教科書の記述が中国や韓国より批判され，政府の責任で検定基準に追加された。

▷5　低学年社会科の「廃止」
小学校学習指導要領［1989（平成元）年改訂］から，第 1 学年～第 2 学年の社会科が「廃止」され，理科とともに「生活科」という新しい教科となった。この背景には，社会認識形成と知識の関係，合科的で総合的な内容がふさわしいという議論があった。

第Ⅰ部　初等社会科教育の基盤

と。社会科はアメリカからもらったもので日本に根ざしていない「国籍のない教育」という批判である。前者の批判は，学問を基盤とした系統的な知識を学ぶよりも，総合的な知識を問題解決学習で習得することに対する批判である。後者については，当時の日本はGHQの統治下にあり，その中心であるアメリカ合衆国が日本に社会科を導入したもので，アメリカ合衆国でつくられた社会科は日本にはそぐわないという認識である。現在の日本の社会科がアメリカ合衆国より移植されたものだという考えである。その根拠は1947年版の学習指導要領の内容が，アメリカのヴァージニアプランやカリフォルニアプランを一部翻訳して日本で使用されたということにある。当時は占領下であって日本は占領軍の言うことを聞かざるを得ず，自由に活動できなかったということがこうした発言の背景にある。しかし，本当に社会科につながるものは1945年までの日本にはなかったのであろうか。

　これについては，戦前の昭和時代に郷土教育運動や生活 綴 方運動などがあり，これを社会科の源流とする考え方がある。1941年に出された国民科では，統合教科としての教科同士の統合や社会事象の総合的な取扱いがなされたが，こうした単純な教科の区分をさすのではない。学習する子どもの主体的な問題の追究や社会認識形成という側面を視野に入れるべきだという主張である。これによると，東京高等師範学校附属小学校の樋口勘次郎「飛鳥山遠足」実践に代表される1890年代の郷土教授，1920年代後半から1930年代の郷土教育や生活綴方教育があげられる（影山，1991）。この戦前と戦後の社会科教育との連続面で多くの論者に取り上げられている，文部省により「上から」行われた郷土教育を 2 で，教師など「下から」行われた生活綴方を 3 でそれぞれ説明する。

▷6　樋口勘次郎「飛鳥山遠足」
樋口勘次郎（1871〜1917）が高等師範学校附属小学校に勤務していた時に行った実践。飛鳥山への遠足を児童による自発的な活動の中心に据え，国語や地理，理科などの合科的な校外学習を行った。

2 　どうして地域を学ぶのか——郷土教育と地域学習

　現在の小学校第3学年〜第4学年の社会科は地域学習で構成されている。地域学習は児童が直接地域を観察，調査できるという点に特色がある。そのため，ここでの地域学習は児童が直接見て，触れて，感じることができる範囲に限定される。こうした範囲を示すものとしてそれまで「自分たちの地域」と表現されていたものに代わって「身近な地域」という言葉が出現したのは，2002年に施行された学習指導要領からである。ここでの身近な地域とは，学校の周辺，市区町村，都道府県までの範囲をさしている。学習指導要領［2007（平成19）年改訂］における第3学年〜第4学年の地域学習では，地域の産業や消費生活，地理的環境，生活の変化や先人の働きなどを具体的な資料などで学ぶことになっている。児童が直接，観察・調査できる身近な地域で社会の仕組みを具体的に学ぶことは，戦前の郷土教育と類似している。それでは，戦前の郷土

教育とはどのようなものであったのか。

1930年前後の日本は，国定教科書が使用されており，全国一律の知識を児童に一方的に注入することに加えて，社会に出るための入試選抜が始まっていた。そのため，学校教育は画一的な知識を与える形式主義の場所という批判にさらされていた。これに対して，それぞれの地域の現実に即した教育が必要ということで考えられたのが，郷土について学ぶ教科としての郷土科の設置であり，教科はもちろんのこと学校全体で郷土に即した教育を行うという教育の郷土化という2つの流れであった。こうした教育の最終的な目的は，郷土の自然と文化を愛して，他所に移動せずに将来も郷土に残り，郷土のために働く人材を育成するということであった。教育政策の面では，郷土の良い面を認めて愛郷心を高め，それを愛国心にまで延長しようとする動きとなったが，こうした流れは自分の郷土のみを称賛するお国自慢的な郷土教育として戦後は批判の対象となった。また，郷土を用いて愛郷心から愛国心まで育成しようとする動きは，1930年代後半の国家主義的な教育政策の流れに取り込まれた。半面，郷土について学ぶほど身近な郷土の貧しさや現実に直面したため，それを改善しようとする動きも生まれた。後者のなかの一部からは社会主義思想にふれ，郷土の貧困を改革しようとする政治的な運動に進む者も現れた。

郷土という言葉はその後1960年代頃まで教育現場で使われたが，現在は基本的に地域という言葉が用いられ，その学習が地域学習として主に小学校第3・4学年で行われている。身近な地域との違いで郷土という言葉が用いられる時，地域という客観性や普遍性に比して，郷土ではその場所の主観性や特異性という側面が強調されることがある。また，地域が「地域で学ぶ」という地域を通して社会の仕組みを学ぶという方法論として用いられる場合と，「地域を学ぶ」という地域そのものを学習の目的として学ぶ場合がある。後者の目的の場合は，地域自体を理解し，地域に対する態度形成までを求めることが多い（安藤，2006）。しかし，両者を単純に区別することは難しく，教育現場では両者が混合して教えられているというのが現状であろう。

③ 子どもの生活現実と社会科との関係——生活綴方

生活綴方は，現在では作文というのが一般的な名称であり，通常，国語科の内容に分類されている。しかし，戦前では小学校令施行規定の「読ミ方，書キ方，綴リ方，話シ方」のなかで，教科書もなく比較的自由な教育実践が可能であったものの一つがこの「綴リ方」であった。東京高等師範学校附属小学校訓導の芦田恵之助が国語科の表現指導という一分野の綴方の教育を超えて，定式化，普及しようとしたのが1929年に出した『綴方生活』であった。綴方教育を国語の一分野ではなく，生活教育という範疇に入れているという点が注目され

第Ⅰ部　初等社会科教育の基盤

た。ここでの生活教育とは影山清四郎によると，「社会の生きた問題」や「子どもの日々の生活事実」を観察し，「生活に生きて働く原則」を子どもがつかむというものである。「生活綴方教育は，『書く』という伝統的な教育方法によって，子どもの外部の世界を内面化させる道を切り開いたのである。その際，『何を』書かせたら子どもの切実な問題となるかという立場から，地域社会をみつめ直したのである。それは，郷土教育や大正自由教育にもなかった新たな教育であった」（影山，1991）という。

> ▷7　大正自由教育
> 子ども中心の新教育運動が1920年代から1930年代前半に日本にも流入し，そこで行われた教育をその時の元号名を用いて大正自由教育という。日本で流行した背景には大正デモクラシーといわれる民主的で自由な雰囲気があった。

　こうした流れが戦後の初期社会科とどのようにつながったのか。「書かせることによって子どもに自己の生活を見つめ考えさせ，教師も書かれたものを通して子どもの生活と意識を深く理解する。書かれた生活をみんなで考えることをきっかけとして社会科の学習の中で書いた綴方が取り上げられて，生活綴方と社会認識・市民的資質との関係が強固になってくる」と田村真広は述べる（田村，2000）。このような生活綴方と初期社会科の問題解決学習を合わせたものが1951年に発行されベストセラーとなった『山びこ学校』の無着成恭の実践である。無着成恭は山形県山元中学校の教師で，学級文集に子どもの生活記録をまとめていた。1951年の学級文集『きかんしゃ』所収の江口江一君が書いた「母の死とその後」が文部大臣賞を受賞した。中学校ではあるが無着の実践は，社会科の内容を社会の矛盾や課題に求め，子どもとの共同思考の展開過程を行うなかで問題そのものを深めていくという問題解決学習の方法を用いたことが指摘されている（片上，1991）。

4　教科書は必要か——初期社会科の教材論

　現在，小学校の社会科の教材といえば，教科書，副読本などが真っ先にあがるであろう。教科書について，文部科学省ホームページでは「教科書は正式には『教科用図書』といい，小学校，中学校，高等学校，特別支援学校などの学校で教科を教える中心的な教材として使われる児童生徒用の図書のことです」と説明されている。そして「我が国では学校教育における教科書の重要性を踏まえ，原則として上記の学校では文部科学大臣の検定に合格した教科書を使用しなければなりません」と続け，教科書の使用を義務としている。しかし，この教科書をいらないという時代が戦後の社会科にはあった。

> ▷8　上田薫
> 1920年生まれ。中国戦線に赴き帰国。戦後は文部省で小学校の学習指導要領の作成に関わり，経験主義や問題解決学習などの必要性を説く。その後，東京教育大学などに勤め，1958年に民間教育団体「社会科の初志をつらぬく会」を結成。

　学問の系統を教えることに傾斜していく社会科教育の歴史的な流れのなかで，戦後初期の社会科学習指導要領の編纂に加わり，当初の社会科の理念を継承しようとした上田薫は次のように話す。「二十一年十二月，CIEから文部省に社会科の教科書をつくるよう指示が来た。上田は『全員一致で社会科に教科書は無用と断った。しかし教科書をつくるといえば貴重な紙をくれる。参考書という形でつくることになった』」（『産経新聞』1995年11月2日付）。こうして参

考書という形で戦後初めて教科書が作成されたのである。しかし，1947年9月
1日から始まった授業に教科書編纂が間に合ったのは，小学校の第6学年用
『土地と人間』の1冊のみであった。この本の巻末には「教師および父兄の方
へ」として，本教科書の使用方法を記した箇所がある。

　　　この本は，児童たちに，社会科学習の手がかりとなる若干の資料を与
　　え，合わせてその学習の仕方を暗示している。その資料は，第六学年の児
　　童にぜひ与えなくてはならない知識を精選して排列したものではない。そ
　　れは範囲からいっても深さからいっても偏している。だから従来の教科書
　　と同じように考えてはいけない。むしろ，児童用の参考書の一種として取
　　り扱っていただきたい。したがって，この本に書いてあることを，順々に
　　説明したり，暗記させたりしては困る。またこの教科書だけでは十分では
　　ない（文部省，1947）。

　このように戦後最初に書かれた小学校の教科書は，児童に与える知識を精選
して掲載したものではなく，学習の手がかりになる資料としての役割を果たし
て問題解決学習としての社会科の学習方法を示したものであった。

　また，民俗学者で当時社会科の教科書も編纂した柳田国男[9]は，戦後初めて出
された歴史教科書『くにのあゆみ』について次のように語っていた。「……私
は元来，教科書なしで歴史を教へてはどうかと思つてゐる。（中略）教科書無
しでは教員諸君は大いに困惑するであらうが，この教科書のみに縋りつかれて
は甚だ困るのであつて，これだけを教へれば歴史教育は済んだのだといふ如き
錯覚に陥ることだけは，今後は絶対やめなければならない。教科書に書いてあ
るのは，ほんの要項に過ぎず，決して歴史の全部ではない」（柳田，1946）。谷
川彰英も指摘しているように，柳田は教科書の存在自体を否定しているのでは
なく，歴史教育が教科書を教えれば終わりということを戒めているのである
（谷川，1988）。教科書だけで教えることの罪を柳田はよく理解していたのであ
る。しかし現実は，1949年4月1日に検定教科書の使用が開始され，授業で教
科書を「主たる教材」として使用することが義務づけられ，今に至るのである。

5 　誰をどのように学ぶのか──人物学習

　歴史学習において，誰をどのように学ぶのか。歴史学習において人物を通じ
て学ぶことより，その時代について具体性をもって学ぶことができ，人物の歴
史を知ることで児童の興味関心をひきやすいという利点があげられる。また，
人物学習の方法として，人物そのものを学び教訓を引き出すということを目的
とする場合と，人物を通じて人物が生きた時代を学ぶという，方法として学ぶ
場合がある。日本の人物学習は，1945年以前は前者の目的としての人物学習が
行われ，1945年以後は後者の方法が主であるものの，目的としての前者の側面

▷9　柳田国男
1875年生まれ。日本民俗学
の理論や方法の基礎を築い
た人物。1953年には小学校
用『日本の社会』（2〜6
学年用）教科書を作成し
た。この教科書は民俗学研
究の内容を社会科に取り入
れたものとして評価されて
いる。1962年没。

第Ⅰ部　初等社会科教育の基盤

も持ち合わせていることが特色である。

　日本近代における歴史学習は，1881年の小学校教則綱領で「歴史科」（日本歴史）が独立教科となることから始まる。ここで歴史教科書が編纂されるようになるが，多くの教科書は現在同様考古学的事実から叙述を始めていた。しかし，1890年に教育勅語が発布され，1891年には小学校教則大綱において，歴史教育の目的が「国体ノ大要ヲ知ラシメ」「国民タルノ志操ヲ養フ」と国民づくりの側面を強調するようになる。翌年には小学校教則大綱による歴史教科書の検定制度が開始され，1904年には国定教科書制度が成立し，その使用を開始した。ここで歴史教科書は，「神代」から始まる歴史叙述となり，「天照大神」「建国ノ体制，皇統ノ無窮」など天皇中心の皇国史観による歴史教科書へと変化していくのである。そして，1920年『尋常小學國史』の刊行により，児童に親近感をもたせるために人物中心の歴史が始まったが，扱われた人物は「神武天皇」「日本武尊」「神功皇后」「仁徳天皇」「聖徳太子」などであった。1937年の日中戦争，1941年の太平洋戦争開戦を経て1943年に『初等科國史』が作成されるなかで，こうした傾向はさらに高まっていった。

　1945年以後，GHQの支配を受けるようになると人物学習は姿を消した。戦前の人物学習があまりにも天皇や国家への忠誠心を強調したために忌避されたためであった。しかし，占領終了後の1950年代後半からは「国家や社会の発展に貢献した人々の業績などについて考えさせる」として，学習指導要領［1958（昭和33）年改訂］において初めて人物学習が記載された。ただ，この人物の取扱いについては，人物のもつ具体性や興味関心を引くという人物学習の特色を活かす以外に，「時代的背景から遊離した取扱や人物中心の学習にはしりすぎないように留意すべき」と書かれていた。これは人物を取扱う際に，時代状況からその人物を理解させることに注意を払い，目的として歴史的人物を学ぶことを否定しているようにも読み取ることができる。これが，学習指導要領［1989（平成元）年改訂］になると「例えば，次に掲げる人物を取り上げて指導すること」として，42名の人物が事例として取り上げられた。

卑弥呼，聖徳太子，小野妹子，中大兄皇子，中臣鎌足，聖武天皇，行基，鑑真，藤原道長，紫式部，清少納言，平清盛，源頼朝，源義経，北条時宗，足利義満，足利義政，雪舟，ザビエル，織田信長，豊臣秀吉，徳川家康，徳川家光，近松門左衛門，歌川（安藤）*広重，本居宣長，杉田玄白，伊能忠敬，ペリー，勝海舟，西郷隆盛，大久保利通，木戸孝允，明治天皇，福沢諭吉，大隈重信，板垣退助，伊藤博文，陸奥宗光，東郷平八郎，小村寿太郎，野口英世

*新学習指導要領では（安藤）は削除されている。

▷10　東郷平八郎
1848年生まれ。幕末は薩摩藩士であったが，明治になると日本海軍の指揮官となった。日露戦争で行われた日本海海戦で連合艦隊司令長官としてロシアのバルチック艦隊を破り，英雄となった。1934年没。

　上記の42名を見ると，基本的にその時代を代表する人物があげられている。だが，この1989年当時も問題となったのであるが，軍人である東郷平八郎の評

価は意見の分かれるところである。これ以外にも，42名の人物のなかで女性が
３名（卑弥呼・紫式部・清少納言）しかいない。また，大正や昭和の人物は42名
には含まれていないことなどが特色である。内容の取扱いには，「例えば，次
に掲げる人物を取り上げ，人物の働きを通して学習できるよう指導すること」
とある（新学習指導要領）。これだけを見ると人物そのものを学習することを目
的としているように読める。これら42名の人物がすべての検定教科書に現在記
載されていることを考えると，事例とはいえ人物選定は慎重になされるべきで
あろう。加えて，新学習指導要領では，近年の歴史学の研究成果を受けて，聖
徳太子が厩戸王とともに併記される予定であったが，再度，聖徳太子に戻され
た。小学校の歴史学習において，中学校や高等学校の歴史学習との連結や歴史
学との関係をどのように考えるのかなども人物選定の大事な要点となる（國
分，2017）。

4　初等社会科の歴史的変遷を顧みて

　以上，初等社会科の歴史的変遷を整理してきた。戦後70年が経った今も，い
わゆる初期社会科の経験主義や問題解決学習の特色を色濃く残しているのは初
等社会科である。児童の生活や認識を中心において，身近な社会のシステムや
出来事などを地理的，歴史的，政治経済文化的に学ぶことは，時代が移り変
わっても変化はないのである。

Exercise

①　戦後の社会科教育の歴史的変遷を学ぶ意味について，説明してみよう。
②　初期社会科での初等社会科の授業実践にどのようなものがあるかを調べ
　て，現在の初等社会科の実践と比較してみよう。
③　学習指導要領の第６学年であげられている42名の人物以外にどのような人
　物を教えることが望ましいか，その理由とともに人物名をあげてみよう。

📖次への一冊

上田薫編集代表『社会科教育史資料』１～３，東京法令出版，1977年。
　　初期社会科に関する基本的な文献を集めた資料集である。本書は当時の一次資料が
　　掲載されてあり，初期社会科の目的や内容などを学ぶことができる。
日本生活教育連盟編『カリキュラム』誠文堂新光社，1949～59年。

第Ⅰ部　初等社会科教育の基盤

　　民間教育団体としてカリキュラム連盟が，主に初期社会科の時期にどのような理論
　　と実践を唱えていたのか，当時の文部省を巻き込んだカリキュラム改革運動の様子
　　がよくわかる雑誌である。

上田薫編『日本の社会科をどうするか』1～3，明治図書出版，1974年。
　　初期社会科の理論的指導者である上田薫を中心として，25年後の本質を理論や実
　　践，社会科が置かれている現状を論じた3冊である。1巻は「理論的探究」，2巻
　　は「実践的探究」，3巻は「問題の究明」で構成されている。

谷川彰英『戦後社会科教育論争に学ぶ』明治図書出版，1988年。
　　戦後の社会科教育をめぐる論争を整理した本である。本書でもふれた初期社会科に
　　ついてその本質論争，低学年社会科，郷土教育などを著者の視点でわかりやすく解
　　説している。戦後社会科の論争の骨子をつかむことができる。

緊急シンポ世話人会編『社会科「解体論」批判——緊急シンポの記録と資料』明治図書
　　出版，1986年。
　　1989年の社会科「解体」の3年前に行われた社会科教育者による「解体」反対のシ
　　ンポジウムの記録と関連資料集である。当時の社会科がどのような状況に置かれて
　　いたのかを知る資料となる。

引用・参考文献

安藤清「郷土の学習」日本地理教育学会編『地理教育用語技能辞典』帝国書院，2006年。
梅野正信「くにのあゆみ」日本社会科教育学会編『社会科教育事典』ぎょうせい，2000
　　年。
影山清四郎「戦前における社会科の源流」『社会科教育の歴史と展望』現代社会科教育
　　実践講座20巻，ニチブン，1991年。
片上宗二「総括と展望」『社会科教育の歴史と展望』現代社会科教育実践講座20巻，ニ
　　チブン，1991年。
國分麻里「日本の小学校における社会科および歴史学習の変遷と特色——学習指導要領
　　の分析を中心にして」釜山教育大学校『BNUE 地域教育研究所国際学術セミナー』報
　　告集，2017年。
谷川彰英『柳田国男と社会科教育』三省堂新書150，1988年。
田村真広「生活綴方運動」日本社会科教育学会編『社会科教育辞典』ぎょうせい，2000年。
文部省『土地と人間』第六学年用，1947年。
柳田国男「歴史教育の使命——『くにのあゆみ』に寄す」（『毎日新聞』1946年10月28日
　　付）。

第4章
初等社会科教育の学習指導

〈この章のポイント〉
　新学習指導要領では，授業改善の視点として「主体的・対話的で深い学び」の実現が強調されている。これは，これまでの初等社会科が行ってきた学びの質を見直し，改善する必要性があることを意味する。初等社会科の学習指導を「主体的・対話的で深い学び」にするために，教師にはどのようなことが求められるのか。本章では，初等社会科が成立当初から大切にしてきた問題解決学習を再考し，上記の課題に向き合うための方法について解説する。

1　初等社会科の学習指導法としての問題解決学習

　小学校の新学習指導要領の「小学校学習指導要領解説社会編」における改訂の基本方針の一つに，「主体的・対話的で深い学び」の実現に向けた授業改善がある。これは，2012（平成24）年12月の中央教育審議会答申（以下，「答申」）を受けたもので，「子供たちが，学習内容を人生や社会の在り方と結び付けて深く理解し，これからの時代に求められる資質・能力を身に付け，生涯にわたって能動的に学び続けることができるようにする」ことをねらいとしている（文部科学省，2017，3〜4ページ）。

　「主体的・対話的で深い学び」の実現のために社会科で求められているのが問題解決的な学習である。問題解決的な学習について，「答申」では，「課題把握」「課題追究」「課題解決」からなる学習過程を示している。これにより教師は問題解決的な学習の単元構成をイメージできるようになった。一方，単元構成を示したことに対しては，「指導法を一定の型にはめ，教育の質の改善のための取組が，狭い意味での授業の方法や技術の改善に終始するのではないか」（中央教育審議会教育課程企画特別部会，2015，17ページ）という懸念もある。

　では，「主体的・対話的で深い学び」の実現を目指して問題解決的な学習を行う場合，何を大切にすればよいか。そのヒントは，社会科の歩みのなかにある。そもそも社会科は，戦後教育改革のなかで，「青少年に社会生活を理解させ，その進展に力を致す態度や能力を養成する」（文部省，1947，1ページ）ために誕生した教科である。ゆえに，その任務を果たすための学習指導の方法として，問題解決学習を大切にしてきたからである。

▷1　問題解決学習
「問題解決学習」は，論者によりさまざまな解釈が存在するが，基本的には，経験主義に基づく学習活動の指導方法である。具体的には，「児童たちに，課題達成の過程において，そのための具体的な必要性から知識や技能を習得させるという学習活動の指導方法」と定義される。したがって，問題解決学習による学習は，教師による一方的な教授や誘導では成立しないため，教師には，児童一人ひとりを生かして授業を行う姿勢が求められる（本書45ページの側注▷5も参照）。

第Ⅰ部　初等社会科教育の基盤

　問題解決学習は，1951（昭和26）年発行の「小学校学習指導要領社会科編（試案）」（以下，「26年版」）で成立した。「26年版」は，「社会科の学習が問題解決学習でなければならないことを強調」（梅根，1959，6ページ）した学習指導要領として評価されている。また，「『26年版』型の問題解決学習論に立脚すれば，社会諸科学の成果などの『正しい見方』としての知識を子どもたちが探求していくように授業を構成することも可能」（木村，1999，19ページ）であることも指摘されている。したがって，「主体的・対話的で深い学び」の実現のために，問題解決学習の原点である「26年版」から学ぶ必要がある。

　以下では，「26年版」の問題解決学習を「目的」「方法」「学習過程」の点から考察したい。

2　問題解決学習の目的と方法

1　問題解決学習の理念

　「26年版」では，学習指導について次のように述べる（文部省，1951，1ページ）。

　　（中略）社会生活を児童の現実的な生活から切り離し，いわばかれらから離れてて向うにあるものとして，その必要や関心の有無にかかわらず，断片的に学習させ，社会に関するさまざまの知識をもたせるというようないき方をとらずに，かれらが実生活の中で直面する切実な問題を取りあげて，それを自主的に究明していくことを学習の方法とすることが望ましい（中略）。

　ここでのポイントは，2つである。一つは，問題解決学習では，児童が実生活のなかで直面する「切実な問題」を取り上げること，もう一つは，取り上げた「切実な問題」を「自主的に究明」することである。

　では，なぜ，問題解決学習が妥当な学習指導法だといえるのか。これについて，「26年版」では，次のように述べている（文部省，1951，1～2ページ）。

　　児童がその生活の中で直面する問題は，それが一見ささやかなものであっても，社会生活における具体的な問題である以上，直接にせよ間接にせよ，あらゆる社会事象に関連をもっている。したがって，それらの問題を解決しようとして，深く究明していけば，学習はおのずから社会生活の広はんな領域に及ぶはずである。学問的な分類でいえば，倫理学・政治学・経済学・社会学・地理学・歴史学などの基礎になるもろもろの社会事象が学習の領域におのずからはいってくるのである。しかも先に述べたように，単にこれらを知的に理解させるにとどまらず，つねに児童の切実な必要に結びつけることによって，理解と，態度と，能力とを一体になるように身につけさせようとするところに，社会科が，児童の現実生活で直面す

る問題の解決を中心とした学習のしかたをとることのねらいがあるのである。

　つまり，児童が現実生活のなかで直面する問題の解決を目指して深く究明すると，社会生活の広範な領域をつかむことにつながるというのである。同時に，このことは，児童たちの理解，態度，能力を統一的に育成することに寄与するというのである。これが，問題解決学習の意義である。

［2］　問題解決学習の方法

　では，問題解決学習はどのような方法で行うべきか。「26年版」では，「望ましい単元の備えるべき条件」として，次の6点をあげている（文部省，1951，30ページ）。

> 1．単元は明確な目標をもっていなくてはならない。特に，その単元の中心的なねらいが，教師によってじゅうぶんとらえられていなくてはならない。そしてその目標が，あらゆる学習活動の指導の中にしみ通っていかなくてはならない。
> 2．単元はその中に，児童が強い関心をもって，その解決のための活動を営むような，いくつかの問題を含むものでなくてはならない。
> 3．問題の解決をめぐって，多様な学習活動，たとえば，話し合い，読書・調査・見学・劇的活動・構成活動などが行われて，豊かな経験が身につけられるようになっていなくてはならない。ただし，このような諸活動は，問題解決に意味をもつかぎりにおいて行われるべきで，ただ形式的に諸種の活動が，られつ的に行われるのであってはならない。
> 4．単元は間口が狭くて，そこから深くはいっていくうちに，自然に広がるようになっていることが望ましい。単元の間口が広いと，学習が平面的になって深くはいっていかないからである。一つの共通問題を追求していくうちに，次々と問題が派生してきて，学習が深くなるにつれておのずから広がりをもつようになることが望ましいのである。
> 5．学習内容は目標に照して最も適切なものを選び，それらが自然に結びつくことができるように組織しなくてはならない。（……）
> 6．単元の計画は固定的なものでなく，弾力的なものでなくてはならない。（……）

　これらが強調されたのは，「教師が単元の目標を明確にもちながら，それに向けて子どもたちをゆるやかに，ねばり強く，個に応じて導くように単元学習を構成し，展開する」（木村，1999，16ページ）ことを意図していたからである。

　では，問題解決学習はどのように行われたのか。次に，当時の代表的な実践を分析し，問題解決学習における学習指導の性格について言及する。

▷2　単元
単元（Unit）とは，教授内容・学習内容の単位やまとまりを意味する。この際，単元は「児童の学習活動や学習体験のまとまりとするもの」と「教科内容の基礎，基本のまとまりとするもの」の2つに分けられる。前者を「経験単元」，後者を「教科単元」と呼ぶ。「26年版」では，「経験単元」の立場をとる。新学習指導要領では，単元を「内容や時間のまとまり」とのみ説明しているが，この意味をどのように解釈するかが，問題解決的な学習を行ううえで重要になる。

第Ⅰ部　初等社会科教育の基盤

▷3　社会科の初志をつらぬく会

わが国の社会科創設の中心となった長坂端午，重松鷹泰，大野連太郎，上田薫の4名の呼びかけによって，1958（昭和33）年8月に発足した民間教育団体である。発足の背景には，同年に改訂された学習指導要領により，系統学習が強化され，社会科の性格が大きく変化したことがある。問題解決学習を中心とする初期社会科の立場を守りながら，教師たちが地道な指導と研究を進めることができることを目指して結成された。

▷4　日本生活教育連盟

1948（昭和23）年10月30日に，東京高等師範学校附属小学校（現筑波大学附属小学校）の講堂で結成されたコア・カリキュラム連盟を前身とする民間教育団体である。コア・カリキュラム連盟は，新教育の推進のための問題，すなわち，「教科組織をそのまま維持する

3　問題解決学習における学習指導の性格

1　2つの実践の背景

　ここで取り上げる実践は，単元「福岡駅」と単元「西陣織」の2つである。2つの実践が行われた背景には，次のようなことがある。

　「福岡駅」は，富山県西礪波郡福岡町立大滝小学校の谷川瑞子教諭が，1954（昭和29）年に第3学年の児童たちと取り組んだ実践である。「福岡駅」は，1957（昭和32）年2月の日本教職員組合研究集会で発表され，反響を呼ぶ。後に，社会科の初志をつらぬく会[3]の20周年記念誌（『問題解決学習の展開』）に掲載され，本会の重要な実践として位置づけられている。

　「西陣織」は，京都市中京区日彰小学校の永田時雄教諭が，1953（昭和28）年に第5学年の児童たちと取り組んだ実践である。「西陣織」は，日本生活教育連盟（以下，日生連）[4]の「日本社会の基本問題」に立脚した問題解決学習研究の一環で行われた。「日本社会の基本問題」とは，日本社会が直面する問題を歴史的・構造的に整理して取り上げた9つの問題，すなわち，災害，健康，農村漁村，中小企業，工業・労働，現代文化，社会計画化，現代政治，民族と平和である。「西陣織」は，このうちの中小企業問題に当たる。

　以上は，表4-1に示す単元設定理由に影響を与えている（谷川，1970，221〜

表4-1　単元「福岡駅」と単元「西陣織」の単元設定理由

「福岡駅」	「西陣織」
①修学旅行，海水浴，高岡の山祭等と，福岡駅→汽車と深い関係があり，子どもたちが親しんでいる。 ②この前「ゆうびん」を学習をした時，駅のことを調べたいという子が多かった。 ③子どもたちの社会的視野を拡げ，より深い社会を認識する好適な要素が多く含まれている。 a　二年生の時「おうちと組合」の学習をした時，家で取ったお米は，東京や大阪へいく事を知ったのであるが，駅の学習を進めることによって，自分の家と都会とを結びつかせている，重要なものの一つが駅であり，鉄道であり，交通機関であることを理解させられる。 b　二年生の時「ゆうびん」の学習をして，通信が非常に進歩して来たことに，子どもたちは，おどろいたが駅の学習をすることによって，通信のみでなく，交通もすべてが発達してきた事が，理解されたり想像されたりできる。 c　わたくしたちの生活は，いろいろな人々の，はたらきと関連があり，また，いろいろな人や物が相互に関連し合っている事を理解させられる。 d　「ゆうびん」の学習をした時と同様に駅の人々の個々のはたらき（責任，協力）等も自然に学びとらせる可能性がある。 ④子どもたちの身近なものであり，右のような可能性もあるから，学習を展開していく過程で，種々の考える場が構成されると思われる。	①「西陣織」は京都市にとっては，代表的な，また郷土産業である。（中略）ところが，（中略）実に多くの問題を内蔵しているのである。すなわち， 1　生産工程の非科学的なこと（いまだに手機が過半数を占め，全国各地の絹織物産地に比し最も古い生産様式である）。 2　生産組織に封建性が根強く残存し，主従関係によって業者が結ばれていること。 3　封建性が残存し産業革命以前の生産方法をとっているままに，そこにすでに資本主義生産の矛盾が現われて零細な企業家ならびに賃織業者が危機に瀕していること。 ②子どもたちの家庭すなわち私の学校の校下には，直接西陣織の生産には従事しないが，呉服屋が伝統的に多い，そのほとんどが西陣織を取扱っている。だから，西陣の動向は直接生活にひびいてくるのである。また“着倒れ京都”という俗諺に表わされているごとく，この高級な織物を冠婚葬祭，外出用，七五三詣りなどに着用するのが，依然として今日の常識であり，子どもたちの関心もとくに深い。

222ページ；永田，1954，48ページ）。「福岡駅」の「③c」には，「26年版」が重視する相互依存関係の影響がみられる。対して，「西陣織」は，西陣織の抱える生産工程の非科学性，生産組織への封建性，主従関係を強調している。そのため，2つの実践は，問題解決学習であっても異なる性格をもっていたのである。

次に，2つの実践の学習過程の分析を通して，問題解決学習の特徴を明らかにする。

［2］ 「福岡駅」の学習指導

「福岡駅」は，人間の価値を服装で判断する児童たちに，駅の人の働きと自分たちの生活とのつながりを実感的につかませ，社会を正しく認識させることをねらいとする。それを具体化したのが，表4-2に示す学習過程である（谷川，1970，222～236ページ）。

「福岡駅」の学習過程は，児童たちの「地下タビはいとるもんおぞいもんや」という意識が，「みんな大事やわ，いらん人おらんわ」へと変化する過程である。

導入：駅にどんな人が働いているか話し合い，「地下タビはいとるもんおぞいもんや」という意識が児童たちに芽生え，実際に駅の見学をすることが決まる（学習活動1）。そこで，駅で「見てくること」と「聞いてくること」について話し合い，「福岡駅見学メモ帳」を作成する（学習活動2）。「福岡駅見学メモ帳」は，児童たちから出た「見てくること」（9個）と「聞いてくること」（24個）からなる。

展開：福岡駅の見学（学習活動3），福岡駅の歴史的考察（学習活動4），福岡駅の現在とわたしたちの生活の変化の考察（学習活動5）を行う。学習活動3では，「福岡駅見学メモ帳」をもとに，駅の人々の時間，協力，責任の尊さをつかむ。学習活動4で，父母，祖父母，村のお年寄りに駅ができる前のことの聞き取りをする。そのうえで，学習活動5で，駅の利用の仕方，汽車を利用することで生活が豊かになったことを実感するのである。

帰結：「わたしたちに幸福をもたらしている汽車を動かす人は誰だろう？」（学習活動6），「この中で，一番大事な人は，誰でしょうか。」（学習活動7）について考察し，「みんな，大事な人ばかりや」という結論に至るのである。その後，汽車を発明した人（学習活動8）とさらに汽車がよくなる方法（学習活動9）について考察している。

以上のように，「福岡駅」は，駅で働く人々と児童たちとの相互依存関係を，児童なりに理解するための問題解決の過程を辿る。これは，「26年版」の目標である「家庭・学校・市町村・国その他いろいろな集団につき，集団内における人と人との相互関係や，集団と個人，集団と集団との関係について理解

か」「教科組織そのものに再検討を加えるか」について，東京文理科大学の石山脩平や梅根悟らを中心とする教育学者と各地の推進校が共同で研究を進めることを目的に設立された。そのため，当時，「民間文部省」といわれるほど，学校現場の教育実践に影響を与えた団体であった。日生連は，コア・カリキュラム連盟がこうした研究や実践を深化・発展させるなかで，1953（昭和28）年に名称を改めたことで誕生した。

第Ⅰ部 初等社会科教育の基盤

表4-2 「福岡駅」の学習過程

段階	学習活動	児童の問題意識
導入	1 駅にどんな人が働いているか話し合い	○駅長さん・切符を切る人・信号をする人等 ○地下タビはいた人（おぞい人）「地下タビはいとるもんおぞいもんや」
	2 駅の見学のため，何を見てくるか，何を聞いてくるかを子ども達の問題を発表（「福岡駅見学メモ帳」づくり）	A 何を見てくるか。 B 何を聞いてくるか。
展開	3 福岡駅の見学	駅の人の働き ・出札係の人は，お金を一銭もまちがわないように気をつけて親切に売る。 ・改札係は，切符のまちがいないように。 ・駅長さんは，みんなのことを心配してる。 ・助役さんは，汽車を出すために一分もおくれずに出す。けがをする人がいないように。 ・信号係は，まねきのあげおろしに気を使い機械を操作しただけでなく，必ずもう一度まねきが下がっているかを確かめる。 ・貨物係の人は，荷物をいためないように，連絡はしっかりとする。 ・案内係は初めて旅行する人がまちがわぬように親切に知らせる。 ・保線の人は，レールや，犬釘がゆるんでいないか調べて，いたんでいたらすぐになおす。
	4 駅のできない前は，どうであったか歴史的に展望してみる。	・汽車のない頃は，日本いうたら金沢や高岡ぐらいと思っていた。 ・食べ物は主に野菜ばかりで，家で作ったものだけが食べていた。たまに高岡から魚屋が来たが，夏の暑い日など天びん棒でかつて歩いて来たので，こっちに来た頃はしんなりしていて，生魚は生きのいいのが食べられなかった。 ・生魚は，すぐいたむので，たいてい干物を食べていた。 ・百姓の生活は，非常におぞかった。高岡まで四里の道を，こやしにするにしんをかついで来た。 ・百姓は車もなかったので，何でも背中にかついだ。今はお金があるようになったので，どの家にもリアカーがあるようになった。 ・旅行する人はあまりいなかった。一番遠い旅は，死ぬまでに一度京都まで行くことが，子どもの頃からの楽しみであった。しかし誰でもいけなかった。京都まで一週間もかかった。 ・おじいさんの親など帰ってこれるかどうかわからなかったので，旅に出る時は水さかずきをして泣いて別れたものだ。 ・帰ってこれた時は，うれしかったもんだ。べんとうとわらじ一足を腰にさげて歩いたものだ。 ・金沢へ用事があっていく時など三日かかった。 ・高岡の山祭は子どもの頃一番の楽しみで四里の道をてくてく歩いて，高岡へ着いた頃はつかれて，そんなにおもしろくなかった。高岡には，ほんのしばらくしかおれなかった。帰りは，がっかりして，泣きながら歩いたものだ。連れていってくれた親も，だやいので子どもが，おぶってくれと泣いてもただだまって歩いたもんだ。
	5 今はどのように利用しているか，利用することによってわたくしたちの生活は，どう変わってきたかを調べる。	A どんなものが福岡駅で積みこまれ，それはどこへ行くか。また福岡駅でおろされたものは何か。それはどこから来たかを調査。 B うちで生産されたものは，どこへ？ 米，すげ笠，籾がら，なたね，れんげの草のたね C うちへ来る品物は，どこから？ D うちの人や部落の人たちは，どのように汽車を利用しているのだろう？
帰結	6 わたしたちに幸福をもたらしている汽車を動かす人は誰だろう。	・助役さん，信号係，改札係，案内係，ポイント係，貨物係，駅長さん，保線の人，機関士さん，石炭を入れる人など。
	7 この中で，一番大事な人は，誰でしょうか。	・先生一番大事やいうきまりないわ，みんな大事やわ，いらん人おらんわ。（みんな，大事な人ばかりや） ・保線の人の苦労や，その仕事にあたっていて死亡された実話（先生，おらっちゃ，ダラなこと言うとったね，地下タビはいとるもん，おぞいもんや，皮くつはいて，ヒゲはやしとるもん，えらいがや，と思っとったれど，チョロイこと思っとったもんや。心で偉い，おぞいが決まるもんやね。
	8 こんなありがたい汽車，いったい誰が発明したのだろうか。	（記載なし）
	9 もっとどうなればよいか。	

36

させ，集団生活への適応とその改善に役だつ態度や能力を養う」（文部省，1951，5ページ）と関連している。これにより，「現実の社会を相互依存関係の成立した『合理的な社会』とみなし，子どもたちが問題解決学習を行うなかで，それを子どもなりに理解し，そのような社会に適応できるような態度や能力を育成」（木村，1994，164ページ）を目指した実践として評価されている。

③ 「西陣織」の学習指導

「西陣織」のねらいは，「1 西陣織の工業は，そのほとんどが，家内工業，手工業，家族労働によっておこなわれていること」「2 全国の絹織物産地の機械による廉価な大量生産に圧迫されて，次第に販路が縮小していること」「3 非科学的生活法，封建的な生産組織を改革しなければならないこと」「4 高次な芸術的高級織物の生産だけによらず，大衆向の実用衣料生産をして，市場を獲

表4-3 「西陣織」の学習過程

段階	学習活動	児童の認識
導入	1 西陣織について話し合う	・父母が冠婚葬祭の時や外出着に着る。みんな和服で美しくて上品だ。家の人は渋い柄だといっている。
	2 西陣織を眺めて	種類，特徴
展開	3 作り方をしらべる ①今までに知っていること，聞いてきたこと ②見学，資料の作成と検討	（省略）
	4 昔の西陣織のようすをしらべる	○西陣織の歴史の理解 ○西陣織の現代の課題と解決策 ・西陣織は歴史全体から見て，天皇，幕府，貴族などがぜいたくをした時に繁昌している。民主主義の今の世の中ではこんなやり方ではだめだ。しかも貧乏な人の多い今の日本ではもっと安い品物をつくるようにしたらよい。 ・「つづれ織り」や「金らん」等の機械ではできない細かい模様をつくる工場は少なくして，他はもっと機械を作って大量生産し，安いねだんのみんなが買えるようなものをどんどん作ればよい。 ○疑問：福井は大正の始めに，桐生は昭和の始めに機械化が完成しているのに西陣は今でも手織機が多いのはなぜだろうか。
	5 桐生，福井の生産のようすを調べる	1 福井地方を調べたグループの報告 2 桐生・伊勢崎地方を調べたグループの報告 3 機械・工場の大きさの比較 4 西陣織の生産とちがう点 ・桐生では安いねだんの実用品，福井では輸出品を中心に作っている。 ・機械化が大へん進んでいて大量に安いねだんで生産できる。したがって市場が広く買う人が多い。 ・原料の得やすい生糸の生産地を附近にもっている。 ・どちらも副業として発達してきたもので，今でも賃織りの人は副業である。 ・技術が西陣織りにくらべて簡単である。 ・大工場が西陣にくらべてはるかに多い。 5 西陣織の場合とよく似ている点 ・福井でも桐生でも戦前のようには売れない。 ・洋服を着る人が大変多くなってきたので，着物の売れる量が次第にへってきている。 ・「賃織り」をしている人が福井にも桐生にもまだたくさんいる。
帰結	6 西陣織がこれから発展するためにはどうすればよいかを中心に作文をつくり，この単元の学習のまとめをする。	「西陣織の今後のあり方」の作文

第Ⅰ部　初等社会科教育の基盤

得しなければならないこと」「5問題解決の結論を，歴史的地理的に広く研究して広い視野から多角的に出す学習能力を養うこと」（永田，1954，48〜49ページ）の5点である。すなわち「西陣織」は，「西陣織がこれから発展するためにはどうすればよいか」という問題に対して，西陣織の現状と問題点の把握，問題点の原因究明を通して解決を目指した学習である。

　「西陣織」の学習過程は，表4-3のとおりである（永田，1954，49〜53ページ）。

　導入：西陣織にかかわる既有知識と経験についての話し合い（学習活動1）と西陣織の現物を眺めながら生産工程に着目する（学習活動2）。

　展開：工場見学と調査，その成果の発表と話し合いのなかで，生産工程，販売工程，生産組織，働く人々についての徹底的な事実調べを行い（学習活動3），西陣織の問題点に気づく。そして，その原因を歴史的研究（学習活動4），桐生・伊勢崎地方と福井地方の生産との比較的研究（学習活動5）により究明する。そのうえで，

　帰結：西陣織の今後の発展についての考えを作文に表現する（学習活動6）。

　以上のように，「西陣織」では，西陣織の今後を，事実調べによる現状と問題把握，歴史的研究と比較的研究による問題の原因究明を通して模索する。そのため，社会問題の実践的な解決を目指した実践と評価されるのである。

4　「主体的・対話的で深い学び」の実現
——問題解決学習から学ぶこと

　最後に，これまでの考察を踏まえ，「主体的・対話的で深い学び」を実現するための条件として3点に言及したい。

1　児童の「切実な」問題を軸に単元が構成されていること

　「主体的・対話的で深い学び」で，重視する児童たちの主体的な課題の「把握」や「追究」を行ううえでのエネルギーとなるのが，問題解決学習が教えてくれる学習問題[5]の存在である。

　問題解決学習を行う際，学習問題が重要な役割を担う。それは，学習問題は，児童が関心や疑問を抱き追究したいものであるため，「学びの核であり，エネルギー」（市川，2015，93ページ）となるからである。「26年版」では，児童たちが「実生活の中で直面する切実な問題」を自主的に究明していくことを求めた。そのため，問題解決学習では，児童にとっての「切実な」問題であることが学習問題の条件であった。

　先述の2つの実践における問題は，「福岡駅」が，駅で働く人々に対する子どもの偏った見方・考え方，「西陣織」が，中小企業が抱える日本の社会問題である。よって，「福岡駅」は子どもの問題，「西陣織」は社会の問題であるた

▷5　学習問題
学習問題は，問題解決学習を主張する論者により，若干の違いはあるが，おおむね，「児童が関心や疑問を抱き，追究しようとしているもの」と捉えられている。対して，「教師が児童を支援して，教師が獲得させたいと考えているもの」は，学習課題とされている。なお，新学習指導要領では，「児童の疑問や教師の発問などを幅広く含むもの」として学習問題を定義している（本書45ページ側注▷6も参照）。

38

め，異なる性格をもつものである。しかし，どちらの問題も，児童の生活，欲求との関わりのなかから取り上げられた「切実」な問題であるため，児童が追究するエネルギーとなったのである。その結果，2つの実践は，児童たちに「深い学び」をもたらしたといえるのである。

2 問題解決のための学習活動が位置づけられていること

「主体的・対話的で深い学び」では，目的にあわせた的確な学習活動の選択が必要である。

かつて，問題解決学習では，問題の解決のためにさまざまな学習活動が行われた。「26年版」によれば，話し合い，読書，調査，見学，劇的活動，構成活動等がそれにあたる。ただし，これらを「ただ形式的」「られつ的」に行うことへの注意を述べている。「福岡駅」では，見学，話し合い，調査活動により，「西陣織」では，話し合い，調査活動，作文の作成により，問題の解決に取り組んでいる。その結果，児童たちが，実生活で直面する問題に対する自主的・連続的で粘り強い追究を可能にしているのである。

「主体的・対話的で深い学び」を形だけの学びで終わらせないためにも，問題解決に必要な学習活動を的確に選択していた問題解決学習の経験から学ぶべきである。

3 深い教材研究がなされていること

「26年版」では，単元の目標，児童の発達や興味，環境等との関連を意識した内容の決定が求められた。そのため，2つの実践では，教師が教材の可能性を模索している。「福岡駅」では，それまでの児童たちの学びとの関わり，教材の価値を見定めている。第2学年での学習（「ゆうびん」「おうちと組合」）を振り返り，交通の発達と役割，自分たちの生活との関連の検討がそれである。「西陣織」では，問題点を正確につかむ努力をしている。そのため，研究者に資料の教示を求め，西陣織の「全体的な把握，正しい現実分析」（永田，1954，54ページ）に努めている。同時に，児童の学習能力の考察も行っている。

「主体的・対話的で深い学び」では，「学習内容」の深さの重要性（木村，2017，13ページ）が指摘されているが，まさにこれは，問題解決学習における教材研究から学ぶべき点である。

Exercise

① 「問題解決学習」について，「目的」「方法」の2点から説明してみよう。

② 「主体的・対話的で深い学び」と「問題解決学習」とを比較し，両者の共

通点と相違点についてまとめてみよう。

③ 「主体的・対話的で深い学び」を実現するために，自分なら，どのような教材を取り上げ，どのような学習指導過程の授業を構想するか。本章の内容を踏まえつつ，具体例をあげて説明してみよう。

📖次への一冊

片上宗二・木村博一・永田忠道編『混迷の時代！ "社会科" はどこへ向かえばよいのか』明治図書出版，2011年。
　　社会科教育史研究を切り開いてきた著者陣が，歴史研究の立場から社会科の未来を模索している。社会科の歴史をつかむうえで参考になる一冊。
有田和正『子どもの生きる社会科授業の創造』明治図書，1982年。
　　1980～90年代に，社会科の授業研究・教材研究に影響を与えた著者の代表作である。著者の問題提起は，のちの「切実性論争」につながったものであり，「主体的・対話的で深い学び」に取り組むうえで参考にすべき知見を与えてくれる。
市川博『子どもの姿で探る問題解決学習の学力と授業』学文社，2015年。
　　社会科の初志をつらぬく会の中心となってきた著者が，問題解決学習の基本と指導の方法を明確にし，その具体化にについて模索している。「26年版」以降の問題解決学習の性格を捉えることができる一冊。

引用・参考文献

市川博『子どもの姿で探る問題解決学習の学力と授業』学文社，2015年。
梅根悟「社会科十年のあゆみ」梅根悟・岡津守彦編『社会科教育のあゆみ』小学館，1959年。
木村博一「社会科の方法原理」社会認識教育学会編『社会科教育学ハンドブック』明治図書出版，1994年。
木村博一「社会科問題解決学習の成立と変質」『社会科研究』50，1999年。
木村博一「『主体的・対話的で深い学び』の授業方法の探究が『深い学び』を育む」『社会科教育』694，2017年。
谷川瑞子「『福岡駅』の実践」社会科の初志をつらぬく会『問題解決学習の展開』明治図書出版，1970年。
中央教育審議会教育課程企画特別部会「教育課程企画特別部会における論点整理について（報告）」2015年。
中央教育審議会「幼稚園，小学校，中学校，高等学校及び特別支援学校の学習指導要領等の改善（答申）」2016年。
永田時雄「単元『西陣織』〈中小企業〉（五年）の研究」『カリキュラム』1954年。
文部科学省「小学校学習指導要領解説社会編」2017年。
文部省「学習指導要領社会科編 I（試案）」1947年。
文部省「小学校学習指導要領社会科編（試案）」1951年。

第5章
初等社会科教育における教科書の取扱い

〈この章のポイント〉

　社会科授業において教科書は重要な役割を担う。社会科で教科書というと，暗記社会科を連想する人がいるが，それは教科書の構成や役割を十分に理解していない人のいうことである。この章では，「社会科教科書の性格」「社会科教科書の構成」「社会科教科書の役割」の3点から，社会科教科書の取扱いについて述べる。さらに，教科書と関連させて，地図帳，副読本，デジタル教科書にもふれる。教科書を効果的に活用することができれば，社会科授業は充実したものとなり，児童の資質・能力を高めることにつながる。以上のことから，本章では，初等社会科教育における教科書の取扱いを解説する。

1　社会科授業における教科書の役割

　社会科は「暗記教科」である。社会科を苦手とする人が，よく口にする言葉である。中学校の社会科，高等学校の地理歴史科・公民科の授業では，実際のところ，教科書の暗記を生徒に求めることがある。受験対策のためである。しかし，小学校ではどうだろう。初等社会科をさして，それを暗記教科だとイメージする人がどれだけいるだろうか。初等と中等とでは，社会系教科の授業が大きく異なる。当然，教科書の取扱いにも，大きな違いが生じる。

　教科書は「主たる教材」である。学習指導要領に示された教育内容を，児童にわかりやすく伝えたり，深く考えてもらったりするために，教師によって用意されるのが教材，そして，その教材の中心に教科書がある。社会科授業を思い起こしていただきたい。授業で取り上げる教材は教科書だけではなかったはずである。ただし，他の教材に比べ，教科書がより大切に扱われていただろう。教科書の取扱いも，教科書に記載された学習内容も，大きく異なる初等と中等だが，授業で教科書が重要な役割を担うという点では同じである。

　学校教育では，資質・能力の育成を大きなねらいとしている。それは，一教科である社会科においても同様である。資質・能力の3要素，すなわち「知識・技能」「思考力・判断力・表現力等」「学びに向かう力・人間性等」をどのように育成すべきか，ここにおいても，教科書の役割は重要である。「教科書を教えるのではなく，教科書で教える」という言葉があるが，これは授業で教科書を重視することは良くないことだという意味ではない。教科書を教えてい

▷1　資質・能力の3要素
新学習指導要領では，資質・能力として，3つの観点が示された。それ以前は，観点別評価として，「関心・意欲・態度」「思考・判断・表現」「技能」「知識・理解」があげられていたので，大きな変更である。この変更は，教科書編集にも大きな影響を及ぼしている。

41

れば，資質・能力が自然に身につくだろうと無計画に授業を進めるのではな
く，育成すべき資質・能力を明確にし，効果的に教科書を取扱うことで，資
質・能力は確実に育成されると理解されるべきであろう。教科書の有効活用
は，社会科授業の生命線ともいえる。

以下では，社会科教科書の「性格」「構成」「役割」について説明してみたい。

2　社会科教科書の性格

1　教科書とは

教科書に関して，ここでは，「教科書の定義」「教科書の意義」「教科書の使
用義務」の3つの事柄について説明する。

第一に，教科書の定義である。「教科書の発行に関する臨時措置法」の第2
条では，教科書を，「小学校，中学校，義務教育学校，高等学校，中等教育学
校及びこれらに準ずる学校において，教育課程の構成に応じて組織配列された
教科の主たる教材として，教授の用に供せられる児童又は生徒用図書であつ
て，文部科学大臣の検定を経たもの又は文部科学省が著作の名義を有するも
の」と定義している。社会科授業では，さまざまな教材が用いられて，教育活
動が展開される。そのようななかにあって，教科書は，法律によって使用義務
が課せられている唯一の教材として，「主たる教材」という位置づけを有して
いる。

第二に，教科書の意義である。中央教育審議会は「教科書の在り方について
（答申）」（1983年）において，「教科書は，教育課程の構成に応じて系統的に組
織配列された各教科の主たる教材であり，児童生徒に国民として必要な基礎
的・基本的な教育内容の履修を保障するものとして，学校教育において重要な
役割を果たしている」と述べている。教科書は，「国民として必要な基礎的・
基本的な教育内容」とは何かという観点に照らし，常に検討が加えられる必要
がある。教科書の内容は児童の教育にふさわしい基礎的・基本的な内容を的確
に押さえているか，そこに記載されている教材は真に教育的に優れたものと
なっているか，その記述の方法は児童の理解を得るのに適切なものとなってい
るか，こういった観点より，教科書は改善し続けられなければならない。

▷2　**教科書の更新頻度**
文部科学省検定済教科書
は，通常，4年ごとに改訂
の機会があり，大幅な内容
の更新が行われる。また，
これとは別に，「検定済図
書の訂正」手続きにより，
統計資料や客観的事実の変
更により誤りとなった事実
の記載等，随時更新するこ
とが可能である。

第三に，教科書の使用義務である。「学校教育法」の第34条第1項には，「小
学校においては，文部科学大臣の検定を経た教科用図書又は文部科学省が著作
の名義を有する教科用図書を使用しなければならない」という記述がある。つ
まり，社会科授業における教科書の使用は，法律で義務づけられているのであ
る。児童の学習を深めることを目的に，教科書に他の教材を加え，社会科授業

第5章　初等社会科教育における教科書の取扱い

を計画・実施することに問題はない。しかし，教科書の未使用は，法律違反である。教科書は必ず，使用しなければならない。

2　教科書が使用されるまで

教科書が児童に使用されるまでには，図5-1の手続きが必要である。

図5-1　教科書が使用されるまでの手続き

児童の手許に教科書が届き，それを授業で使用するようになるまでには，最低でも3年はかかる。仮に，2020年4月に新しい教科書の使用が開始されるとするならば，2017年の4月に「著作・編集」，2018年4月に「検定」，2019年4月に「採択」「製造・供給」がそれぞれ開始され，各手続きに1年間近くを要するというイメージである。

各手続きについて，説明を加えてみたい。

第一に，「A 著作・編集」である。第二次世界大戦以前，日本は，教科書の編集・発行を国家が占有する，国定教科書制度を採用していた。これが，戦後，検定制度へと移行した。今日，教科書は，民間の教科書発行者の創意工夫により著作・編集がなされている。ただし，需要数が僅少で民間による発行が見込まれない場合には，例外的に，文部科学省が著作・編集した教科書を発行することがある。これを，文部省著作教科書と呼ぶ。例えば，高等学校の農業，工業，水産等の教科書が，これに該当する。なお，初等社会科に関していえば，そのすべてが文部科学省検定済教科書である。

第二に，「B 検定」である。民間の教科書発行者によって著作・編集された教科書（この時点では教科書ではなく申請図書である）は，文部科学大臣の検定を受ける。具体的には，まず，教科書調査官および教科用図書検定調査審議会委員が申請図書を調査する。次に，その調査結果は教科用図書検定調査審議会に伝えられ，その結果を踏まえて，審議会は合否を判定する。ただし，必要な修正を行った後に再審査を行うことが適当であるとみなされた場合には，合否の決定が保留され，審議会は検定意見を教科書発行者に通知することになる。そして，教科書発行者はこの検定意見を踏まえて教科書の内容を修正し，再審査を審議会に願い出る。こうして，最終的な合否判定で「合」と判定された申請図書が，検定教科書となるわけである。

第三に，「C 採択」である。教科書の採択の方法は，「義務教育諸学校の教科用図書の無償措置に関する法律」に定められている。その概要は，まず，教科書発行者は教科書の見本を都道府県教育委員会に送付，次に，都道府県教育委

▷3　国定教科書制度
執筆・編集を政府機関（文部省）が行い，それを政府が全国の学校で一律に使用させる制度を，国定教科書制度と呼ぶ。この制度は，1903（明治36）年に確立され，1947（昭和22）年に教科書検定制度に移行されるまで継続された。

員会はそれを各学校や市区町村教育委員会に送付，それから，採択権者となる校長や教育委員会は教科書の見本を調査・研究し，最終的に，一種目（各教科・科目）につき一種類の教科書の採択を決定するというものである。なお，この教科書採択に際して，採択地区が２つ以上の市区町村を併せた地域（共同採択地区）である場合には，市区町村教育委員会間の協議を踏まえ，種目ごとに一種類の教科書を採択すること，採択は使用年度の前年度の８月31日までに決定すること，教科書選定にかかわる審議会に保護者等を加えて開かれた採択にすること等が重視されている。

第四に，「D 製造・供給」である。2017年４月現在で，文部科学省検定済教科書は，初等社会科に関しては４者，教科用「地図」に関しては２者の教科書発行者から発行されている。各学校および各教育委員会（共同採択地区の場合には各地区）から届けられた需要数の報告に基づき，文部科学大臣は各教科書発行者に対して，発行すべき教科書の部数を指示する。この指示を承諾した教科書発行者は，教科書を製造し，配給業者に依頼して，各学校に当該教科書を供給することになる。なお，周知のとおり，義務教育諸学校で使用される教科書は，国がこれを購入し，児童には無償で給与されることになる。

このような一連の手続きを経て児童の手許に届くのが，教科書である。

▷4　教科書の無償給与
義務教育の教科書無償給付制度は，日本国憲法の第26条に掲げる義務教育無償の精神をより広く実現するものとして実施されている。2014（平成26）年度の無償給付に関する予算額は413億円であり，約1018万人の児童生徒に対して，合計約１億冊の教科書が給付された。

3　社会科教科書の構成

1　単元構成

社会科教科書の構成について，「単元構成」と「紙面構成」の２つの観点から説明してみたい。

教科書の単元構成には，学習指導要領が反映されている。例えば，新学習指導要領の各学年の学習内容は表５-１のようになっているが，これが教科書の単元構成に生かされている。

表５-１　新学習指導要領に見られる小学校社会科の学習内容

学年	学習内容
3	(1)身近な地域や市区町村の様子　(2)地域に見られる生産や販売の仕事　(3)地域の安全を守る働き　(4)市の様子の移り変わり
4	(1)都道府県の様子　(2)人々の健康や生活環境を支える事業　(3)自然災害から人々を守る活動　(4)県内の伝統や文化，先人の働き　(5)県内の特色のある地域の様子
5	(1)我が国の国土の様子と国民生活　(2)我が国の農業や水産業における食料生産　(3)我が国の工業生産　(4)我が国の産業と情報との関わり　(5)我が国の国土の自然環境と国民生活
6	(1)我が国の政治の働き　(2)我が国の歴史上の主な事象　(3)グローバル化する世界と日本の役割

第5章　初等社会科教育における教科書の取扱い

表5-1に示された学習内容は，教科書に必ず記載されているものである。記載されていないとするなら，その教科書は検定を通らない。ただし，学習内容それぞれにどの程度の分量（紙数）を割り当てるか，単元の順番を学習指導要領の記載順とするか否か，こういったところは，学習指導要領に特別な断りがない限り，教科書会社に一任されている。ためしに，複数の教科書を比較してみるとよい。その比較から，学習指導要領に基づいている点では同じでも，教科書会社ごとに若干の差異のあることに気づくだろう。教科書の個性を知ることも，教材研究の重要な一つである。

［2］　紙面構成

① 問題解決の過程

社会科教科書の紙面構成について，「問題解決の過程」「構成要素」の2点から説明してみたい。

まず，問題解決的な過程であるが，初等社会科において問題解決的な学習▷5を重視することは周知の事実であろう。このことは，教科書の紙面構成にも大きな影響を及ぼしている。

図5-2は，小学校社会科における問題解決の過程を示したものである。

図5-2　小学校社会科における問題解決の過程の事例

問題解決の過程は，決して一つではない。単元内容や教材内容，児童の実態などを考慮して，多様な問題解決の過程が考えられるべきである。しかし，それでも大まかに，図5-2に示したような「A 問題把握」「B 問題追究」「C 問題解決」の過程を辿ることになる。また，A～Cはそれぞれ，「A-1 動機付け」「A-2 方向付け」，「B-1 情報収集」「B-2 考察・構想」，「C-1 まとめ」「C-2 振り返り」の諸段階に細分化することができる。

例えば，「A-1 動機付け」で学習問題▷6をつくり，「A-2 方向付け」で学習計画をたてることから，問題解決的な学習は開始される。次に，「B-1 情報収集」で学習問題の解決を目指して調べる活動を行い，「B-2 考察・構想」で調べた結果から社会的事象の意味や意義を考察することになる。そして，「C-1 まとめ」でこれまでの学習をまとめ，「C-2 振り返り」で学習を通して学んだことを振り返って，次の学習へとつなげていくわけである。

こういった一連の問題解決の過程を念頭に置き，初等社会科における単元学

▷5　問題解決的な学習
例えば，『小学校社会科学習指導法』（1950年）においても，「①児童が問題に直面すること。」「②問題を明確にすること。」「③問題解決の手順の計画を立てること。」「④その計画に基づいて問題の解決に必要な資料となる知識を集めること。」「⑤知識を交換しあうこと。そして，集められた知識をもととして，問題の解決の見とおし，すなわち仮説を立てること。」「⑥この仮説を検討し，確実な解決方法に達すること。」という6つの段階を示して，問題解決的な学習の重要性が提唱されていた（本書31ページの側注▷1も参照）。

▷6　学習問題
「学習問題」という言葉が，新学習指導要領およびその解説から使用されることになった。もちろん，それ以前にも，教科書ではすでに学習問題という言葉が使用されていたわけだが，学習指導要領等で使用されたことにより，教科書でも今まで以上に大切に取り扱われることになる（本書38ページの側注▷5も参照）。

45

第 I 部　初等社会科教育の基盤

習は紙面上に表現されている。教科書会社によって，A〜Cおよび A−1〜C−2の名称はまちまちだが，その流れはほぼ同一である。つまり，教科書に沿って授業を進めていけば，必然的に，問題解決的な学習が成立するというわけである。

　教科書における個別具体的な構成要素に目を向ける前に，単元全体を俯瞰することが必要であろう。問題解決的な学習の充実は，社会科にとって必須である。

② 　構成要素

　教科書はさまざまな要素から構成されている。それらをまとめると，表5−2のように6つの要素に分類することができる。

表5−2　初等社会科教科書の構成要素（第5学年：米づくりの場合）

表現方法	具体的内容
文章	タイトル，本文，用語説明（専業農家），児童の吹き出し　など
イラスト	カントリーエレベーターの内部，グループ活動の様子　など
写真	空から見た庄内平野，ヘリコプターを利用した農薬散布　など
図表	1年間の米づくり（農事暦）　など
地図	山形県内の庄内平野の位置，庄内平野の土地利用図　など
グラフ	耕地のうちで水田が占める割合，農家で働く人の変化　など

　小学校の特徴という点からみると，例えば，文章であれば本文の分量は中学校に比べて少なく，また，小学校第3学年と第6学年を比べても，後者の方が分量が多くなる。また，イラストの数を多くしたり大きくしたりと，複雑な社会的事象をわかりやすく児童に伝えるために，初等社会科ではさまざまな工夫が凝らされている。

　また，社会科の特徴という点からみると，年表を含んだ図表，地図，グラフは極めて社会科的なものである。それらをじっくりと観察させ，そこからわかったことを議論させれば，社会的事象に関する児童の理解は格段と深まることになるだろう。後にふれるが，デジタル教科書を有効に活用して，一つのグラフ等を大きく写し，じっくりと考察させるような授業の工夫を考えていきたい。

　なお，表5−2ではその表現方法に着目して教科書の構成要素を6つにまとめたわけだが，各構成要素は個別には存在し得ず，互いに結びつきながら，教科書紙面上で表現されている。例えば，本文の文章を詳しく説明するために，イラストが示されたり，図表に写真を組み合わせることで，図表の理解を深めたりすることなどがある。一般に，教科書は，見開き1ページに1時間を配当して構成されている[7]。したがって，見開き1ページに掲載されたさまざまな構成要素を効果的に結びつけ，実際には授業を進めることになるだろう。

▷7　教科書における配当時間
ただし，教科書紙面のなかには，1時間にカウントしていないページもある。こういった教科書の配当時間に関しては，通常，教科書ごとに発行される教科書指導書を参照することで明らかにできる。

4　社会科教科書の役割

1　教科書の内容伝達機能

　社会科授業において，教科書は重要な役割を担う。しかし，その使い方には留意が必要である。児童に教科書を読ませ，教師が教科書の内容を黒板にまとめ，児童がそれをノートに写すといった教科書の使い方だけでは，児童の資質・能力を高めるのは難しい。では，教科書をどのように活用すれば，望ましい社会科授業を成立させることができるのか。それを知るためには，まず，教科書の機能に目を向けてみることが必要である。なお，教科書には，「内容伝達機能」「探究促進機能」「技能習得機能」の3つの機能がある。

　まず，「内容伝達機能」である。教科書の第一の役割は，学習内容を伝達することにある。こういうと，「知識の教え込み」や「知識の暗記」をイメージする人もいるだろう。しかし，そのような社会科授業が生まれる要因は，教科書そのものにあるのではなく，教科書の使い方にこそある。学習指導要領に示された学習内容を児童に正確に伝えることは，教科書の役割として，何よりも大切にされるべき事柄である。

　学習指導要領を開き，「第2　各学年の目標及び内容」，各学年の「2　内容」，(1)～(5)の「ア」，文末が「理解すること」となっている項目を探し当てていただきたい。これが，学習指導要領に示された学習内容である。中等の社会系教科であれば，学習内容の多くは本文に書かれているが，小学校の場合には，学習内容が必ずしも本文に示されているわけではない。本文の周辺に位置づけられたイラストや写真，図表やグラフなどにも，学習内容に関連する箇所がある。ここで重要なことは，教科書紙面のさまざまな箇所に目を向けながら，学習内容の伝達に努めることである。

2　教科書の探究促進機能

　次に，「探究促進機能」である。先に教科書の一義的な役割は，学習内容の伝達にあると述べた。しかし，社会科授業は学習内容を伝達するだけで成立するわけではない。「考える社会科」を展開するためには，学習内容を伝達することに加え，探究を促進するような役割を教科書に担わせるべきである。

　探究の仕方にも，2種類の方法がある。それは，個人で行う探究活動と，集団で行う探究活動である。もちろん，教師の工夫次第では，個人の探究活動を集団の探究活動につなげることは十分に可能だが，教科書をよくみると，両者の探究活動がある程度明確に分けて示されていることに気づく。例えば，写真

▷8　社会科における探究活動
「習得，活用，探究」の枠組みから捉えられる探究活動が，教科書でも重視されている。「主体的・対話的で深い学び」（アクティブ・ラーニング）も同様の趣旨で重視され，教科書のさまざまなところで表現されている。

第Ⅰ部　初等社会科教育の基盤

に注目させ，そこに何が写っているかを吟味させる課題，学習をノートにまとめさせる課題，こういった探究活動に関する課題は，個人を対象としたものである。一方，グループで調べてみましょう，話し合ってみましょう，といった探究活動の課題は，集団を対象としたものである。このように教科書には，探究活動を促すためのさまざまな課題が掲載されている。これらを授業のなかで上手に活用しながら，社会科授業を展開することが重要である。

　なお，学習指導要領に示された探究活動に関しては，「第2　各学年の目標及び内容」，各学年の「2　内容」，(1)〜(5)の「イ」，思考力・判断力・表現力等に関する項目が，これに該当する。教科書もこれを念頭に置きながら編集されているので，両者（学習指導要領と教科書）を対比しながら，探究型の社会科授業を成立させることに留意したい。

３　教科書の技能習得機能

　最後に，「技能習得機能」である。新学習指導要領より，これまで単独で取り扱われてきた「技能」が，知識と統合されて「知識及び技能」と一括りで表現されるようになった。ここからもわかるとおり，知識（学習内容）の習得において，技能を活用することは極めて重要である。さらに，児童の探究活動を深化・発展させるためにも，技能の役割は重要になるだろう。この点を考慮しながら，教科書でも，技能の習得にもさまざまな配慮がなされている。

　新学習指導要領の「第2　各学年の目標及び内容」，各学年の「2　内容」，(1)〜(5)の「ア」，この項目内で学習内容に続いて必ず技能が記されている。なお，技能に関しては，「情報を収集する技能」「情報を読み取る技能」「情報をまとめる技能」の3つより考えるのが一般的である。具体的には，収集する技能であれば，図書館等で調べる技能やインタビューをする技能，読み取る技能であれば，グラフや図表を読み取る技能，そして，まとめる技能であれば，ノートにまとめたりイラストに描いたりする技能が考えられる。教科書では，これら個別の技能が確実に習得されるように，技能を習得する場面を紙面上に個別に設定している。第3学年から第6学年まで，技能の習得を積み重ねていくことが，中等の社会系教科の学習にもつながっていくのである。

▷9　社会科における３つの技能
新学習指導要領解説の別添資料として掲載された「社会的事象等について調べまとめる技能」の一覧表を参照していただきたい。3つの技能の具体的内容が，そこには示されている。教科書もこれらを念頭に置いて編集されている。

5　社会科教科書を活用するうえでの留意点

　教科書に関する説明を終えるにあたり，教科書そのものではないが，関連して留意が必要な事柄にふれておきたい。取り上げるのは，「地図帳」「副読本」「デジタル教科書」の3つである。

　地図帳の正式名は「教科用図書『地図』」であり，地図帳は略称である。新

学習指導要領より，それまで第4学年から使用されていた地図帳が，第3学年で使用するように，配布が一年早まることになった。地図帳からは一般に，地理の授業をイメージしがちだが，歴史的な内容であっても公民的な内容であっても，さまざまな授業場面で地図帳を活用することができる。地図を有効に活用して，児童の資質・能力の発展に役立てたい。そのためには，教科書にノート，そこに地図帳を加えた3点セットを社会科授業では児童に常備させたい。そのうえで，例えば，教科書に地名が出てきたら地図帳で確認させる。それは，歴史の学習でも実施できることである。こうやって培われた空間認識が，結果として，社会的事象の見方・考え方を深めることにもつながる。

　また，教科書と関連して，副読本にも注意が必要である。第3学年と第4学年の社会科は「地域学習」と呼ばれるが，この学年の社会科授業では，教科書とともに地域の特性を反映させた副読本を使用するのが一般的である。副読本には，市区町村版と都道府県版の2種類がある。副読本作成には，各地方公共団体の教育委員会が独自に編集委員会を組織し，使用する教科書に準拠して，計画・研究・作成するという手順がある。また，教科書と副読本の連携についてだが，両者には緊密な連携が必要である。例えば，第4学年では都道府県の学習を行うが，教科書に掲載されているのは一つの都道府県である。そのため教科書を活用したのでは地域学習にならないので，この場合には副読本を活用する。一方，第3学年に設けられた販売の授業では，副読本ではなく，教科書を有効に活用して，調べたりまとめたりする学習を計画することがある。

　最後に，デジタル教科書について述べておきたい。教育における情報化の進展のなかで，教科書へのICTの活用のあり方が盛んに議論されているようになった。文部科学省にも「『デジタル教科書』の位置付けに関する検討会議」が組織され，2016年12月に「最終まとめ」を示している。そこでは，紙の教科書とデジタル教科書は学習内容が同一であること，授業のなかで紙の教科書に代えてデジタル教科書の使用を認めることなどが述べられている。タブレットとの連携を図り，デジタル教科書を中心に授業を進めることが今後ますます重要になってくるだろう。何よりも，デジタル教科書は写真を大きく写すなど，視覚効果が高い。さらに，動画を見せることができるなど，紙の教科書では実現不可能なさまざまな機能を有している。デジタル教科書は，児童の社会科授業に対する意欲を高め，資質・能力を育成することに大きく寄与できるはずである。

　繰り返しになるが，教科書を活用することは，社会科授業では必須である。しかし，いくら素晴らしい教科書であっても，それを使いこなせるだけの技能を教師がもっていなければ，宝の持ち腐れになってしまう。教科書の機能を正確に把握して，有効に活用する能力を身につけていただきたい。

▷10　さまざまな副読本
副読本とは，教科書の補助となることを目的に作成されたものをいう。初等社会科の地域学習用副読本の他にも，さまざまな施設・団体等が発行している副読本もある。例えば，水道局の発行する「水処理の仕組み」といった副読本が，これに該当する。また，主として道徳で活用することを目的に地方自治体が発行する人権啓発本なども，副読本の一つである。

第Ⅰ部　初等社会科教育の基盤

Exercise

① 社会科教科書の性格を，「定義」「意義」「使用義務」の3点より端的にまとめてみよう。

② 社会科教科書の構成を，「単元構成」「紙面構成」の2点より端的にまとめてみよう。なおその際，「問題解決の過程」と「構成要素」に必ずふれること。

③ 社会科教科書の役割を，「内容伝達機能」「探究促進機能」「技能習得機能」の3点より端的にまとめてみよう。

📖次への一冊

唐澤富太郎『教科書の歴史』創文社，1956年。

　　幕藩時代の教科書から，戦後直後の教科書まで，100年近くの教科書の歴史を端的にまとめた大著。教科書の歴史にふれたいと考える人にとって必読文献である。

臼井嘉一『社会科カリキュラム論研究序説』学文社，1989年。

　　教科書に特化した書籍ではないが，1947年に誕生した社会科の歴史が端的にまとめられており，一部教科書にもふれられているので，社会科教育史と教科書の関係性について学びたいと考える人には最適の書である。

藤原聖子『世界の教科書でよむ〈宗教〉』ちくまプリマー新書，2011年。

　　初等というよりは，中等の社会系教科が深く関連する宗教であるが，教科書の国際比較に興味のある人には，是非とも勧めたい一冊である。

新井紀子『ほんとうにいいの？　デジタル教科書』岩波ブックレット，2012年。

　　本書が著されたのは2012年，そこからデジタル教科書は大幅に進化し，今では多くの教室で活用されている。しかし，その原点において，さまざまな問題があったことを知っておくことは必要である。興味深く読むことができる。

引用・参考文献

文部科学省『別冊初等教育資料2月号臨時増刊　中央教育審議会答申「幼稚園，小学校，中学校，高等学校及び特別支援学校の学習指導要領等の改善及び必要な方策等について」全文』東洋館出版社，2017年。

第6章
初等社会科教育の評価

〈この章のポイント〉

　評価というと，ペーパーテストや成績表を想起する人が多いが，実は指導においても重要な役割を
もっている。評価は，学習達成の不十分な点を把握し，指導の改善を通して児童をより高次の達成に導
くためにも使われる。本章では「目標に準拠した評価」「目標と評価の関係」「評価規準」の３点から，
初等社会科の評価について学ぶ。教師は多様な評価方法のなかから，適切な方法を選択して評価するこ
とが求められる。その参考になるように，観察法，問答法・面接法，作品法，パフォーマンス評価法，
ポートフォリオ評価法，テスト法などの具体的な評価方法について解説する。

1　教育改革のなかの評価

　新学習指導要領では，その「総則」において，評価の重要性が指摘されてい
る。とくに，「主体的・対話的で深い学び」を実現するためには，評価について
考えることが不可欠である。評価に関する議論は今後活発になされるであろう
が，ひとまず本章では，評価の基本的な理論や方法について説明することにする。

2　何のために評価するのか

　教育とは，より高い価値の実現を目的とした意図的，計画的な営みであり，
高まることが期待される価値は教育目標として表される。その目的・目標を達
成するために取り組まれる活動・内容が教育内容であり，その教育内容を目
的・目標の達成のために組織化したのが指導計画としてのカリキュラム
(curriculum)・教育課程である。評価は，この意図的・計画的な教育の営み（授
業実践）の結果，高まることが期待される価値（目標）が，どの程度高まって
いるのかを判定することである。

　評価というと，多くの場合，評価時点での児童の達成を把握し，指導要録に
評定をつけるために行われると考えられがちである。評価は評定にも使われる
が，児童の学習達成の不十分な点を教師が把握し，自身の指導を反省的に振り
返り，指導の改善を通して児童をより高次の達成に導くためにも使われる。

　一連の流れを図に示すと，図6-1のようになる。

▷1　評定とは，学校教育
法施行規則によって作成と
保存が義務づけられている
「指導要録」に記載する児
童の指導の過程および結果
である。児童の学習に関す
る公的な記録の原簿である。
ちなみに，学期末などに示
される「通知表」は，児童
の学習状況を家庭に知らせ
るためのものであり，慣例
として行われているだけで
あり，法的裏づけはない。

第Ⅰ部　初等社会科教育の基盤

図6-1　教育の流れ

　図6-1に示したように，教育という営みは，目標を達成するために，指導計画を立て，それに従って授業実践をし，その成果・達成を評価し，指導を改善することである。教育とは，この一連の流れを不断に繰り返すことにほかならない。

3　評価規準はどのようにつくられているのか

1　「目標に準拠した評価」

　2001年の学習指導要領の改訂から「目標に準拠した評価」が採用されている。「目標に準拠した評価」とは，授業を行うにあたり，明確に目標を設定し，その目標を評価規準として評価を行うことをさす。この「目標に準拠した評価」については，2000年に出された教育課程審議会答申「児童生徒の学習と教育課程の実施状況の評価の在り方について」で，「新しい学習指導要領においては，自ら学び自ら考える力などの『生きる力』をはぐくむことを目指し，学習指導要領に示された基礎的・基本的な内容の確実な習得を図ることを重視していることから，学習指導要領に示す目標に照らしてその実現状況を見る評価（いわゆる絶対評価）を一層重視し，観点別学習状況の評価を基本として，児童生徒の学習の到達度を適切に評価していくことが重要となる。現行の学習指導要領及び指導要録の下での評価の一つの特徴は，集団に準拠した評価（いわゆる相対評価）ではなく，目標に準拠した評価である観点別学習状況の評価を基本に据えていることであるが，新しい学習指導要領の下では，この考え方を一層発展させていくことが重要である」とされ，目標と評価を一体的に捉えることで，図6-1に示した流れを，評価規準で貫く構造をつくっている。

2　初等社会科の目標と評価の観点

① 教科の目標と評価の観点

　小学校の学習指導要領〔2008年改訂〕においても，「目標に準拠した評価」が求められている。つまり，学習指導要領〔2008年改訂〕に示された目標に準拠して評価規準を設定して，指導・評価を行うことが求められる。

　評価において準拠すべき初等社会科の目標は以下のとおりである。

> 社会生活についての理解を図り，我が国の国土と歴史に対する理解と愛情を育て，国際社会に生きる平和で民主的な国家・社会の形成者として必要な公民的資質の基礎を養う。

▷2　とはいえ，実際の授業は，地域や学校，児童の実態に即して柔軟に行うものであり，評価規準もある程度は柔軟に変更しうる。

52

「目標に準拠した評価」は，具体的には「観点別学習状況の評価」となる。初等社会科の評価の観点は，「社会的事象への関心・意欲・態度」「社会的な思考・判断・表現」「観察・資料活用の技能」「社会的事象についての知識・理解」の4つである。国立教育政策研究所が例示している上記の初等社会科の目標に準拠した4つの観点とその趣旨は以下のとおりである。

▷3　指導要録の評定も，この4観点で記載することになっている。

表6-1　初等社会科の評価の観点およびその趣旨

社会的事象への 関心・意欲・態度	社会的な 思考・判断・表現	観察・資料活用の技能	社会的事象についての 知識・理解
社会的事象に関心をもち，それを意欲的に調べ，社会の一員として自覚をもってよりよい社会を考えようとする。	社会的事象から学習問題を見いだして追究し，社会的事象の意味について思考・判断したことを適切に表現している。	社会的事象を的確に観察，調査したり，各種の資料を効果的に活用したりして，必要な情報をまとめている。	社会的事象の様子や働き，特色及び相互の関連を具体的に理解している。

出所：国立教育政策研究所教育課程研究センター（2011，23ページ）。

② 第3学年～第4学年の目標と評価の観点

上記の社会科全体の目標と表6-1に示した評価の観点と趣旨の下位に，学年ごとの目標に準拠して評価の観点と趣旨が設定されている。

学習指導要領［2008年改訂］における第3学年～第4学年の目標は以下のとおりである。

(1)地域の産業や消費生活の様子，人々の健康な生活や良好な生活環境及び安全を守るための諸活動について理解できるようにし，地域社会の一員としての自覚をもつようにする。
(2)地域の地理的環境，人々の生活の変化や地域の発展に尽くした先人の働きについて理解できるようにし，地域社会に対する誇りと愛情を育てるようにする。
(3)地域における社会的事象を観察，調査するとともに，地図や各種の具体的資料を効果的に活用し，地域社会の社会的事象の特色や相互の関連などについて考える力，調べたことや考えたことを表現する力を育てるようにする。

上記の第3学年～第4学年の目標に準拠した評価の観点と趣旨は表6-2のとおりである。

表6-2　第3学年～第4学年の評価の観点およびその趣旨

社会的事象への 関心・意欲・態度	社会的な 思考・判断・表現	観察・資料活用の技能	社会的事象についての 知識・理解
地域における社会的事象に関心をもち，それを意欲的に調べ，地域社会の一員としての自覚をもつとともに，地域社会に対する誇りと愛情をもとう	地域における社会的事象から学習問題を見いだして追究し，地域社会の社会的事象の特色や相互の関連などについて思考・判断したことを適切に表	地域における社会的事象を的確に観察，調査したり，地図や各種の具体的資料を活用したりして，必要な情報を集めて読み取ったりま	地域の産業や消費生活の様子，人々の健康な生活や良好な生活環境及び安全を守るための諸活動，地域の地理的環境，人々の生活の変

第Ⅰ部　初等社会科教育の基盤

とする。	現している。	とめたりしている。	化や地域の発展に尽くした先人の働きを理解している。

出所：国立教育政策研究所教育課程研究センター（2011，23ページ）。

③　第5学年の目標と評価の観点

学習指導要領［2008年改訂］における第5学年の目標は以下のとおりである。

---

(1)我が国の国土の様子，国土の環境と国民生活との関連について理解できるようにし，環境の保全や自然災害の防止の重要性について関心を深め，国土に対する愛情を育てるようにする。

(2)我が国の産業の様子，産業と国民生活との関連について理解できるようにし，我が国の産業の発展や社会の情報化の進展に関心をもつようにする。

(3)社会的事象を具体的に調査するとともに，地図や地球儀，統計などの各種の基礎的資料を効果的に活用し，社会的事象の意味について考える力，調べたことや考えたことを表現する力を育てるようにする。

上記の第5学年の目標に準拠した評価の観点と趣旨は表6-3のとおりである。

表6-3　第5学年の評価の観点およびその趣旨

社会的事象への関心・意欲・態度	社会的な思考・判断・表現	観察・資料活用の技能	社会的事象についての知識・理解
我が国の国土と産業の様子に関する社会的事象に関心をもち，それを意欲的に調べ，国土の環境の保全と自然災害の防止の重要性，産業の発展や社会の情報化の進展に関心を深めるとともに，国土に対する愛情をもとうとする。	我が国の国土と産業の様子に関する社会的事象から学習問題を見いだして追究し，社会的事象の意味について思考・判断したことを適切に表現している。	我が国の国土と産業の様子に関する社会的事象を的確に調査したり，地図や地球儀，統計などの各種の基礎的資料を活用したりして，必要な情報を集めて読み取ったりまとめたりしている。	我が国の国土と産業の様子，国土の環境や産業と国民生活との関連を理解している。

出所：国立教育政策研究所教育課程研究センター（2011，30ページ）。

④　第6学年の目標と評価の観点

学習指導要領［2008年改訂］における第6学年の目標は以下のとおりである。

---

(1)国家・社会の発展に大きな働きをした先人の業績や優れた文化遺産について興味・関心と理解を深めるようにするとともに，我が国の歴史や伝統を大切にし，国を愛する心情を育てるようにする。

(2)日常生活における政治の働きと我が国の政治の考え方及び我が国と関係の深い国の生活や国際社会における我が国の役割を理解できるようにし，平和を願う日本人として世界の国々の人々と共に生きていくことが大切であることを自覚できるようにする。

(3)社会的事象を具体的に調査するとともに，地図や地球儀，年表などの各種の基礎的資料を効果的に活用し，社会的事象の意味をより広い視野から考える力，調べたことや考えたことを表現する力を育てるようにする。

上記の第6学年の目標に準拠した評価の観点と趣旨は表6-4のとおりである。

表6-4　第6学年の評価の観点およびその趣旨

社会的事象への関心・意欲・態度	社会的な思考・判断・表現	観察・資料活用の技能	社会的事象についての知識・理解
我が国の歴史と政治及び国際社会における我が国の役割に関心をもち、それを意欲的に調べ、我が国の歴史や伝統を大切にし国を愛する心情をもつとともに、平和を願う日本人として世界の国々の人々と共に生きていくことが大切であることの自覚をもとうとする。	我が国の歴史と政治及び国際理解に関する社会的事象から学習問題を見いだして追究し、社会的事象の意味についてより広い視野から思考・判断したことを適切に表現している。	我が国の歴史と政治及び国際理解に関する社会的事象を的確に調査したり、地図や地球儀、年表などの各種の基礎的資料を活用したりして、必要な情報を集めて読み取ったりまとめたりしている。	国家・社会の発展に大きな働きをした先人の業績や優れた文化遺産、日常生活における政治の働きと我が国の政治の考え方及び我が国と関係の深い国の生活や国際社会における我が国の役割を理解している。

出所：国立教育政策研究所教育課程研究センター（2011，34ページ）。

3　各内容における評価の観点の作成方法

　学年ごとの評価の観点の趣旨の下位には、内容ごとに具体的に評価の観点の趣旨が設定されているが、紙面の関係で、詳細は割愛する。ここでは、学習指導要領［2008年改訂］に示された内容から評価規準を作成する方法を紹介する。国立教育政策研究所教育課程研究センター（2011）では、学習指導要領［2008年改訂］の記述形式を踏まえた作成方法を次のように例示している。

```
―――――― 学習指導要領の内容の記述形式 ――――――
A（社会的事象）について、次のこと（ア、イ、ウ…）をB（学習の仕方）して調べ、C（社会的
事象の意味、特色、相互の関連など）を考えるようにする。
＊次のこと→（ア　調べる対象）（イ　調べる対象）（ウ　調べる対象）…
```

事例における評価規準設定の基本形

社会的事象への関心・意欲・態度	社会的な思考・判断・表現	観察・資料活用の技能	社会的事象についての知識・理解
・Aに関心をもち、それを意欲的に調べている。	・Aについて、学習問題や予想、学習計画を考え表現している。	・BしてAについて必要な情報を集め、読み取っている。	・（ア、イ、ウ…）を理解している。
・よりよい社会を考えようとしている。 ＊各学年の態度に関する目標を踏まえた具体的な姿	・○と○とを（比較、関連付け、総合など）してCを考え適切に表現している。	・調べたことを（絵地図・白地図、図表、レポートなど）にまとめている。	・Cを理解している。

図6-2　学習指導要領の内容から評価規準作成の方法
出所：国立教育政策研究所教育課程研究センター（2011，41ページ）。

第Ⅰ部　初等社会科教育の基盤

▷4　初等社会科の第3学年〜第4学年は，地域学習である。第3学年では，身近な地域から市区町村に関する学習，第4学年では都道府県の学習を内容とする。そのため，評価規準は，全国のモデルを示した国立政策研究所の例示では十分ではなく，地域の実情に合わせて学校または教師が作成する必要がとくにある。

図6-2に示した評価規準の作成方法を，第3学年〜第4学年の「身近な地域や市（区，町，村）の様子」を事例にみてみると以下のようなる。

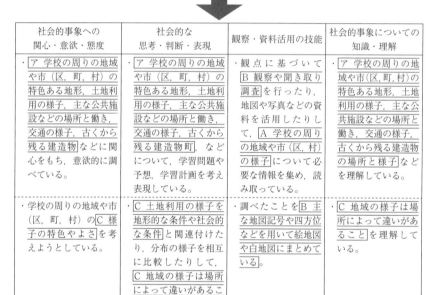

図6-3　第3学年〜第4学年の学習指導要領［2008年改訂］の内容から評価規準を作成した事例
出所：国立教育政策研究所教育課程研究センター（2011, 24, 41ページ）をもとに筆者作成。

　実際の単元や授業における評価を行う場合，評価規準（criterion）と評価基準（standard）によるルーブリック（rubric）の作成が必要となる。評価規準は，これまでみてきたように学習指導要領［2008年改訂］の目標や内容に基づいて設定される「身に付けるべき資質や能力」をさす。評価基準は，評価規準をより具体的に到達段階として示したものである。端的にいえば，評価規準は「何がわかったか，できるようになったか」を示し，評価基準は「どのくらいわかったか，できるようになったか」を示すものである。この評価規準と評価基準を表の形式で表したものがルーブリックである。ルーブリックの具体については，教材や指導計画の実際との関連で示されるため，本書の第Ⅱ部（120ページ参照）に譲ることとする。

4　どのように評価するのか

1　診断的評価・形成的評価・総括的評価

「目標に準拠した評価」を行う場合，指導の前に行う診断的評価，指導の途中で行う形成的評価，指導の終わりに行う総括的評価の３つの種類がある。

① 診断的評価

診断的評価は，指導に入る前に，児童のレディネスや既有経験・知識など，学習の前提条件を確認し，指導を効果的に行うための評価である。その評価結果に基づいて，指導計画を立てることに役立てるものである。学年の最初や学期の開始時期に実施する長期的な診断的評価と単元の開始前に実施する短期的な診断的評価がある。

② 形成的評価

形成的評価は，指導を進める過程で，児童の学習状況を把握し，つまずきの早期発見のために行う評価である。その評価結果に基づいて指導計画の修正・改善を図ることに役立てるものである。

③ 総括的評価

総括的評価は，指導の後に，児童の学習の到達度や達成状況を把握し，学習の成果を判定するために行う評価である。学期末や学年末に行う長期的な総括的評価や，単元の後に行う短期的な総括的評価がある。長期的な総括的評価は，指導要録の評定をつけることに役立てると同時に，長期的な指導計画の改善につなげるものである。

評価というと，一般的に総括的評価が想起されがちであるが，「目標に準拠した評価」では，形成的評価が重要となる。指導の過程で行われる形成的評価の結果によって指導計画を改善し，児童の学習をよりよいものに変えていく図6-1に示した不断の取り組みが必要だからである。このような「指導の評価の一体化」により，評価による指導の深化が図られるのである。

▷5　この３つの評価は，ブルーム（B. S. Bloom）らによって提唱され，広められた評価である。ブルーム，B. S.，ヘスティングス，J. T.，マドゥス，G. F. 著，梶田叡一・澁谷憲一・藤田恵璽訳『教育評価法ハンドブック──教科学習の形成的評価と総括的評価』第一法規，1973年。

2　評価の方法

実際に児童の学習の達成や状況を評価するためには，多様な評価方法のなかから適切な評価方法を選ぶ必要がある。「指導と評価の一体化」を図るためには，児童の学習内容や学習活動と評価方法が一体化する工夫が求められる。

① 観察法

観察法とは，授業中における児童の発言やつぶやき，表情，身振り，姿勢，態度，挙手などの行動や授業以外での子どもの言動を教師が直接観察すること

によって，学習状況を把握する形成的評価に用いられる方法である。多様な評価情報が得られるため，観点別評価の充実，とくに「関心・意欲・態度」の評価のために有効な評価方法であると同時に，最も基本的な評価である。一方で，教師の主観が入りやすい評価方法であるため，観点を明確にし，記録を基に分類・整理することが必要である。具体的には，「チェックリスト」や「座席表」「記録観察」などの活用が考えられる。

② 問答法・面接法

問答法・面接法とは，教師が児童と一対一で向き合い，対話によって児童の学習状況を把握する方法である。児童一人ひとりの理解や思考の状態を捉えるために有効な方法である。形成的評価の方法として重要であるが，診断的評価や総括的評価としても有効な方法である。一方で，①と同様に教師の主観が入りやすい評価方法であるため，問いのねらいを明確にし，他の評価方法の結果と重ね合わせることが必要である。

③ 作品法

作品法は，ノート，レポート，提案書・アピール文，絵，地図・図表・年表，新聞，パンフレット・ポスターなど学習成果を表現した作品を評価することを通して児童の学習達成を把握する方法である。単元の終了後の「思考・判断・表現」や「技能」を評価するのに適しており，主に総括的評価で用いられる方法である。一方で，学習の成果しか評価できないため，他の形成的評価による学習過程の評価結果を重ね合わせることが必要である。

④ パフォーマンス評価法

パフォーマンスによる評価は，児童に事前にパフォーマンス課題とルーブリックを提示し，リアルな文脈において知識や技能を総合的に活用して作成したレポートや地図などの作品，スピーチやプレゼンテーションなどの実演を評価する。単元の終了後の「思考・判断・表現」や「技能」を評価するのに適しており，主に総括的評価で用いられる方法である。一方で，教師がパフォーマンス課題から学習の成果を解釈するため，客観性や信頼性，妥当性が低く，多くの時間と労力を要するなどの実践上の課題も多い。また，社会科ではレポートやプレゼンテーションなどのパフォーマンス課題が多く用いられるため，社会科としての学習達成よりも，言語能力の高さが高評価を得やすくなるため，「真正の評価（authentic Assessment）」としての可能性は大きいものの，他の評価との重ね合わせが必要など，今後検討や工夫が求められている評価方法である。

⑤ ポートフォリオ評価法

ポートフォリオ評価法は，児童の学習活動の過程を示すすべての記録（作品法で用いる作品，学習カード・ワークシート，児童の作成した資料，自己評価の記録な

▷6　ポートフォリオ
元来は，紙ばさみや折鞄をさす言葉であるが，芸術・美術において自身の作品を集めた画集や作品集をさす言葉として使用され，その後教育の評価の方法・ツールとして活用されたものである。

第**6**章 初等社会科教育の評価

ど）を蓄積したポートフォリオづくりを通して，児童の学習に対する自己評価[7]を促すと同時に，教師が児童の学習過程を評価する方法である。児童の変容を跡づけできる評価方法として注目を集めている。評価資料や評価情報が多岐にわたるため，事前に評価規準や評価基準を明確にしておく必要がある。

⑥ テスト法

テスト法は，代表的な評価方法である。ペーパーテストによる評価は，児童の学習の達成度と定着を把握する有効な評価方法である。総括的評価に用いられることが多いが，診断的評価や形成的評価でも用いられる汎用的な評価方法である。

テスト法には，客観テストと記述テストがある。客観テストは，知識の量を数値化して測定することに適している。記述テストは，思考力や判断力，応用力などを測定するのに適している。事実に関する知識の量を問う客観テストは，作成・採点が容易であり，社会科では知識の量を学力と捉える傾向が強いため，客観テストが多用されがちである。しかし，観点別評価の充実のためには，客観テストに記述テストを組み合わせて，児童の「思考・判断・表現」や「技能」も評価できるテスト問題の開発が，教師一人ひとりに求められている。

▷7 自己評価
教師が評価情報を得るために行うものと，児童の自己評価能力を育成するために行うものがある。児童の自己評価能力の育成のための自己評価は，児童自らが自身の学習過程や結果を振り返り，以降の学習に生かすために行われるため，指導と連動させることが必要である。

Exercise

① 「目標に準拠した評価」の目的と特色をまとめてみよう。

② 「診断的評価」「形成的評価」「総括的評価」の特色を端的にまとめてみよう。

③ 第５学年の「我が国の農業」に関する学習指導要領［2008年改訂］の「内容」から評価規準を作成してみよう。

📖次への一冊

有田和正『有田和正著作集第20巻 学力を伸ばす評価法』明治図書出版，1989年。
　有田氏の授業論に基づく「長期にわたる指導の診断的・総括的評価」のあり方を，授業の事例とともに説明した名著である。実践のなかで児童の学びの姿を捉える方法を提示している。

松尾智明『新時代の学力形成と目標準拠の評価——新学習指導要領の授業デザインを考える』明治図書出版，2008年。
　授業と評価の新たなデザインを提示している必読の書である。教師がカリキュラムと授業と評価のデザイナーとなるための方法を提示している。

松尾智明『教育課程・方法論——コンピテンシーを育てる授業デザイン』学文社，2014

年。

　　評価を直接論じた書籍ではないが，コンピテンシーを育成するためのカリキュラ
ム・デザインと授業づくり，評価のあり方を論じており，基礎から学ぶには格好の
書である。

西岡加名恵編著『アクティブ・ラーニングをどう充実させるか——資質・能力を育てる
パフォーマンス評価』明治図書出版，2016年。

　　新学習指導要領における評価に向けて，パフォーマンス評価のための各教科の授業
と評価モデルをセットで提示しており，社会科についても論じている。新しい評価
方法に興味がある人にお薦めの書である。

篠原正典・宮寺晃夫編著『新しい教育の方法と技術』ミネルヴァ書房，2012年。

　　教育方法に関する包括的な書籍であるため，授業づくりや学習環境，学習組織，
ツール（ICT 活用も含む）と評価を関連づけて理解することができる。新しい評価
についても理論的に説明されている。

引用・参考文献

国立教育政策研究所教育課程研究センター『評価規準の作成，評価方法等の工夫改善の
ための参考資料（小学校社会）』2011年。

第 II 部

初等社会科教育の実践

第7章
初等社会科教育の実践①

―――第3学年／身近な地域／地図―――

〈この章のポイント〉

　第3学年に位置づけられた身近な地域の学習は，教室内だけで行われるものではなく，現地に出向いて直接観察し，地図にまとめ地域の特色をとらえていくような資質を身につけさせることを目指して実践されるものである。本章では，児童にとって初めての社会科となる身近な地域の観察や地図作りを通して，社会的な見方・考え方を働かせていく授業実践と第3学年からの地図帳活用を紹介する。同時に，授業実践を通して児童にどのような学びが生じるのか，さらに，それに対して教師にはどのような対応がもとめられるのかについても説明する。

1　社会科学習で大切にしたいこと
　　――児童にとって初めての社会科学習

　児童は，本来社会科の学習が好きである。その理由は筆者の今までの指導経験から次の4パターンに分類することができる。

　(1)児童のもっている認識が揺り動かされた時　　（矛盾）

　(2)未知のもの，珍しいものに好奇心が湧いた時　（好奇）

　(3)対立した2つの事実や事象に出会った時　　　（対立）

　(4)2つ以上の事実や事象に共通点を発見した時　（共通）

観察や聞き取り，資料からこのような状況を，現地に出向いて経験させることにより，新たな発見をして社会科が好きになってくるのである。

［1］　身近な地域の学習の重要性

　児童の身近な地域（学校のまわり）には，生活があり，自然があり，歴史がある。それらのものが複雑に関連しあって，社会的事象を見えにくくしている。そのなかに，教材化し得るさまざまな素材が隠されている。素材を掘り起こすのに大切なことは，「足と目で集めること」であり，教師には掘り起こすための目が備わっているかが重要で，取り上げ方一つで授業が変わってくるのである。これを「地域素材の教材化」という。

▷1　身近な地域の学習

児童に身近な地域における諸事象を取り上げさせ，観察や調査などの活動を行う学習。その結果，児童の生活地域に対する理解と関心を深められる。地域的特色を捉える視点や方法，地理的なまとめ方や発表の方法の基礎を身につけさせることを目的に行われる。

▷2　地域素材の教材化の手順

(1)どこにどのような素材があるかを確認する。(2)素材固有の意味を知る。(3)教材としての価値に着目する。(4)児童の実態・学習のねらい・学習過程等を踏まえて，素材の選択をする。(5)子どもの実態・学習のねらい・素材の位置づけを考え教材化していく。

第Ⅱ部　初等社会科教育の実践

2 　地域素材の教材化の基本——「足と目で集める」

　地域素材を教材とするには，まず地域を見る際，静的に見る，あるいは動的に変化しているものを見ることが大切である。また，一日のなかでも時間をずらしたり，一年のなかで，季節を変えたりして歩くことも必要である。そして，古老や生活している人に直接「聞く」ことや図書館などで「調べ」たり，広報誌や広告から「収集」することも忘れてはならない。そして，その地域素材と人々の生活を関連づけることも大切である。

　地域は，児童にとって遊びの場であり，生活の場である。そこで，さまざまな事物・事象に直接ふれている。その有用性を考え直すと以下に示すような学習の効果が期待できる。

　(1)児童の学習に対する興味・関心・意欲を高めることができる。

　(2)学習で扱う素材が身近なものであるから，思考を助け，追究をより確かなものにすることができる。

　(3)児童自らの手で，直接観察や資料収集，調査ができる。その結果，五感を通した実感をもった主体的な学習が期待できる。

　(4)地域での学習で身につけた見方・考え方は，他の学習を進める時にも手掛かりとなる。

　(5)生活経験のなかから生まれた意識と結びつけることにより，見えにくい社会的事象の意味や関連が捉えやすくなる。

　以上のような理由から，児童にとって初めての社会科学習において，学校のまわりの観察など身近な地域を取り上げた学習には期待すべきことが多い。

3 　身近な地域の学習で育つ資質・能力

　身近な地域の学習を進めていくことで，以下に示す前提条件を子どもに意識させることができれば，それに応じた資質・能力が育つと考えられる。

〈前提として〉	〈育つ資質・能力〉
(1)何のために，何を見てくるのか	→「見る力」（観察力）
(2)何のために，何を聞いてくるのか	→「聞く力」（インタビューや質問）
(3)何のために，何を集めるのか	→「集める力」（情報収集力）
(4)何のために，何をどのように調べるのか	→「調べる力」（問題解決力）
(5)何を，誰に向かって表現するのか	→「表す力」（相手を意識した表現力，伝達力）
(6)どのような関わりから，何がわかるのか	→「わかる力」（社会的判断）
(7)学んだことを，どんな生活場面で生かせるのか	→「生活に生かす力」

　これらの資質・能力を育てるための前提にあるのは，授業を通して社会科の

学習を好きにさせる，社会科好きの子どもに育てる[3]ことである。そのため，教材研究[4]が重視される。第3学年〜第4学年の社会科は，見学に行ったり，自分たちの町を調べたりという身近な内容が中心なので児童にとってはイメージしやすいし，興味をもちやすい。つまり，身近な地域の学習には，「社会科好きな子どもや教師」が育つ可能性が秘められているのである。地域生活のなかで社会的事象の見方や考え方[5]が育ってきているのである。

2　新学習指導要領における「身近な地域」「地図」の位置づけ

[1]　「身近な地域」の内容の改善点と授業づくりのポイント

新学習指導要領の関係部分と改訂点（下線で示す。下線は筆者による）を紹介する。

〔第3学年〕第2の「2　内容」
(1)身近な地域や市区町村（以下「市」という。）の様子について，<u>学習の問題を追究・解決する活動を通して</u>，次の事項を身に付けることができるよう指導する。
　ア　次のような<u>知識及び技能</u>を身に付けること。
　(ア)身近な地域や自分たちの市の様子を大まかに理解すること。
　(イ)観察・調査したり地図などの資料で調べたりして，白地図などにまとめること。
　イ　次のような<u>思考力，判断力，表現力等</u>を身に付けること。
　(ア)都道府県内における市の位置，市の地形や土地利用，交通の広がり，市役所など主な公共施設の場所と働き，古くから残る建造物の分布などに着目して，身近な地域や市の様子を捉え，場所による違いを考え，表現すること。

3　内容の取扱い
(1)内容の(1)については，次のとおり取り扱うものとする。
　ア　<u>学年の導入で扱うこととし，アの(ア)については，「自分たちの市」に重点を置くよう配慮すること。</u>
　イ　アの(イ)については，「白地図などにまとめる」際に，教科用図書「地図」（以下「地図帳」という。）を参照し，方位や主な地図記号について扱うこと。

今まで第3学年と第4学年の目標および内容が2学年にまとめて示されていたものを，第3学年と第4学年に分けて示すよう改善が図られた。なお，これに付随して第3学年から「地図帳」を活用することが目標に位置づけられるように改められ，グローバル化などへの対応が図られることになった。第3学年では自分たちの市を中心とした地域の社会生活を次の4つの内容から学ぶ。①身近な地域や市区町村の様子，②地域に見られる生産や販売の仕事，③地域の安全を守る働き，④市の様子の移り変わり，である。これまでは，①②④の3

▷3　社会科好きにする学習習慣
新聞やニュースなどをよく見て，私たちの生活に根ざしたものであるという意欲づけをする。一つの出来事を，深く勉強するのではなく，時代の流れのなかで意味づけていくことが大切である。

▷4　教材研究の視点と方法
(1)教師が，教材についての研究を深め，専門的知識を深めること。(2)教材の教育的価値，教材の構造化，教材の関連性を明らかにし，学習指導案を作成し，実際の授業の流れを確立するまでのこと。(3)学習素材を分析（素材研究）して教材化し，その教材を使って児童の実態を踏まえて（教材化研究），どのような力をつけていくのか（指導法研究），という総合的な研究をさす。この3つが確実に実践された時，素晴らしい授業となる。その際の教材は，教師が創るものである。「自分の教材で，自分の授業を行う！」という強い姿勢が大切である。

▷5　社会的事象の見方・考え方
社会科において，社会的事象の意味や意義，特色や相互の関連を考えたり，社会にみられる課題を把握して，その解決に向けて社会への関わり方を選択判断したりする際の視点や方法（考え方）である。
　位置や空間的な広がり，時期や時間の経過，事象や人々の相互関係などに着目して（視点），社会的事象を捉え，比較・分類したり，統合したり，地域の人々や国民の生活と関連づけたりすること（方法）と考えられる。

つを一年間で指導してきたが，今回の改訂では，現行の授業時数70時間のまま，③地域の安全を守る働きが新たに加わった。その結果，①と③の２つの内容については従前より少ない時数で扱うことが求められた。

改訂で示された「学年の導入で扱うこと」や「公共施設の場所と働き」のなかで，市役所の働きを取り上げることはすでに数多くの学校で取り組まれている。また，白地図などにまとめる際，地図帳を参照することは，教科書や副読本に加えて，地図帳の積極的な活用を促すものである。これまで都道府県の様子に位置づけられていた「自分たちの市の地理的位置」や「自分たちの市」に重点を置くことは，単元指導計画や授業実践の大幅見直しが求められる課題である。

学校のまわりの様子を観察・調査する学習の時数を工夫し，単元全体の指導時間数を縮減することである。これまで，学校のまわりで様子の異なる複数エリアをフィールドワークし，絵地図や平面地図に表し，場所による違いを話し合う学習を行ってきた。改訂では，身近な地域を見学したり聞き取りしたりして，情報を集める際，目的や着眼点を明確にして効果的に行い，市全体を調べる際にはその視点を生かす指導の工夫が求められている。

２ 「自分たちの市」に重点を置いた授業づくりのために

授業づくりにあたり，(1)配当時数を割り出す，(2)市のどのような場所を取り上げることが，市の様子を大まかに理解することになるのかとともに，場所による違いを考えるうえで効果的なのかを吟味する。(3)学校のまわりについても市の特色ある地域の一つに位置づける。(4)そのうえで，学校のまわりをフィールドワークし，絵地図や平面地図に表す活動の目的や着眼点を絞り込む。(5)学校のまわりでの体験的・作業的な学びを市全体の学習のどの場面で生かすかを明らかにして指導に臨む。その際，市役所など主な公共施設の場所と働き，古くから残る建造物の分布に着目するとよい。

前記の点を大切にし，「社会科好きな子ども」の育成に励むことが重要である。そのためにも，学期初めの授業に間に合うよう，教師自身がフィールドワークすることが強く求められる。"周到な準備なくして，良き授業なし"である。

3 学習指導案と授業実践の概要
──スケッチとフィールドワークを取り入れて

１ 小学校第３学年「見る力」を育む身近な地域（学校のまわり）の実践

この実践は「見る力（観察力）」の育成をテーマにした台地上にある埼玉県春

日部市立宝珠花小学校での実践である。社会科で見ることのねらいは、「その社会的事象の背後に隠されている社会的な意味や傾向性を捉えさせること」である。そのためには、漠然と現地に連れていくのではなく、視点（目の付け所）をはっきり示すことが大切である。観察の学習の秘訣は、面白いというイメージを植え付けながら、「なぜ」「どうして」という気持ちで見せることである。観察時の留意点は以下のとおりである。

(1) 教師が予め、どんなねらいをもって、どこでどのような事象を見せるかをはっきりさせておくことが大切である。（ねらいと視点）

(2) 観察対象をじっくり注意深く見せ、その事象のもつ特徴的なことを捉えさせるようにする。既習の類似点にも目を向けさせるとよい。

(3) 事象の一部分に着目し、部分と全体とを関連させながら見せたり、事象の広がりやつながりを捉えさせる。（関連把握）

(4) (2)(3)の過程のうち、観察対象と背景（まわりの様子）に含まれている意味を類推させながら見せるようにする。（類推把握）

(5) 観察したことを表現させ、ねらいが達成できているか確かめ、不十分な児童には、再度観察させるようにする。（観察したことの表現）

(6) 観察の仕方、目の付け所について自己評価させ、次の機会に生かす。

社会科は、暗記物とよくいわれるが、この「見る力」については、経験の積み重ねによるところが大きいので継続して指導していくことが必要である。観察学習では「何が観察されるかということは、観察者が、以前に何を観察したことがあるかということによって決まる。」（ジョージ，W. H.）という言葉があるが、観察者を教師と読み替えれば、教師の観察時の視点の示し方一つで授業の質が決まるといっても過言ではない。新学習指導要領における身近な地域の見学・観察を行う際には、「身近な地域」と「市の様子」の授業時数の配分が大切となる。内容の取扱いに「学年の導入で扱うこと」「自分たちの市に重点を置くよう配慮すること」と示されているので、目的や着目する視点を明確にして効果的に行い、市全体の地理的環境の概要を理解する際の基礎の時間として位置づけるなどの工夫が大切である。

2　学校のまわりの学習の導入時の指導

スケッチ（図7-1）を通して、地域環境のアウトラインを捉える力を育てる実践である。第3学年の実態では自分がそこに住んでいても、地域のことは漠然としか知らない。そこで、景観をじっくりと見せ、スケッチを通して認識を確実にさせ、どこに何があるかを捉えさせるようにした。スケッチにより、数々の疑問をもち始めた。例えば、土地利用の違い、土地の高さなど地形の違い、家の多い所と少ない所、4月で田植え用に水が入っている田とそうではな

▷6　細谷俊夫ほか編『教育学大辞典』第一法規出版，1990年。

▷7　地形
地形は、地表の高低や起伏の形をさす日常語であるが、地理分野の専門用語でもある。大規模な地殻変動によってできた大陸や大山脈などの大規模な地形、浸食や堆積作用などによってできた小規模な地形、肉眼では確認できるが、地形図上では判別しにくい自然堤防などの小規模な地形に分類される。

図7-1

第Ⅱ部　初等社会科教育の実践

い田などである。また，疑問や発見を余白に記入するうちに数人が絵に解説を加えるようになってきた。「スケッチ→書き込み→説明へ」という一連の作業を通して児童なりに地域を見る視点をつかんでいった。

③　地域を巡り，見る力を育てる指導（ウォッチングからフィールドワーク[48]へ）

▷8　フィールドワーク
ある調査対象について，学術研究をする際，そのテーマに即した現地を訪れて，その対象を直接観察し，関係者に聞き取りやアンケート調査を行い，現地での史料・資料の収集を行うなど，学術的に客観的な成果を上げるための野外調査手法。地学や地理学では，巡検ともいう。

▷9　ルートマップ
地域調査のルートに沿って，地形や土地利用，地質などの情報を記入した大縮尺の地図。調査目的に応じて，使用する地図は異なるが，通常は道路，川や海岸などに沿って調査し，作成される。観察地点での観察結果を記入していき，その地域の特色を理解するために用いられる。

1　単元名　学校のまわり　　　　　　　　　※実践した学習指導案より抜粋
2　単元の学習目標
　学校のまわりにおける特徴ある地形，土地利用，集落の分布，目立つ建物などを観察し，場所によって違いがあることに気づき，自然環境に深い関わりをもちながら地域の人々は生活していることを理解できるようにする。
〈観察に関する小目標〉
　・学校のまわり（東・西・南・北）の様子をなるべく高いところから観察し，目立つ建物の位置を確認し，絵に表現したり，気がついたことを文章で表現したりすることができる。（景観スケッチ学習）→　実践例1
　・高いところからではよく観察できないところの様子を調べるために，学校のまわりを観察し，地形，土地利用，集落の分布などの違いに気づくことができる。
　（現地観察学習）→　実践例2
3　本時の学習指導（4/6時）　※今回改訂から市の学習の一部として実施
　○目標　・ルートマップ[49]に従い，地域を観察し，地形，土地利用，集落の分布および畑の作物など，今後の学習に生かせるところを観察し，地図に記入したり，メモしたりすることができる。
　　　　　・地域を観察しながら，方位磁針を用いて，自分がいる位置からの進行方向を捉えることができる。

○展開（4/6時）

学習活動と指導内容	指導上の留意点
1　本時で観察するコースや観察場所をルートマップ上で確認する。	○進行方向を前方に向けてルートマップをもつと位置がわかりやすいことや，観察地点では方位磁針で方向を確認することを教える。
2　学校を出発する。 3　観察する。	○観察中の事故防止について指導する。原則として，2列で移動。必要に応じて1列とする。
	○自分の家の近くでは，その児童に解説させることを伝える。
S地点 ・畑と作物	○田と畑の違いに気づかせ，田では米，畑ではたくさんの種類の作物が育てられていることを実物提示しながら指導する。
A地点 ・高い所と低い所の境ががけ ・高い所と低い所の土地	○高い所と低い所の境目が，がけや坂になっていることに気づかせる。後に，地図に表現させる際，境目をたどっていくと，一つの等高線のようになることを予告しておくようにする。

利用の比較	○低い所には田が多く，用水がある。高い所には，畑が多く，ポンプ小屋があることに気づかせる。
D地点 ・目立つ建物 ・街路形態	○ポツンと一軒だけある店は，地図を描く時の目印になることを教える。 ○道路が碁盤の目のようになっている所は，計画的に作られた所であることを教える。
F地点 ・商店街 ・歩道と車道の分離と交通量	○この地点一帯が商店街になっていることに気づかせ，場所による土地利用の違いに気づかせる。 ○歩道と車道の分離の意味について考えさせ，表通りと裏通りの交通量の違いに気づかせる。
G地点 ・昔からある店と最近できた店の比較	○地域にある店を指標にして，変化の見方についてふれておくようにする。建物によって，建てられた年代が違うことに気づかせる。
H地点 ・信号のある交差点	○信号も地図に表す時の目印になることを教える。
I地点 ・火の見櫓と公民館	○火の見櫓のように遠くからでも目立つ建物は，地図を描く時の目印になることに気づかせ，同様に地域の公共施設も目印になることを教える。
J地点 ・住宅が多い所	○土地利用の違いがよくわかる所では，他の地域との比較が行いやすいので，今まで見てきた田や畑，商店街との違いに気づかせる。
4　学校に到着し，次時の予告をする。	○本時で観察してきたことを発表させ，誤った理解をしていないかを確認する

〈各地点における教師の意図と目の付けさせどころ（視点）〉（図7-2）

　本時の学習では，下記のようなことが活動の背後に含まれている。

・S地点では，農家の人々の学習に向けての意識づけが含まれている。とくに，4月の時期と6，7月との違いに気づかせたいという教師の意図が盛り込まれている。

・D地点では，地図を描く時の指標として直線的な道路は計画的に造られていることが多く，そうではない道路は土地の高低などに沿って造られている，という土地の高低などの土地条件と道路形態とを結びつけた高度な見方までを身につけさせたいという意図で取り上げたものである（旧道とバイパスなどでも同様な取り上げ方は可能である）。

・F地点では，商店街の学習の伏線として取り上げるとともに，他地域とのつながりで交通という面にも目を向けさせようとしたものである。

・G地点では，建物の外観を比較することを通して，歴史

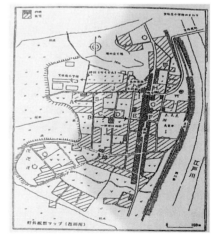

図7-2　地域の観察地点を入れた引率（教師用フィールドワーク地図）
出所：筆者がフィールドワークして作成。

第Ⅱ部　初等社会科教育の実践

的な違いに気づく目を育てることを意識して取り上げたものである。

・J地点は土地利用の違いに気づく目を育てるために取り上げたものである。

　このように，学校のまわりの現地学習を1時間行うだけでも，数々の地域事象を見る力を育てることができる。ポイントごとに1つの見方を育て，次の学習につながるような観察学習を期待したい。

4　地域の寺で，歴史的な見方を育てる指導（昔の目から今を見る）

　春日部市（旧庄和町）の指定文化財になっている「小流寺縁起」と呼ばれる江戸川の工事の様子を示すお寺の史料と，江戸時代に工事を行ったといわれている小島庄右衛門の像と墓を実際に見学し，お寺の方から説明を聞いて理解を深めた授業である。地域を見る力をつけるためには，教師だけでなく，地域の人々の協力が不可欠である。児童はふだん顔を合わせているおじさんから昔の話を聞けたことが印象に残ったと記していた。身近な地域であるからこそ直接観察が可能となり，地域を歴史的に見る力を育てるきっかけになる授業になる。

　身近な地域を実際に見ながら学習を進めていくことにより，「見る力」が育ち，次のようなことが明らかになった。

(1)　自分たちが生活している地域社会に対して，観察をすることで，現実に基づいた理解ができるようになった。

(2)　学習した事物・事象に対しての興味・関心が高まり，さらに地域を調べてみようとする以前より一歩前進した「見る力」が育ってきた。

(3)　地域の社会的事象の背景に目を向けた結果，児童の地域社会へのかかわり方が変化してきた。

(4)　「見る力」が育つということは，「書く力」が育つということにつながることが明らかになった。

　この実践から，教師に地域事象を見る目がなければ，いくら児童が努力しても，「見る力」が育つことはないと強く感じた。実践前に地域を歩き，どの地点で何を見せれば児童に気づかせたい内容を示すことができるのかという検討を重ねてきた。今後は，児童だけでなく，教師も常に地域を歩き，教師自身が新たな発見をし，その感動をもとに授業をしていくことが必要である。それは地域を授業素材とする社会科のみならず，理科，生活科，総合，環境教育においても欠かすことのできないことである。

4 実践するにあたっての留意点
——小学校第3学年からの地図帳活用

1　小学校第3学年から地図帳を配布する意味

　新学習指導要領では，グローバル化に対応して第3学年から外国語活動（英語），社会科，理科，総合的な学習の時間（プログラミング的思考），体育における保健（食育や防災を含む）など，現代的な課題に対応した5つの新教科学習が始まる。その結果，教科を関連づけた指導やグローバル化教育のテキストとしての役割が地図帳に求められ，第4学年で配布の「教科用図書『地図』」（地図帳）が第3学年配布となり，地図帳の使用が目標に位置づけられた。「特に第3学年の使い始めにおいては，地図帳の内容構成を理解できるようにする。また，地図帳は，社会科の学習だけでなく，**他の教科等の学習や家庭などにおいても活用することが大切であることを指導するようにする。**」（太字は筆者）と解説に明記された。

2　地図帳の活用場面への期待

　グローバル化の動きは，第3学年のスーパーマーケットの学習によくあらわれる。とくに，品物の産地調べから，外国産が多いことに気づく。グローバル化を意識した場合，商品を通して輸入先の国や地域，位置，輸送方法や輸送経路などを調べる学習が急務となる。あわせて，国旗への興味づけも重要となってくる。市区町村によっては，生産品の原材料が外国から輸入されたり，商品が外国まで輸出されていたりすることも多い。工場労働者が外国人ということも最近ではよく見られる光景である。このように，第3学年社会科には，世界との関わりを無視できない内容が含まれてきているのである。

3　デジタル教科書の地図と紙の地図帳との併用による指導

　地図帳には情報量が多いため，地名を見つける，対象地域を結ぶという作業をする際に支障をきたす児童が多く，地図嫌いを生み出す要因ともなっている。そこで大型テレビによるデジタル教科書や地理院地図の併用による地図帳指導をお勧めする。第3学年からの地図指導により，「身近な地域」の学習をきっかけに地図帳をことあるごとに開き，地図や都道府県，世界の国々への興味をもつ児童の育成が今までより一層求められてくる。社会科の教師を目指す人には，ニュースや新聞をよく読み，インターネットで情報を補強し，時代の動きに対して敏感に対応できる授業をしていただきたい。

▷10　**グローバル化教育**
グローバル化する世界に対して，適切に反応できるように新たに創設した教育。地球規模の問題に取り組む他の領域（環境・開発・人権・平和・多文化教育など）との連携を深めてきた。この結果，地球的視野を育むことを目標に，地球規模の問題に取り組む，アクティビティを重視した参加・体験的な学習と規定される。地球的課題の理解と解決のための教育ともいわれる。

▷11　**教科用図書『地図』**
教科用図書とは学校教育法に基づいて，初等中等教育において主たる教材として使用される図書のことをいう。「教科書」とも呼ばれる。教科書に準ずるものとして「地図」（通称「地図帳」）がある（「地図」は，教科書として法令上みなされる）。児童が学習を進めるうえで重要な役割を果たす。教育の機会均等を実質的に保障し，全国的な教育水準の維持向上を図るため，教科書を使用することが義務づけられている。

▷12　**デジタル教科書**
DVDやメモリーカード等の記憶媒体に記録されるデジタル教材の教科書。デジタル機器や情報端末向けの教材のうち，既存の教科書の内容とそれを閲覧するためのソフトウエアに加え，編集，追加，削除などの基本機能を備えるものをさす。教師が電子黒板等により子どもに提示して指導するものと，児童が個々の端末で学習するためのものとに大別される（本書171ページの側注▷1も参照）。

▷13　**地理院地図**
地理院地図とは，地形図，写真，標高，地形分類，災

第Ⅱ部　初等社会科教育の実践

今後は，情報技術の発展により，スマートフォンやカーナビゲーションなどを通してデジタル地図やGIS▷14が日常生活のあらゆる場面に入り込んでくることが予想される。そのような時にも，あらためて観察・調査活動と地図の読み取りの大切さを認識し，地域の特徴を読み解くような児童をさらに育成していってほしい。

図7-3　デジタル地図を使った授業
出所：日本地理学会発表資料（筆者作成）。

害情報など，国土地理院が捉えた日本の国土の様子を発信するウェブ地図のこと。国土地理院が整備するさまざまな地理空間情報を見られるほか，地形図や写真などを3Dに表示してみることも可能である。

▷14　GIS
地理情報システム（Geographic Information System）は，地理的位置を手がかりに位置に関する情報をもったデータ（空間データ）を総合的に管理・加工し，視覚的に表示し，高度な分析や迅速な判断を可能にする技術。1995年1月の阪神・淡路大震災の反省等から，政府においてGISに関する本格的な取り組みとして国土空間データ基盤が整備された。コンピュータの地図上に可視化して，情報の関係性，パターン，傾向をわかりやすい形で導き出すのが大きな役割。2007年5月，地理空間情報活用推進基本法が制定された。

Exercise

① 「身近な地域」の学習の重要性とその学習で育つ資質・能力についてまとめてみよう。
② 「自分たちの市」の学習に重点を置いた「身近な地域」の授業を行うためのポイントをまとめてみよう。
③ 「身近な地域」の観察指導のポイントを学習指導案や次への一冊から読み取り，どのような「見る力」がついたかのポイントをまとめてみよう。

📖次への一冊

安野功編『平成29年版　小学校　新学習指導要領ポイント総整理　社会』東洋館出版社，2017年。
　　2017年6月に公表された「小学校学習指導要領解説社会編」をもとに改訂のポイントが紹介されている。
谷川彰英・臼井嘉一編著『小学校地域学習の授業づくり』東京書籍，1991年。
　　地域学習で育てる資質・能力として，(1)見る力（中山正則執筆），(2)聞く力，(3)集める力，(4)調べる力，(5)表す力，(6)わかる力を育む実践事例を紹介している。
中山正則「特集　教材と地図」『地図情報37-1』地図情報センター，2017年。
　　「フィールドワークで地図」では，身近な地域のフィールドワークの意味，目的，配慮事項，小学校第3学年実践事例，教員研修，教育効果等を写真入りで紹介。
中山正則「特集　分布図を使いこなす」『地図情報34-3』地図情報センター，2014年。
　　「小3社会における学習初期の地図活用」では，身近な地域の観察の際の地域を見せる視点や地図へのまとめ方が児童作品を入れて紹介されている。
国土交通省「初等中等教育におけるGISを活用した授業に係る優良事例」2012年。
　　中山正則執筆のGISを意識した初等・中等教育の実践が紹介されている。これからパソコンやタブレットでGISに取り組む学校にとって，とても参考となる。

第8章
初等社会科教育の実践②
——第4学年／地域／水——

〈この章のポイント〉

　社会科入門期の第3学年では，主として自分たちの住んでいる市区町村について学習してきた。自分の住む地域の社会事象を丹念に調べ，仕組みや工夫を発見する楽しさを学んできた。第4学年では都道府県に学習の範囲を広げるとともに，仕組みや工夫を発見する楽しさに加えて，自分ならばどうするかといった選択・判断を行わせていく。児童に選択・判断させることによって，思考力や判断力の育成を図るとともに，社会の形成に主体的に参画する児童の育成をねらっていく。そのための，単元構成や資料提示など教師の具体的な指導方法を説明していく。

1　社会科学習で大切にしたいこと——問題解決的な学習

　児童と社会科の出合いにおいて，教師は児童に社会科を学ぶ楽しさを十分に味わわせることが大切である。学ぶ楽しさとは何か。それは，自分たちの力でわからないことを解き明かしたり，解決したりしていく喜びである。ともすると社会科は年号を覚えたり，地名や社会的事象の名称を覚えたりする暗記科目と捉えられがちである。もちろん，こうした暗記することに楽しさがないわけではないが，社会科の喜びはなんといっても自分たちの力で解き明かし，解決していく喜びが重きをなすだろう。それはこれまでの学習指導要領改訂を経て，目先が変わりながらも，民主社会の形成にとって中心的な役割を担った社会科に貫かれている考え方といってよい。[1]

　それを具現化するために用いられたのが問題解決的な学習である。自ら課題を見つけ，自ら調べ，問題を解決していく学習である。児童が「自ら」進んで学習を形成していくのである。学びの主体とならなければならない。だから，そのためには教師は単元を構成するにあたって，いくつかの工夫をする必要がある。

　最初に問題に出合わせる場面である。ここで，児童に「調べたい」とか「何とかしなければ」といった学習の必然性をもたせなければならない。教師が選ぶ社会事象の面白さに加え，児童への提示の仕方も必要になる。写真や映像，グラフ，説話などを通して，児童の興味をもたせなければならない。

　次に，問題について調べていく場面である。これは，児童が自分の力で調べられたり，何度も調査できるようにしたりすることが必要である。とくに，調

▷1　木村一博・加藤寿朗・永田忠道『小学校社会科教育』社会認識教育学会（第1章・第2章）2010年，に詳しい。

第Ⅱ部　初等社会科教育の実践

査する楽しさは第3学年～第4学年で育みたい技能の一つである。書物を読み，思索をめぐらすことも楽しいのだが，自分の足で調査し，解決していく活動は社会科ならでは楽しい学習である。そういうことを通して，自分から進んで問題を解き明かそうとする姿勢が身についてくるのである。

　自分なりに問題を解き明かしたら，友だちと意見を比べてみたい。同じことを調べても，調べた内容が友だちとは異なることがある。また，同じ事実を知っても一人ひとり感じ方や意見は異なるものである。友だちと意見交換をすると，自分の意見が揺さぶられることがある。揺さぶられることによって考えを修正し，今までより考えを深めることができるのである。また，既習事項とは異なる新たな事実に出合わせ，児童に多角的なものの見方を育てることも教師の工夫の一つである。

　自分なりの意見を固めたら，それをまとめる活動をする。新聞や意見発表会でもよい。ときには行動に移していくことも視野に入れる。単元が終わった後もその社会事象に関心をもって考えていけたらとてもよい。

　このような問題解決的な学習を通して，児童は「自ら解き明かす」喜びと社会事象やそれにかかわる人への共感を育み，地域社会の一員としての自覚を養っていくのだと考える。

2　新学習指導要領における問題解決的な学習の位置づけ

1　新学習指導要領における学習課程

　児童が主体となる学習を具現化するために用いられるのが問題解決的な学習であることは先に述べた。問題解決的な学習は新学習指導要領においても例示されている。「小学校学習指導要領解説社会編」の社会科改訂の趣旨及び要点のなかで具体的に示されている。

> 学習活動を充実させるための学習過程の例としては，大きく課題把握，課題追究，課題解決の三つが考えられる。また，それらを構成する活動の例としては，動機付けや方向付け，情報収集や考察・構想，まとめや振り返りなどの活動が考えられる。

　新学習指導要領では学習過程を「課題把握，課題追究，課題解決」の3つの段階に大きく分けている。教師はこの3つの過程を基本としながら動機づけや方向づけ，考察・構想，まとめや振り返りなどの学習活動を考え，単元計画を作り上げていく必要がある。

　単元を構成するにあたって，第4学年の学習でとくに注意したいのが，課題解決の場面で児童が行う「選択・判断」である。新学習指導要領においては，

第8章 初等社会科教育の実践②

「思考力，判断力，表現力等」の目標にも記されている。

> 1　目標
> (2)社会的事象の特色や相互の関連，意味を考える力，社会に見られる課題を把握して，その解決に向けて社会への関わり方を選択・判断する力，考えたことや選択・判断したことを表現する力を養う。

「選択・判断」は児童に身につけさせる3つの資質・能力のうち「思考力，判断力，表現力等」の学習の内容の取扱いに記され，児童なりに自分たちができることや協力できることを考えることである。第4学年の学習ではとくに多く記され，5つの学習内容のうち「人々の健康や生活環境を支える事業」「自然災害から人々を守る活動」「県内の伝統や文化，先人の働き」の3つで見ることができる。「選択・判断」は，単に知識を獲得するだけでなく，学習したことをもとに進んで考え，主体的に社会にかかわろうとする態度を育むことが肝要である。第4学年では水道や廃棄物，電力，災害，伝統行事の維持など，日常生活に適した学習内容が多いため単元を構成するにあたっては，社会にかかわろうとする態度の育成に気を配る必要がある。

次に，問題解決的な学習の実践にあたって「課題把握，課題追究，課題解決」の各学習過程について指導のポイントを述べていく。

▷2　選択・判断は「人々の健康や生活環境を支える事業」「自然災害から人々を守る活動」「県内の伝統や文化，先人の働き」の3つの単元で記され，すべての学年のなかで最多である。

▷3　宮城県の秋保温泉にある個人商店。手作りおはぎとお惣菜が人気で，おはぎは一日平均6000個売れる。ロスゼロ，利益率40％を達成し1000件を超える研修を受け入れ，イトーヨーカドー創業者伊藤雅俊氏も訪れる（佐藤，2010）。

2　単元構成のポイント

①　「課題把握」段階

ここでは魅力的な教材を用意するとともに，見せ方を演出しなければならない。例えば，図8-1はスーパーさいちの写真であるが，読者はどういう感想をもつだろうか。

児童に①の写真を見せると「田舎のスーパー」「地味だな」「普通すぎるほど普通のスーパー」などと言う。平凡なスーパーにしか見えないようだ。そこで，「でも，先生が行った時はこんな様子でした」といって，②の写真を見せる。

児童は大いに驚き，どうして普通に見えたスーパーがこんなに人気なのかを疑問に思う。さらに，重ねて「このお店を経営しているのはこの2人です」（図8-2）と言うと，児童は「おじいさんとおばあさんがやっているんだ」「どうして人気が出たの？」と教室は騒然となる。

児童は追究したい意欲にかき立てられる。

このように「つかむ」の段階では，児童の予想をくつがえしたり，悲しさや怒りといった心情に訴えたり，圧倒的な数量を見せたりして，調べたいという意欲をもたせる工夫をすることが大切だと考える。

①

②

図8-1　主婦の店「さいち」
出所：筆者撮影。

図8-2　佐藤さん夫妻
出所：筆者撮影。

② 課題追究の段階

　次にここでは，児童自身が進んで追究できるようにすることが大切である。例えば，水道の学習では，手洗い場の蛇口を遡っていくとどこにつながっていくのかを実際に調べていく活動も面白い。学校は家庭に比べて水道管がむき出しになっていることが多いので追いかけやすい。学校の場合は屋上や地下にある貯水槽にたどり着く。この貯水槽にはどれくらいの水が溜まり，一日にどれくらいの水が使われるのかを調べていく。家庭とはスケールの違う使用量の多さに児童は驚かされる。貯水槽から先を追いかけていくと太い水道管を通って学校の外に出ていくことがわかる。いったい水道管はどこまでつながっているのか。その先は浄水場，河川，ダムと地図や教科書，見学をしながら調べていく。

　このようにして第3学年〜第4学年では書籍だけでなく自分の力で調査する活動の楽しさを味わわせたい。しかし，この課題追究の段階で児童は意欲を持続できないことが多い。どうして意欲が減退していくのか。それは，問題を調べるだけの学習は毎時間単調になりがちである。また，学習が進むと単元の最初に作った学習問題の答えがわかってくるので興味を持続させることが難しいからである。そこで，課題追究の途中で児童に揺さぶりをかける工夫をしたい。物語でいえば，起承転結の「転」を作り出すことといっていい。今まで追いかけてきた問題とは別の視点で物事を考える場面を作り出すことである。実践事例で後述するが，児童に新しい視点を授ける工夫で，意欲を再びわき起こさせ，深い思考につなげていく。

③ 課題解決段階

　ここでは調べたことをもとに，児童一人ひとりに自分なりの考えをまとめさせるとよい。「選択・判断」を意識し課題解決を行う。まず事実をもとに自分はどう考えるかを書かせたい。同じ事実でも一人ひとりの考え方は違うものである。例えば，廃棄物処理では，手間がかかっても何十種類にも分別するべきなのか。逆に分別数を少なくし，高価な焼却施設を建設したほうがよいのか。2つの特徴的な自治体の方針を学習した後でどちらがよいのか一人ひとりに考えを述べさせる。学んだ事実を自分はどう考えるのか，一人ひとりに選択させたり，判断させたりする。「選択・判断」を通して，思考力や判断力を育成していく。

　最後に新聞にまとめたり，実際に行動に移したりするなどさまざまな方法がある。社会科では問題の解決といっても，完全に解決されている社会的事象を学習することはまれである。水道でも廃棄物でも，何らかの課題があり，大人たちは絶えずその克服に挑んでいる。課題解決に挑む姿を学習して，活動に共感するとともに，児童も社会的事象に関心をもち続けていけるようにしたい。

第**8**章　初等社会科教育の実践②

3　学習指導案と授業実践の概要

1　単元計画

①　単元名　くらしを支える水道水「おいしい東京水を支える高度浄水処理と多摩川水源森林隊」

②　単元について

〈「日本一まずい」から「日本一うまい」へ〉

　1984年，当時の厚生省が発足させた「おいしい水研究会」で「日本一まずい水」と評価された東京の水道水は，現在では日本一おいしいとも噂されるほど劇的な変化を遂げる。その理由の一つに高度浄水処理があげられる。高度浄水処理は1992年に旧江戸川沿いの金町浄水場に初めて導入された。巨額の費用を投じて導入されたこの設備は一般的に行われている浄水処理に加え，オゾンと生物活性炭処理をすることで，強烈な臭いを取り除くことに成功する。その効果は絶大で高度浄水処理は各浄水場に広がっていく。この成功を受けて東京都水道局は全国に先駆けてペットボトル水道水「東京水」を発売する。これはおいしくなった東京水のアピールのために発売されたもので，実際に天然水と飲み比べても47％の人が「東京水」の方がおいしいと答えるという。このように，今やおいしい水として市民にとって定着した東京水だが，調査をしていくと意外な事実に気づくことになった。

〈高度浄水処理の驚きの事実〉

　東京の水道水の水源は，大きく分けて「利根川・荒川水系」と「多摩川水系」に分けられる。しかし，高度浄水処理施設があるのは，利根川・荒川水系の浄水場だけで，多摩川水系の浄水場には一箇所も導入されていない。居住地区によって配水される浄水場が異なるため，高度浄水処理水が送られていない家庭が出てきてしまう。この事実を児童に提示すると「どうして高度浄水処理施設は利根川・荒川水系にしかないのだろうか」という疑問が生まれるだろう。利根川は千葉県・埼玉県・群馬県など，広大な流域面積を誇り流域人口が多いため，生活排水等でどうしても汚れが目立つ。それに比べて多摩川は流域がほぼ東京都に収まるほど短く，流域人口も少なく汚れにくいのである。それに加えて，東京都では，多摩川の水源森林を115年にわたって管理し，東京都と山梨県の水源林を毎年買い増している。そのため，高度浄水処理施設がなくても十分に安全でおいしい水道水ができるのである。

〈水源林を支える多摩川水源森林隊〉

　多摩川の上流に行くと小河内ダムによってつくられた奥多摩湖がある。奥多

▷4　高度浄水処理

通常の浄水処理に加え，オゾンの強力な酸化力と生物活性炭による吸着機能を活用した浄水処理。これまでどうしても取り除けなかった水のなかに残るごく微量のトリハロメタンやイヤなニオイや有機物をほぼ除去することができるため，より安全でおいしい水をつくることができる。1992年に金町浄水場で導入され，現在は利根川・荒川水系のすべての浄水場で導入されている。

▷5　おいしい東京水

東京都水道局では安全でおいしい水道水を市民に広く知ってもらうため，ペットボトル入り水道水「東京水」を販売している。天然水との飲み比べでも，およそ半数の市民が東京水の方がおいしいと答えている。

▷6　利根川の流域面積

流域面積は1万6840平方キロメートルで全国一位。東京都，千葉県，埼玉県，茨城県，栃木県，群馬県にまたがる一級河川。流域人口も約1279万人で日本の人口の10分の1にあたる。

▷7　水源林管理

東京都では1901年以来奥多摩の水源林管理を行い，現在の面積は2万2000haに上る。これは自治体が保有する水源林としては全国で最も広い。枝打ちや下草刈りなど保水力を高める努力をしている。

77

第Ⅱ部　初等社会科教育の実践

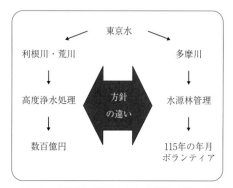

図8-3　利根川・荒川水系と多摩川水系の比較
出所：筆者作成。

▷8　多摩川水源森林隊
水道局による管理が及ばない荒廃した民有林の人工林を再生するため，2002（平成14）年に多摩川水源森林隊を設立。定期的に多摩川上流域の森林の手入れを行い，現在1000名を超える人がボランティア隊員として登録している。奥多摩町，山梨県丹波山村・小菅村・甲州市で活動している。

摩湖の湖水は透明で深いところで泳いでいる魚の様子も観察できるほどである。透明な理由は，東京都は都が保有する水源林の管理を明治時代から続けているからである。さらには，林業の衰退によって手入れが行き届かなくなった民間所有の森林については，市民ボランティア「多摩川水源森林隊」を募り維持管理している。このように水源林管理を徹底することで，高度浄水処理を建設しなくても十分にきれいでおいしい水道水を生み出していたのである。

東京都の水源である，利根川・荒川水系と多摩川水系を水道洲にするにあたって都の方針は大きく違う（図8-3）。この2つを学ぶことで，水道局の努力とともに，それに協力する市民の活動があることを知るだろう。そして，自分は水道水の使用にあたってどうしたらいのか，「選択・判断」する単元を展開できるだろう。

③　単元のねらい

知識及び技能	思考力，判断力，表現力等	学びに向かう力，人間性等
良質な水道水の確保について進んで調べ，高度浄水施設や水源林の管理をはじめとする東京都の工夫や努力を理解することができる。	良質な水道水の確保の都の働きや市民の働きがかかわりあって作られていることを知り，社会への関わり方を考えることができる。	水道水の確保には，市民の活動があることを知り，それに共感するとともに，よりよい社会の形成と市民のあり方を捉えることができる。

④　単元の計画（9時間）

時	ねらい	学習活動・内容
1	数多くある蛇口から出る水はどこから来るのか，進んで調べる。	○どの教室からも1分以内で水が飲めることから，校内に張り巡らされた水道管の元を突き止める。蛇口は300個だ。
2	毎日大量に使う水道水はどこから来るのか，学習問題を作る。	○学校の水道管はすべて地下の大きな水槽につながっている。用務員さんにお願いして見せてもらおう。小学校では1か月平均1369m³，東京では1日41億リットル 大量の水道水は，どこで作られているのだろう。
3	たくさんの水はどこから来るのか進んで調べる。	○副読本と地図帳で調べる。 ○利根川・荒川や多摩川の水を引いて浄水場できれいにしているんだ。
4	浄水場を見学して，どのように水道水が作られているのか調べる。	○川の水を沈殿やろ過そして水道水に変えているんだね。 ○東京の水道水は，高度浄水処理施設でおいしい水にしているんだね。

5	ペットボトル入り水道水「東京水」のおいしさを知る。	○東京の水道水はペットボトルに詰められて売っている。天然水と飲み比べてもわからないくらいおいしいな。 ○水道水が1年間で70円，天然水が3万6500円。
6	利根川・荒川沿いの浄水場と多摩川沿いの浄水場の違いを知る。	○利根川・荒川沿いの浄水場にはすべて高度浄水処理があるのに，多摩川沿いの浄水場には一つもない。
	どうして，多摩川沿いの浄水場には高度浄水処理施設がないの？	
7	多摩川の上流をさかのぼり，小河内ダムと周囲の水道水源林の働きを調べる。	○ダムの水は透き通っているね。広い水道水源林を管理しているからきれいなんだね。
8	多摩川の水源を管理する多摩川水源森林隊の活動を考える。	○水道水源林はボランティアの人も管理しているんだ。
9	ボランティアについて考える。	○おいしい水道水は高度浄水処理に加えてボランティアの力も大きいね。

2 単元の様子

① 第6時の学習

〈本時の目標〉

○「知識及び技能」：東京都の浄水場の資料から，利根川・荒川沿いの浄水場にはすべて高度浄水処理施設が導入されているが多摩川には一つもないことを突き止めることができる。

○「思考力，判断力，表現力等」：高度浄水処理の有無から利根川・荒川と多摩川の水質や沿岸の様子を考え，水道水確保のための東京都水道局の方針を進んで考えることができる。

〈学習指導案〉

主な学習活動と内容　　　　　・児童の反応	指導上の留意点
1．学習問題を作る。 ○前時に学んだ高度浄水施設の設置を確かめる。 ・利根川・荒川沿いの浄水場はすべて高度浄水施設だが，多摩川沿いには一か所もないよ。	○前時までの児童の認識は，高度浄水処理施設によりおいしい水（東京水）が供給されると考えているだろう。
どうして多摩川の浄水場には高度浄水処理施設がないのだろうか？	
2．予想する。 ・多摩川の水の方がきれいなんじゃないのか。 ・見学に行った時小河内ダムの水はきれいだったよ。	○見学したことを想起させる。

第Ⅱ部　初等社会科教育の実践

・多摩川は東京都を流れているけど，利根川・荒川はたくさんの県にまたがっているね。 ・都は水源林の管理をしているらしい。 ・利根川・荒川は長くて管理しづらいんじゃないか。 ３．水源林の管理について調べる。 ・多摩川の水源林は100年以上前から管理している。 ・水源林の管理は重労働だね。 ・水源森林隊はボランティアでやっているのか。 ・70歳以上の人もいるよ。最多の人は13年で730回以上参加しているそうだよ。 ４．考えをまとめる。 ・都では水道水源林を100年以上管理しているんだね。 ・水源林の管理は市民ボランティアの皆さんも協力しているんだね。 ・どうして，あんなに大変な作業を進んで行っているのかな？	○地図で利根川・荒川と多摩川を比べさせる。 ○水源林管理の資料を持っている児童がいたら，その資料を使う。 ○実際に間伐される木材と同じ太さの木材や重量の砂袋から重労働であることを実感的に捉えさせる。 ○都の仕事だけでなく，多数のボランティアの存在を示す。 ○次の時間への問いを残して本時を閉じる。

> 大変な仕事なのにどうして700回以上も参加しているのか。

〈授業の様子〉――追究したくなる２つの「えーっ！」

(1)　多摩川には一つも高度浄水処理施設がない！

　前時までに，東京の水道水は高度浄水処理によってつくられていることを学んだ児童に，東京都水道局の「浄水場概要」表を示す。

【浄水場の施設概要】　　　　　　　　　　　　　　　　　　　　（平成27年4月1日現在）

水　　系	浄水場	処理能力 （m³/日）	比　率（%） 浄水場別	比　率（%） 水系別	処　理　方　法
利根川・荒川水系	金　町	1,500,000	21.9		急速ろ過方式・高度浄水処理（150万m³）
	三　郷	1,100,000	16.0		急速ろ過方式・高度浄水処理（110万m³）
	朝　霞	1,700,000	24.8	79.9	急速ろ過方式・高度浄水処理（170万m³）
	三　園	300,000	4.4		急速ろ過方式・高度浄水処理（30万m³）
	東村山	880,000	18.4		急速ろ過方式・高度浄水処理（88万m³）
		385,000			急速ろ過方式
多摩川水系	小　作	280,000	4.1		急速ろ過方式
	境	315,000	4.6	17.0	緩速ろ過方式
	砧	114,500	1.7		緩速ろ過方式・膜ろ過方式
	砧　下	70,000	1.0		緩速ろ過方式・膜ろ過方式
	玉　川	(152,500)	―		緩速ろ過方式・急速ろ過方式
相　模　川　水系	長　沢	200,000	2.9	2.9	急速ろ過方式
地　　下　　水	杉　並	15,000	0.2	0.2	消毒のみ
計		6,859,500	100.0	100.0	―

図 8-4　浄水場の施設概要

出所：東京都水道局『東京の水道』2016年。

　この資料から，利根川・荒川水系のすべての浄水場に高度浄水処理施設があり，多摩川水系には一つもないことがわかる。しかし，あえて教師は何も発問せずに，児童の力で気づかせ資料を読む力を育てる。最初は何気なく見ているのだが，ひとりの児童が「なにこれ！」と驚きの声をあげる。気づいていく児童が増えて，教室に驚きの輪が広がる。その最高潮を見極め，「どうしたの？」と発問する。すると児童は「半分の浄水場にしか高度浄水施設がない！」と答える。「東京の水道水がおいしいのは高度浄水処理をしているからだ。なかったら，おいしい水道水にならないよ」と答える。さらに「高度浄水処理施設があ

るのは、利根川・荒川水系だけで多摩川水系には一つもない！」と児童の力で気づいていく。どうして多摩川水系の浄水場には高度浄水処理施設がないのか、学習問題が出来上がった。

児童のこれまでの認識である、高度浄水処理があるからおいしい水道水ができるという認識をくつがえすことで、調べたいという学習意欲が高まった。

図8-5　水源林に掲示される森林隊の活動の足跡
出所：筆者撮影。

(2) 水源森林隊は仕事ではない！

多摩川にある奥多摩湖は、小河内ダムの建設によって造られた人口の湖である。奥多摩湖を見学して、湖水が透明であることと、東京都では明治時代から水源林を管理していることを学んだあと、実際の水源林管理をしている多摩川水源森林隊の活動の様子を映像資料で学習した。児童は「すごく急な斜面だ」「1200キロもある木を倒しているのか」「週に3日も働いている」「これだけのことをしているから多摩川の水はきれいなんだね」「大変な仕事だ」と感想を述べる。そして、最後に図8-5を見せる。この看板を児童たちにじっくり見せると、枠の所にしだいに気づいていく。「ボランティアって？」「仕事じゃないんじゃないのか」「仕事じゃないのにあんな大変なことしているのか」そこで、ボランティアを辞書で引かせる。辞書を引くと「自分の利益に関係なく、自分から進んで、社会や人々のために役立つような活動をすること。また、その活動をする人」と出てくる。多摩川水源森林隊に最多出場しているAさんは、734回めだという。ボランティアなので給料は出ない。交通費も弁当代も出ない。むしろ、交通費に数百万円のお金を使っているという。児童にAさんのインタビュー映像を見せると児童は自然と「考えられない」「どうしてボランティアをしようと思ったのかな？」と驚きを口にする。そして、「水をきれいにしたいんじゃない？」「やらされているんじゃない？」などと予想する。自分なりに、ボランティアとは何か考えを深めていく。

3　単元のまとめ

次の時間はボランティアについて話し合う。「東京の水道水の評判をよくしたかったのではないか」「毎日おいしい水を飲みたくて始めたんじゃないか」などの意見が続く。しかし、ひとりの児童が「Aさんは、ボランティアを好きでやってるだけじゃないのかな」と発言する。児童らは一瞬とまどい、そんなわけはないと反論する。しかし、その児童は「だって、勉強しろと言われても全然する気は起きないでしょ。でも僕だったら歴史が好きだからそういう本はずっと読んでいられる。好きじゃないと続かないよ」。風向きが変わり始め

第Ⅱ部　初等社会科教育の実践

る。「それはわかるなあ」「でも，そんなんじゃボランティアの意味がないんじゃないか」「いや違う。むしろ好きなことで人の役に立つってすごいんじゃないかな」と進んで活動していることに気づいていく。そこで，7名の水源森林隊のインタビューを示す。「水をきれいにしたい」「山が好きだから」「健康のため」「作業が上達するのが面白くて」と一人ひとりの思いが語られる。児童は「一人ひとり考えが違うね」「でも，結果として多くの人のための仕事をしているね」とボランティアについて考えを深めていった。

　そして，自分はどうしたらよいのか「選択・判断」する。児童のひとりは「休みの日に，進んで作業をしている人がいるなんて驚いた。でも，そういう活動が積み重なって，高度浄水処理もいらないきれいな水が生み出されていたんだ。大人になったら休みの使い方も考えてみたい」「わたしは水道水の出しっぱなしや無駄について考えてみたい。東京の水道はたくさんの人の力で維持されていることがわかったから，もっと大切に使いたい」と自分の考えをもつことができた。自分ができることについて考えるようになっていった。

　児童らは，毎日使用している水道水の確保には，東京都水道局の働きがあるとともに，市民の主体的な社会参画があることを突き止めた。

4　実践するにあたっての留意点
──選択・判断する学習

　第4学年の学習では，問題解決的な学習を行い，児童が実際に調査したり，これまで児童がもっていた認識を揺さぶったりすることで学習意欲を高めていくことが肝要である。揺さぶるためには，既習とは違った立場や見方の学習が必要になる。同じ教材を複数の立場で見つめる多面的な見方や考え方の育成が図れる。社会事象への理解が深まるとともに，児童にどのようにすべきなのだろうかという考えをもたせやすくなる。

　また，自分ができることを考えたり，選択・判断したりする学習は，「人々の健康や生活環境を支える事業」「自然災害から人々を守る活動」「県内の伝統や文化，先人の働き」の3つの単元で記されている。第4学年ならではの学習といえるだろう。児童に主体的に社会にかかわろうとする資質・能力の基礎を育成するために，「選択・判断」する場面を積極的につくり，単元を構成していくことが望まれる。

第**8**章　初等社会科教育の実践②

Exercise

① 新学習指導要領における問題解決的な学習の過程はどのように示されているか調べてみよう。また，各過程ではどのような学習を構成したらよいのか考えを述べてみよう。

② 新学習指導要領の「思考力，判断力，表現力等」の育成にあたって，「選択・判断」することが記されているが，第4学年においてはどの単元で示されているか調べてみよう。また，自分が授業で行うならばどのような実践を行うのかの考えを述べてみよう。

📖次への一冊

片上宗二『社会科授業の改革と展望――「中間項の理論」を提唱する』明治図書出版，1985年。

　　インターネットの発達によって誰でも情報を得やすくなった今日。教師と児童の情報格差を利用した資料提示や一時間で学習問題を作ることが難しくなった。そのなかで片上は，わかることとわからないことを繰り返して，教材と児童の思考の往復運動を利用した問題解決を提唱する。

唐木清志『子供の社会参加と社会科教育――日本型サービスラーニングの構想』東洋館出版社，2008年。

　　社会科の本質につながる社会参加を提案し，プロジェクト型の学習を示している。そのなかでも，提案・参加の学習の有効性と実践例をわかりやすく学ぶことができる。

筑波大学附属小学校社会科教育研究部『筑波発　社会を考えて創る子どもを育てる社会科授業』東洋館出版社，2015年。

　　筑波大学附属小学校の教師4名が「よりよく考えて，よりよい社会を創る子ども」をテーマに，それぞれの実践例を紹介する。指導者によって指導の違いがわかり，社会科の多様性を学ぶことができる。

由井薗健・粕谷昌良『子供の追究力を高める教材＆発問モデル』明治図書出版，2017年。

　　児童を夢中にさせる教材と発問モデルが50も掲載されている。5つの観点から誰もがすぐに使える教材と発問を学ぶことができる。

粕谷昌良『資質・能力を育成する社会科授業モデル』学事出版，2017年。

　　学習指導要領と実際の授業をつなぐ手立てを解説している。問題解決的な学習展開に沿って具体的な授業場面をわかりやすく示している。

引用・参考文献

佐藤啓二『売れ続ける理由』ダイヤモンド社，2010年。

文部科学省「小学校学習指導要領解説社会編」2017年6月。

第9章
初等社会科教育の実践③
——第5学年／産業——

〈この章のポイント〉

　第5学年に位置づけられた産業学習では，日本の第一次産業，第二次産業，第三次産業の現状を具体的に理解することにとどまらず，将来の日本の産業のあり方を構想することを目指して，実践されるものである。本章では，産業学習の具体的な実践として，第一次産業である漁業生産の授業実践を紹介する。日本の水産業の現状を理解するにとどまらず，現在課題になっている水産資源の確保のあり方について，どうあるべきか構想する実践である。児童の発言内容や考察内容を示し，社会科における主体的・対話的で深い学びの実現に向けた授業づくりのポイントも説明する。

1　社会科学習で大切にしたいこと——産業学習の役割

　初等社会科第5学年の産業学習では，伝統的に3つの産業を取り上げる。その3つとは，第一次産業から第三次産業である。3つの産業の様子を通して，生産に携わる人々の「工夫や努力」を具体的に理解する。そして，これからの日本を支える産業の持続的な発展を担う児童を育てる役割を担う。

　各産業の具体的な学習対象は，次のとおりである。

　第一次産業は食料生産である。稲作の学習は必修であり，ほかに野菜，果物，畜産物，水産物などのなかから一つ取り上げ学習する。

　第二次産業では，日本の工業生産を学ぶ。工業の盛んな地域の具体例として，金属工業，機械工業，化学工業，食料品工業などのなかから一つ取り上げ学習する。

　第三次産業では，産業と情報の関わりを学ぶ。放送，新聞などの産業は，どちらか一つを取り上げて学習する。情報や情報技術を活用して発展している販売，運輸，観光，医療，福祉などにかかわる産業から一つ選択し学習する。

　産業の様相は，人々のニーズや技術革新とともに日々変化している。日本国内だけでなく，海外との関わりも広く深くなってきている。

　今現在展開されている，産業の様子，例えば，生産量や生産地の分布，作業工程を理解するだけにとどまらず，産業に従事する人々の工夫や努力，変化の様子をも捉え，産業の持続的な発展について構想できる児童を育てることを意識した産業学習が大切である。

第Ⅱ部　初等社会科教育の実践

外国との関係も視野に入れた，現在の産業の姿を理解し，これからの日本を
支える産業のあるべき姿を構想する産業学習が求められている。

2　新学習指導要領における産業学習の位置づけ

平成29年3月に新しい学習指導要領が公示された。第5学年の社会の目標は
次のように示されている。

▷1　文部科学省は小学校
の新学習指導要領（社会）
を平成29年3月22日に公表
した。新学習指導要領には
第5学年の「目標」が明記
されている。

1　目　標

社会的事象の見方・考え方を働かせ，学習の問題を追究・解決する活動を通して，
次のとおり資質・能力を育成することを目指す。

(1)我が国の国土の地理的環境の特色や産業の現状，社会の情報化と産業の関わりにつ
いて，国民生活との関連を踏まえて理解するとともに，地図帳や地球儀，統計など
の各種の基礎的資料を通して，情報を適切に調べまとめる技能を身に付けるように
する。

(2)社会的事象の特色や相互の関連，意味を多角的に考える力，社会に見られる課題を
把握して，その解決に向けて社会への関わり方を選択・判断する力，考えたことや
選択・判断したことを説明したり，それらを基に議論したりする力を養う。

(3)社会的事象について，主体的に学習の問題を解決しようとする態度や，よりよい社
会を考え学習したことを社会生活に生かそうとする態度を養うとともに，多角的な
思考や理解を通して，我が国の国土に対する愛情，我が国の産業の発展を願い我が
国の将来を担う国民としての自覚を養う。

2　内　容

▷2　小学校の新学習指導
要領（社会）には，学年の
「目標」の他，「内容」や「内
容の取扱い」が示されている。

第5学年で扱う内容は，5つある。

5学年の内容は，我が国の国土や産業に関わって，次の五つの項目から構成されて
いる（なお，丸数字は主として区分される番号を示している。）

(1)我が国の国土の様子と国民生活・・・・・・・①

(2)我が国の農業や水産業における食料生産・・・③

(3)我が国の工業生産・・・・・・・・・・・・・③

(4)我が国の産業と情報との関わり・・・・・・③

(5)我が国の国土の自然環境と国民生活との関連・①及び③

第5学年では，これらの内容を取り上げ，我が国の国土と産業の様子や特色を総合
的に理解できるようにするとともに，我が国の国土に対する愛情，我が国の産業の発
展を願い我が国の将来を担う国民としての自覚を養うようにする。

第**9**章　初等社会科教育の実践③

3　学習指導案と授業実践の概要

［1］　単元の概要

①　単元名

　私たちのくらしを支える漁業—天然ものか養殖ものか—

②　単元について

　水産大国といわれていた日本であるが，1975年以前は100％あった魚介類自給率は，現在では53％になっている。食料全体の自給率が40％であることを考えると少しは高いといえるが，1975年以降急落した魚介類自給率は，この20年間低水準で推移している。近年は，消費減，輸出増，輸入減で自給率は若干上がってはいるが，低水準の状況は変わらない。

　漁業別の生産量の変化をみると，生産量が一番多い沖合漁業では，1985年をピークに現在まで減り続けている。遠洋漁業も同様で1970年を境に減り続けている。日本は1977（昭和52）年に200海里漁業専管水域を設定したが，その後漁獲高は激減している。沿岸漁業も同様に1985年をピークに緩やかに減り続けている。唯一，養殖漁業のみが近年まで増加し続けている。最近は消費量が減ったこともあり頭打ちであるが養殖漁業への期待が高まっている。

　本単元では，将来の日本の漁業についてどうあるべきか思考・判断する社会科学習を提案する。

　具体的には，まずはじめにわが国の主な漁業の盛んな地域の分布や漁業別生産量や外国からの輸入量を理解する。次に，漁業生産に従事している人々の工夫や努力，生産地と消費地を結ぶ運輸などの働きについて理解を深める。最後に，日本の食料確保としてのこれからの漁業のあり方について考える学習を構想している。

　展開する本時は，養殖漁業の意義について考えるための話し合いとして，「天然もののブリと養殖もののブリ，どちらを買うべきか」という論題を提示し，比較，判断する話し合いを行う。話し合いを通して，養殖ものがあるのになぜ天然ものが売れているのか，養殖漁業のよさや問題点，同様に沿岸の漁業のよさや問題点を踏まえ，消費者はどちらの魚を購入すべきかを判断させたい。それらの活動を通して，これからの日本の漁業のあり方について考えようとする意識を児童に身につけさせたいと考えている。

▷3　ブリの天然ものと養殖ものの割合は，国内天然39％，国内養殖61％となっている（水産庁のホームページに平成24年の調査結果が公表されている。国内流通における養殖と天然の割合のデータを参考にした）。

③　単元のねらい

○わが国の水産業に関心をもち，水産業が自然環境を生かして営まれ国民の食生活を支えていることや，水産物には外国から輸入しているものがあること，

主な漁場の分布，水産業に従事している人々の工夫や努力，生産地と消費地を結ぶ運輸の働きなどを理解するとともに，国民生活を支える水産業の発展について考えようとする。

○わが国の水産業の様子から学習問題を見出し，地図や地球儀，統計などの資料を活用するなどして調べたことを白地図や作品にまとめるとともに，水産業の様子と自然環境や国民生活とを関連づけて思考・判断したことを適切に表現する。

④　指導計画（8時間）

第1次　普段食べる魚の種類や産地を調べる ………………………………… 2時間

第2次　漁業の盛んな地域や漁業別漁獲高，魚の種類や漁法などを調べる
　　　　………………………………………………………………………… 2時間

第3次　産地から消費地までどのように魚が運ばれるかを調べる ……… 2時間

第4次　天然ものと養殖もののどちらを買うべきかを考える … 1時間（本時）

第5次　これからの日本の漁業について考える ………………………… 1時間

2　本時の指導

○ねらい

　天然もののブリと養殖もののブリを比較することを通して，養殖漁業や沿岸漁業のよさと問題点を理解し，今後の漁業のあり方について考えることができる。

○展　　開

主な学習活動と内容	指導上の留意点
1　ブリには天然ものと養殖ものが売られていることを確認する	○店で売られているものには天然ものと養殖ものがあることに気づかせる
天然もののブリと養殖もののブリ，どちらを買うとよいか	○市場には天然ものと養殖ものの両方とも出回っていることを確認する
2　考えと根拠をノートに書く	○各自の考えの根拠を明確にさせる。意
3　天然ものがよいと思う意見について，事実を根拠にして主張する	見の違いに着目し，話し合いを進める
・味や形がよい	○養殖漁業や沿岸漁業のよさや問題点を
・体の張りがよい	根拠にして話し合わせることで，双方
4　養殖ものがよいと思う意見について，事実を根拠にして主張する	の利点や問題点を整理する
・安定して獲れる	
5　納得いかない点を質問する	
・将来性は	
・費用の面では	
・味は	
6　話し合いを振り返って，考えをまとめる	○話し合いを振り返り，日本の漁業のあり方について考えをまとめさせる
・養殖漁業は持続可能な漁業だ	

・天然のよさを養殖に生かす技術の開発が 　必要である	

[3]　指導のポイント

○児童に判断させることで「主体的・対話的で深い学び」が成立する[4]

　本単元では，将来の日本の漁業について考えを深めるために判断する活動を取り入れた社会科学習である。この社会科学習では，児童一人ひとりが素朴に感じるよい，わるいという感覚，つまり児童なりの価値判断を大切に扱い，意見交換をする話し合いを通して，児童の価値判断を独りよがりではない，社会的な価値判断に育てていくことをねらいとしている。

　具体的には，単元を通して，わが国の主な漁業の盛んな地域の分布や漁業別生産量や外国からの輸入量を理解することや漁業生産に従事している人々の工夫や努力，生産地と消費地を結ぶ運輸などの働きについて理解を深め，最後に，日本の食料確保としてのこれからの漁業のあり方について考える学習である。

　実践を詳細に紹介する本時は，養殖漁業の意義について考えるための話し合いとして，「天然もののブリと養殖もののブリ，どちらを買うべきか」という論題を提示し，比較，判断する話し合いである。話し合いを通して，養殖ものがあるのになぜ天然ものが売られているのか，養殖漁業のよさや問題点，同様に沿岸の漁業のよさや問題点を踏まえ，消費者はどちらの魚を購入すべきかを判断させる。

　それらの活動を通して，これからの日本の漁業のあり方について考えようとする意識を児童に身につけさせたいと考えている。

　その具現化の指導のポイントとして，A〜Eの5つのポイントを示す。ただ，「話し合いなさい」と言っても児童は対話ができない。次の5つの指導が主体的・対話的な深い学び成立の鍵となる。

〈A．共通の体験活動〉

　「天然もののブリと養殖もののブリ，どちらを買うとよいか」と問う場合には，天然ものと養殖もののブリが販売されていることを学級の児童全員が理解している必要がある。

　話し合いの導入では，第1次の学習で行った「普段食べる魚の種類や産地調べ」の活動を振り返り，ブリに着目させることから始めるとよい。あるいは，教師が，天然ものと養殖もののブリを用意し，児童に見せたり，試食させたりするとよい。振り返りや試食観察活動など学級の児童が共通の体験を通して，ブリには天然ものと養殖ものがあることを学級の児童全員に理解させておくこ

▷4　「主体的・対話的で深い学び」の成立のためには，価値判断や意思決定を取り入れた学習が大切だと考えている。そのための手立てとしての「共通の体験」を踏まえた「意見の分かれる論題」の設定が大切だと考えている。「共通の体験」とは，話し合いを行う前に，児童に話し合いの土俵に乗るための知識を与えておくことである。学級の児童全員で見学や調査など共通の体験をすることを意味している。文献調査や視聴資料映像を見ることなども含めている。価値判断や意思決定を取り入れた学習の詳細は，引用・参考文献に記した『社会を考えて創る子どもを育てる社会科授業』を参照してほしい。

とが大切である。

〈B. 判断がわかれる学習問題づくり〉

共通の体験の後に「天然もののブリと養殖もののブリ，どちらを買うとよいか」を問う。意見が分かれれば，どちらを買うべきかの話し合いが活性化する。半々に意見が分かれることが大切であるが，数に大きな差が見られた場合は，教師が少数派の立場にたち手助けをするとよい。万が一，全員が一方に偏ってしまった場合は，教師自身が「先生は，こういう理由で，こちらだと思う」と児童全員を相手に反論することが必要になる。

〈C. 話し合いのための準備，場づくりと根拠の整理〉

机の向きを変えるだけで，児童は話し合いをしたくなる。天然や養殖の意見ごとにグループをつくり，例えば，右側に天然もの，左側は養殖ものを買いたいと思う児童を並べるとよい。

話し合いの前に，自分の考えを画用紙にまとめ，自分の意見とその理由を明確にさせるとよい。そのことで，印象や思いつきで発言する児童が少なくなり，根拠をもとにした話し合いができるようになる。

天然ものがよいと思う理由，養殖ものがよいと思う理由について社会的事象を根拠に示すことが大切になる。例えば，次のような理由が考えられる。

○天然ものがよいと思う理由

・旬の味が楽しめる。

・脂が少なく身が締まっている。

・大きくなるまで，餌代を払う必要がない。

・色や形がよい。傷が少ない。

・食べたらおいしい。

・自然の餌なので安心だし無料。

○養殖ものがよいと思う児童

・一年中，食べることができる。

・餌をチェックしているので，安全な魚が育つ。

・魚が絶滅することを防ぐ。

・餌にフルーツを加えて，フルーツ味の魚を育てて，天然ものとは違う味を楽しめる。

・ほしい魚を大量に育てることができる。

・出荷がすぐできて新鮮である。

・養殖業の収入が安定している。

・餌が余らないので，環境によい。

・養殖業の人は働く時間が一定。

・技術革新していて味もよくなっている。

第9章　初等社会科教育の実践③

・沖合などは環境の変化で減っているが，養殖業は増えている。

〈D．意見交換〉

　双方の意見の理由を聞いた後，納得のいかない点について，質問をし，意見交換をする。

・養殖の魚は狭いところで育てられるので，ストレスがたまる。

・運動不足で脂だらけになる。

・脂がのっているからおいしいという人もいる。

・天然ものの魚は，汚染されている餌を食べているかもしれない。何を食べているかわからない魚は安全面で心配。

・養殖の魚もイワシなどで，結局は天然ものの魚を（餌として）与えている。心配したらきりがない。

・ウナギや黒マグロのように絶滅しそうな魚は養殖して増やさないといけない。天然だけだと世界中の人々が獲ろうとして絶滅してしまう心配がある。

・フルーツ味の魚を養殖しているという話は，本来の魚の味と違ってしまう。よくない。

・一匹の病気で，すべての魚が出荷できなくなる危険性がある。

・毎日，生簀のお世話をしている。

〈E．話し合い時のノートづくり〉

　話し合いの際には，話し合った内容をノートに記入させることが大事である。話し合いの様子をノートに記すことで，授業後に自分の考えを深めることができるようになる。ノートの書き方は，天然と養殖の意見を併記し話し合いの様子が一目でわかるように記すとよい。話し合いの様子を記したノートを振り返り，双方のよい点，わるい点を総合的に概観し，最終の判断結果をノートに書かせるようにする。

4　指導の評価

　話し合いを通して，天然や養殖のメリット，デメリットを理解することができたか，また，双方の欠点や利点を踏まえて総合的に判断した自分なりの結論をもつことができたか，をノートの記述から評価する。

　判断は，今いる集団のなかの議論を通して下されたもので，状況が変われば判断も変わることを教師は意識しておく必要がある。

　指導の評価としては，知識理解の確認であれば，テストを作成し，知識の正確さを点数化すればよい。ただし，社会的な見方や考え方が育まれているか否かを評価するのは難しい。ここでは，思考・判断した結果を意見文として記述させ，その意見文を通して評価することにする。

　では，意見文をどのように評価していくとよいのか。3つの視点から評価す

91

るとよい。

① 社会的事象を根拠として意見を述べているか評価する。

　結論は，天然でも養殖でもよい。事実をもとに自分の論を展開できているか，根拠をもとに意見を述べる論理力を評価する。

② メリット・デメリットを認識して評価する。

　社会的事象には，よい面もあれば好ましくない点もある。自分の都合だけで一面的に社会的事象を把握するのではなく，多面的に把握することが大切である。よい面と好ましくない点，長所短所を踏まえたうえで，意見を述べているか否かを評価する。多面的に物事をみているかを評価したい。

③ 友だちの意見を参考にしているかを評価する。

　学級の仲間と主体的に対話して，自分の考えを深めたとすれば，友だちとの関わりが意見に大きく影響していることが予想できる。友だちの意見に安易に賛成する必要はないが，他者の意見を聴いたうえで，自分の考えを見なおし，より深いものにしていく姿勢が大切である。意見文のなかに，他者との関わりが現れているか否かも評価の観点として，位置づけたい。

　以上，3つの観点から意見文をもとに指導の評価としたい。

　授業後の，児童の作文を紹介する。

　私は，養殖を食べた方がよいと思います。養殖は数が安定してとれるのでたくさんの人に買ってもらえる。それに，昔，養殖ものは身が引き締まっておらず天然ものの方がおいしいと言われていたけど，今は養殖の技術が発達して天然ものとあまり味が変わらなくなっているからです。天然ものの魚は海のプランクトンを餌にしているので何を食べているのかわからなくて不安だけど，養殖ものの魚は人間が与えている餌を食べているから安心して食べることができる。私はこの3つの理由で養殖ものを食べた方がよいと思います。私はS君の意見に反対です。なぜなら自然の餌とM君は言っていたけど，さっきも言ったように自然の餌の中にはよいものもいっぱいあると思うけど，天然ものの魚は何を食べているかわからないから不安になるのです。あと，天然ものの意見で確かにそうだなと思ったことがあります。それは，H君の大きくなるまで費用がかからないということです。確かに天然ものは養殖のように育てていないから餌代などの費用がかからないので確かにそうだと思いました。（略）

　ぼくはやっぱり天然の方がよいと思います。養殖は脂がのっていてトロトロが度を過ぎていておいしくありません。天然ものがよい理由の一つ目は人間の健康です。人間が与える餌よりも，魚が自分で健康に良い餌を選んで食べている魚の方が，衛生面でも栄養面でもよいと思います。2つ目は天然は海で泳いでいるので筋肉がしっかりしていて身が締まっているけど，養殖のブリは狭い生簀で餌だけを与えられているので，とっても脂が多いです。3つ目は旬についてです。ブリみたいな魚や野菜はそれぞれの時期に獲った方がおいしくなる時期があります。それを無視して食べるよりは，おいしい時期においしく食べるほうがよいです。4つ目は環境です。魚は100％餌を残さずに食べるとは限りません。では，その残った餌はどうなるのでしょうか。海が

第9章　初等社会科教育の実践③

汚れてしまいます。さらに，餌がかびになって，狭い生簀の中で一匹でも魚が病気になったら，すぐにほかの魚に病気が感染し，全滅してしまいます。これは，みんなの海を汚す＋自分たちの給料が減るという大きなデメリットになります。5つ目は費用のことです。生簀を作るのには莫大な費用が必要です。これらが天然賛成の理由です。

　次は養殖の意見に賛成したことを書きます。養殖の一つ目はMさんが言っていた海外に日本の技術を伝えるということです。2つ目はD君が言った天然ものだけだと魚が不足してしまうということです。天然だと漁獲量は獲れた日もあれば，あまり獲れなかった日もあると思います。そのときのために養殖があるとよいと思います。3つ目は収入が安定しているということです。これは，獲りたいときに獲りたい分だけ獲れるという養殖ならではの技術だと思います。

　このように，天然の方が環境などにはやさしいけれど，お財布にやさしいのは養殖なので迷ってしまうかもしれない。でも，お財布よりも環境の方が大切なので，やっぱり天然の方がよいと思います。

4　実践するにあたっての留意点

① 産業の現状を捉える

　産業の様子は日々変化している。そのため，産業学習においては，最新の資料を基に産業の様子を把握する必要がある。そのために，統計資料やグラフ，地図の読図能力は，徹底して児童につけておく必要がある。

　統計グラフにおいては，地図帳に含まれているが，できれば毎年発行されている統計資料や資料集を活用したい。教科書や地図帳は毎年発行されていない点に注意が必要である。

　どのような産業が，どのくらい生産されているのか，生産量や額を把握する。また，そのような産業がどこで盛んに行われているのか，分布を空間的に捉えることが，産業学習の第一歩である。

② 生産に携わる人の，利益を上げるための工夫や努力を理解する

　統計資料で，産業の概観を理解したら，生産に従事する人々の姿を追究したい。そのためには，できるだけ見学を取り入れ，産業にかかわる人の声を聞くようにする。利益を上げるための工夫や努力，あるいは，苦労も聞き，産業に携わる人々の取り組みを具体的に理解させる。

③ 産業とわれわれの生活がどのように結びついているかを考えさせる

　産業が私たちに及ぼす影響や今後の産業のあり方について，児童に考えさせたい。現状の課題を把握し，どのようにしたら，持続可能な産業となるのか，児童に話し合いをさせ，考えさせたい。

　大人が考えてもすぐには解決しない課題であっても，児童なりに，精いっぱい考えることは，これからの社会を形成する児童にとって有意義な学びにな

る。産業の現状を知る，産業に携わる人々の生き方を理解するだけで終わらず，これから，どうすべきか，どのようなことが大切なのか，構想することが重要である。そのためには，学習のまとめとして，自分たちにできそうなことを選択や判断をさせたり，自分たちにできないことにおいても，こうしたらよいのではないかという構想をもたせたりすることが大切である。まとめとして，事実を羅列する新聞づくりはやめて，今後どのようにしたらよいのか，どうすべきか，など構想したことを意見文としてまとめさせることが有意義である。

Exercise

① 産業学習においては，3つの産業を第5学年で学ぶ。その3つとは何か述べてみよう。

② 産業学習においては，現状の理解が大切になる。そのためには，どのような資料を児童に与えればよいか考えてみよう。

③ 産業学習において，現状を把握するだけに終わらない，子どもが産業の将来を構想できるような未来志向の産業学習にするためには，どのような学習が必要か端的にまとめてみよう。

📖次への一冊

今谷順重編『小学校社会科 新しい問題解決学習の授業展開』ミネルヴァ書房，1991年。
　　社会変化への合理的意思決定能力を育てる授業が掲載されている。「水産資源を増やす」実践は参考になる。
岩田一彦編『小学校産業学習の理論と授業』東京書籍，1992年。
　　産業学習の理論や産業学習の授業設計と実践が記されている。
梅澤真一他『「深い学び」をうむ授業づくりの極意』東洋館出版社，2017年。
　　実践例として，「ぶりを食べるのに天然ものがよいか養殖ものがよいか」を紹介している。本章で事例としてあげた実践の詳細がわかる。

引用・参考文献

梅澤真一ほか『「深い学び」をうむ授業づくりの極意』東洋館出版社，2017年。
筑波大学附属小学校社会科部『社会を考えて創る子どもを育てる社会科授業——「知る・わかる」社会科から「考え・創る」社会科へ』東洋館出版社，2015年。
文部科学省「小学校学習指導要領解説社会科編」2017年9月。

第10章
初等社会科教育の実践④
——第5学年／国土——

〈この章のポイント〉

　第5学年に位置づけられた国土に関する学習は，国土の地形や地名，気候区分などを，単なる名称として覚えればよいというものではない。例えば，人々のくらしや産業など，他の社会的事象とのかかわりを通して，その特色を学ぶことが重要になってくる。そこで，本章では，地震や津波，風水害，土砂災害，雪害などのさまざまな自然災害が起こりやすいわが国の国土の特色と関連性が高い「防災」に関する第5学年の授業実践を紹介する。さらに，避難所の判断，避難者としての判断を具体的な教材として，価値判断型の実践についても説明する。

1　社会科学習で大切にしたいこと——防災学習の意義

［1］　第5学年社会科の特徴

　第5学年の社会科の大きな特徴は，国土について学習していくことにある。したがって，以下の2つの視点が広がっていくことになる。

　第一に，地形的な特色についての視点である。第4学年までに，地図記号やイラストを活用した地域マップ作りなど，地域に目を向けて学習してきたが，第5学年では，国土に広がる山地や平地などの位置や特色，気候的な特色について学習していくことが重要になってくる。

　第二に，人の働きについての視点である。第4学年までに，お店で働く人やごみ処理場で働く人など，地域の人に目を向けて学習してきたが，第5学年では，国や都道府県，市区町村の行政など，より大きな公的機関の働きにも目を向けて学習することが重要になってくる。

　防災学習は，このような視点の広がりに対応している学習であるといえる。

［2］　国土の地形的特色，気候的特色を学ぶことができる防災学習

　防災学習は，そもそも自然災害が多いわが国の地形的特色，気候的特色を踏まえ進められるものである。災害について学習する際，日本は海に囲まれた海洋国家であるということ，山地が国土の4分の3を占めていること，可住地である平地が少ないこと，さらに，季節風や台風の影響を受けていることなどに

▷1　**第4学年までの学習**
第3学年では，身近なスーパーマーケットや消防署などを，第4学年では，都道府県の特色を学んでいる。シークエンスに基づく。

▷2　**第5学年における学習**
児童の意欲喚起と，概観することを重視し，網羅的な知識の詰め込みにならないように留意する必要がある。

第Ⅱ部　初等社会科教育の実践

ついて扱っていくことは必要不可欠である。

　国土について学ぶことができ，児童の視野を広げることができるという点から，第5学年において防災学習を行うことは意義があるといえよう。

３　公的機関の人の働きを学ぶことができる防災学習

　防災学習は，防災にあたる主体の違いから，自助，共助，公助の3つにまとめられる。自助とは，自分の命を自分で守ることである。共助とは，社会で共に助け合うことである。公助とは，公的機関が防災対策を行うことである。

　つまり，防災学習の射程は，公的機関である国や都道府県，市区町村の行政による防災のためのまちづくり・くにづくりの学習まで捉えたものなのである。[43]

　防災のための公的な機関の働きや工夫を学習していくことができ，学習者の視野を広げることができるという点からも，防災学習は意義があるといえよう。

４　価値判断学習としての防災学習

　価値判断学習とは，学習した知識を基にしながら，多くの人の生活や行動にかかわる社会論争問題などについて，「どうすべきか」を判断していく学習である。[44]

　防災学習は，「災害が発生した際，被害を少なくするにはどうすべきか」を学ぶ学習である。公助に関して述べるならば，どのような防災施設をどこまで設置するかを議論し，判断していくことになる。事実に基づいた知識を基に，多様な考えを交流のなかで対話していくことになるのである。

　つまり，単なる知識の獲得にとどまるものではなく，判断力の育成もできる学習であるという点からも，防災学習は意義があるといえよう。

2　新学習指導要領における防災学習の位置づけ

１　第5学年社会科の目標

　3つの資質・能力の育成を目指し，第5学年社会科の目標は，大きく3つにまとめられた（以下，下線は筆者による）。[45]

> (1)　我が国の国土の地理的環境の特色や産業の現状，社会の情報化と産業の関わりについて，国民生活との関連を踏まえて理解するとともに，地図帳や地球儀，統計などの各種の基礎的資料を通して，情報を適切に調べまとめる技能を身に付けるようにする。

　(1)の記述からは，国土の地形的特色，気候的特色の学習を踏まえて展開される防災学習の意義を確認することができる。防災学習を進めるにあたって児童

▷3　防災のためのまちづくり
第5学年の「低い土地にくらす人々の生活」においても紹介されている。まちやくにをつくる視点の重要性については，藤井・唐木（2015）が詳しい。

▷4　価値判断学習
学習者が価値を自覚しながら学習していく授業については，小原（1975）以降，多くの研究が積み重ねられている。公民的資質の形成に大きくかかわるものであるといえよう。

▷5　3つの資質・能力
学校教育法第30条第2項の「知識及び技能」「思考力，判断力，表現力その他の能力」「主体的に学習に取り組む態度」という3つの学力の要素，海外のカリキュラムの「知識に関するもの」「スキルに関するもの」「情意（人間性）に関するもの」等の3つを基本として，生きて働く「知識・技能」の習得，未知の状況にも対応できる「思考力・判断力・表現力」の育成，学びを人生や社会に生かそうとする「学びに向かう力・人間性等」の涵養の3つの柱を打ち出した。

は，日本の河川の特徴や，台風や季節風の働きを調べていくことになるが，このことは，新学習指導要領に示された目標に合致するものであることがわかる。

> (2) 社会的事象の特色や相互の関連，意味を多角的に考える力，社会に見られる課題を把握して，その解決に向けて社会への関わり方を選択・判断する力，考えたことや選択・判断したことを説明したり，それらを基に議論したりする力を養う。

(2)の記述からは，学習した知識を基にしながら，多くの人の生活や行動にかかわる社会論争問題などについて，「どうすべきか」を判断していく価値判断学習としての防災学習の意義を確認できる。防災学習を進めるにあたって児童は，「被害を少なくするにはどうすべきか」，個人，集団，社会などさまざまな視点から判断していくことになるが，このことは，新学習指導要領に示された目標に合致するものであることがわかる。

> (3) 社会的事象について，主体的に学習の問題を解決しようとする態度や，よりよい社会を考え学習したことを社会生活に生かそうとする態度を養うとともに，多角的な思考や理解を通して，我が国の国土に対する愛情，我が国の産業の発展を願い我が国の将来を担う国民としての自覚を養う。

(3)の記述からは，主体的な市民としての自覚の育成を目指す防災学習の意義を確認することができる。防災学習を進めるにあたって児童は，防災とは他人事ではなく，自分たち，つまり自分自身にかかわる問題にほかならないことを確認し，自分に何ができるか考えていくことになるが，このことは，新学習指導要領に示された目標に合致するものであることがわかる。

2 第5学年社会科の内容，内容の取扱い

「2　内容(5)ア(ア)」，「知識及び技能」の観点からは，「自然災害は国土の自然条件などと関連して発生していることや，自然災害から国土を保全し国民生活を守るために国や県などが様々な対策や事業を進めていることを理解すること」が示されている。「2　内容(5)イ(ア)」，「思考力，判断力，表現力等」の観点からは，「災害の種類や発生の位置や時期，防災対策などに着目して，国土の自然災害の状況を捉え，自然条件との関連を考え，表現すること」が示されている。「3　内容の取扱い(5)ア」では，自然災害を「地震災害，津波災害，風水害，火山災害，雪害などを取り上げること」が示され，自然災害とその対策を重視している。

以上のような具体的な内容およびその取扱いの記述からは，防災学習の重要性の高さを指摘することができる。

第Ⅱ部　初等社会科教育の実践

3 「総合的な学習の時間」「高等学校地理総合」と学習指導要領との関わり

社会科に加え，小学校の新学習指導要領にも，「総合的な学習の時間」のなかに防災に関する記述が見られる。カリキュラム・マネジメントの視点から，社会科と「総合的な学習の時間」との連携を考えていくことの重要性は高い。

また，高等学校地理総合においても，その実施に向けて「防災と持続可能な社会の構築」という大項目を設けた構成が検討，報告されている（「社会・地理歴史・公民ワーキンググループにおける審議の取りまとめについて（報告）」平成28年8月26日）。初等教育における防災学習も，大きな系統性のなかに位置づくものであり，中学校，高等学校における学習を踏まえて実践を設計していくことは重要である。

3　学習指導案と授業実践の概要

1 単元計画「めざせ！防災マスター！」[7]

大きく2つの小単元からなる授業実践例を示す。

次	配当時間	小単元	学習活動と内容	資料[8]
1	1時間	日本はどんな国？	災害が起こりやすい日本の国土について，資料をもとに学習し，防災の重要性について確認する。	(1)(2)
2	1時間	防災チャレンジ〜あなたならどうする？〜	自助について学習する。災害が起きた際にどのように身を守るべきか考え，よりよい行動について知る。	(2)
	4時間		共助について学習する。避難所ではどのようなことを配慮するべきか考え，よりよい判断について知る。	(2)(3)
	3時間		公助について学習する。防災施設をどこに設置するべきか考え，まちづくりの視点について知る。	(2)(4)
	1時間（オープンエンド）		自分たちのまちの防災施設を検討し，提案をする。	(2)(5)

資料：(1)大石久和「第8回土木と学校教育フォーラム アクティブラーニングを活用した防災まちづくり・くにづくり学習」発表資料，2016年，(2)土木学会・教育企画人材育成委員会・土木と学校教育会議検討小委員会「防災まちづくり・くにづくり学習」副読本検討ワーキング『「防災まちづくり・くにづくり」を考える』2016年，(3)つくば市立吾妻小学校PTA「東日本大震災における小学校の対応」2014年，(4)国土交通省ホームページ「児童88人を救った避難階段（小本小学校の避難経路）」（www.mlit.go.jp/road/koka11/pdf/8-1.pdf），(5)吾妻小学校PTA「防災マップ」『吾妻小防災大辞典』2014年（http://www.azuma-pta.com/2015/03/post-148/）。

図10-1　「めざせ！防災マスター！」の単元計画

▷6　系統性
アメリカのK-12（幼稚園から12学年，つまり日本の高等学校第3学年）のように到達目標から逆向きに学習を設計していくことは重要である。近年の小中一貫教育や中等教育学校など，9年間，6年間という系統性を重視した実践は全国的に増えてきている。

▷7　単元計画の工夫
教師が教育課程のなかに位置づける際，時間的に厳しい場合は，第2次の授業時数の活動を減らすなどして，調整する必要があろう。

▷8　資料(2)：副読本検討ワーキング『「防災まちづくり・くにづくり」を考える』はホームページからも手に入れることができる。資料(3)(5)：実態に応じて，実践校の記録やマップを資料として活用していくことが望ましい。ここでは，筆者の勤務校，つくば市立吾妻学園小学校の事例を示す。

第10章 初等社会科教育の実践④

　第一に，自然災害の視点から国土の特色を学習する小単元である。
　第二に，自助・共助・公助について学習する小単元である。この小単元は，自助・共助・公助の３つのまとまりで構成される。

2　教材観

　本単元では，公助に加え，自助，共助についても扱っていく。なぜなら，そもそも公助の推進や見直しは，市民一人ひとりの社会参加に基づいてなされるからである。市民一人ひとりの防災に対する意識，つまり自助と共助についての認識の高まりが基盤となり，よりよいまちづくりのためのインフラ整備や防災施設整備，設置，見直しが進められるのである。
　したがって，本単元では「おかみ」意識に基づく，公助に依存した「公助→共助→自助」という上意下達的な関係ではなく，「自助→共助→公助」という関係（図10-2）も含んだ教材を提示する。
　なお，ここでは，自助と公助の中間で機能する共助に着目していく。なぜなら，自助に偏りすぎれば，自分さえよければ何でもよいという考えによって社会が分裂しかねず，公助に偏りすぎれば，個人の意見や状況が国家などの公権力に回収されかねないからである。本単元では発展的な内容として，個人の利益最大化行動が，結局，個人の利益の減少につながる「社会的ジレンマ」という思考の枠組みを扱っているが，このような枠組みにおいても単純な二項対立ではなく，公と私の中間に位置する「共」という視点が重要になってくることはいうまでもない。
　例えば，公助に対して市民が働きかけていったものとして，津波避難用の階段を設置した岩手県岩泉町立小本小学校の事例があげられる。本事例は，避難訓練の振り返りから，避難経路を確保するための避難階段を設置するよう，小学校の児童を含む住民が町に対し

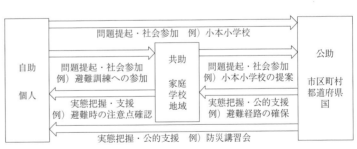

図10-2　自助・共助・公助の関係
出所：筆者作成。

て申し出たことで，実際に避難階段が設置されたというものである。これはまさに，避難訓練という「共助」の活動を通して，「公助」が開かれた事例であるといえよう。公助に依存するのではなく，主体的に公助を点検していく市民的資質の重要性が指摘できる（図10-3）。

第Ⅱ部　初等社会科教育の実践

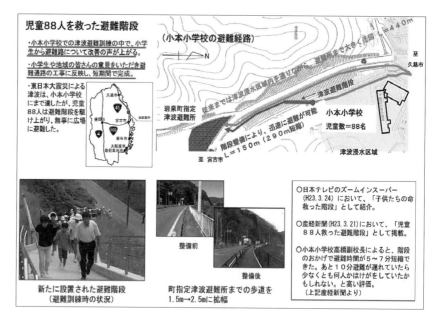

▷9　避難階段
避難経路について授業で扱う際には、地形図の白地図を用意し、避難経路を描き込ませ、どれくらい短くなったかを児童に読み取らせてもよい。

図10-3　児童88人を救った避難階段 ◁9
出所：国土交通省「児童88人を救った避難階段」『道路整備効果事例集』2011年をもとに筆者作成。

〈授業実践「防災チャレンジ」〉

時	学習内容	主な説明・指示！・発問？	児童の活動	資料
1	・振り返り	・震災後の吾妻小学校は、広域避難所として機能することになりました。その活動はどのようなものだったのか？	・東日本大震災後の小学校における避難所としての活動を振り返る。 例　トイレの貸出し。 　　宿泊所としての機能。	(2) p.11
	・課題確認	・次の状況において自分だったらどう判断する？	・判断を求められる場面について、既習事項や自分の経験から意見を構成する。	(3)
		夜になって避難所の気温が下がってきた。燃料の残りは1日分程度だ。 燃料を就寝中に使うことに賛成？　反対？		
	・価値判断	Aグループ 　80代の高齢者含む部屋名簿配付 Bグループ 　30代の健康な人の部屋名簿配付	・賛成→　高齢者や赤ちゃんがいるのだからつけておいた方がよい。夜に消したり、つけたりするのは大変だから賛成だ。 ・反対→　つけたり消したり節約して使えばよい。避難生活は1日ではないのだから使わない方がよい。反対だ。	
	・意見交流	・意見を発表しよう！ ・どうして判断が分かれたの？ 　Aグループは何を大事にしたの？ 　Bグループは何を大事にしたの？	・判断とその理由を発表する。 ・A「弱者を助ける」社会正義の観点を確認する。 ・B「灯油を節約する」資源保護の観点を確認する。	
	・留保条件確認	・もしA（B）グループのような状況であったら、暖房をつけておくのはどうですか？	・A（B）グループのような状況ならば仕方ないかもしれない。（留保条件を確認する）	
	・まとめ	・実態の分析、把握が大事です。	・実態の分析、把握の重要性を確認する。	
2	・課題確認	・次の状況において自分だったらどう判断する？	・判断を求められる場面について、既習事項や自分の経験、自分で手に入れた資料等から考える。	(2) (3)
		避難者は避難してから5時間以上何も食べていない。そこで、職員室に待機していた先生たちに食料を配ってほしいと訴え、部屋で待つことにした。 この判断に賛成？　反対？		

第10章　初等社会科教育の実践④

時	学習内容	主な説明・指示！・発問？	児童の活動	資料
2	・価値判断	・食料をどのように配るか，根拠を明らかにして，意見文を書きましょう！	・賛成→　例示された吾妻小学校は1979年に建てられた建物で，間取りが複雑になっている。 　　学校の間取りや道具など，学校のことは先生が詳しいのだから，先生が配ることに賛成だ。 ・反対→　先生だけでは手が足りないから手伝うほうがよい。反対だ。 ・意見文を作成する。	
3	・価値判断 ・意見交流 ・次時予告	・食料をどのように配るか？　根拠を明らかにして意見文を書きましょう！ （作成できた児童は発表の練習をしましょう！） ・食料をどのように配るか？　根拠を明らかにして意見文を発表しましょう！ ・次回は専門家に提案してみましょう！	・意見文を作成する。 （意見文を作成することができた児童は，発表の練習をする） ・判断を求められる場面について，既習事項や自分の経験，自分で手に入れた資料等から意見を構成し，発表する。 ・次時の見通しをもつ。	(2) (3)
4	・意見提案 ・意見吟味 ・価値確認 ・視点確認	・専門家に提案してみよう！ ※　本授業では国土交通省国土技術政策総合研究所企画部企画課防災担当の長屋和宏氏を招いた。 ・専門家に評価してもらおう！ （校内を把握している「先生」が配った方が，親切なのに）（先生は「全体の奉仕者」として働く義務があるはずなのに）先生が配ることが，なぜ問題なのだろう？ 例）食料を先生が配ろうとすると，食料の運搬だけでなく，どの部屋に何人避難者がいるのか，人数把握と仕分けも同時に行うことになり大変だ。 ・避難所としての判断で大事なことは何か，話を聞こう！ ・個人（わたし）の要望が殺到してしまうと，円滑な指揮系統（みんな）が保てなくなってしまい，結局，個人の要望も通りづらくなってしまうこと（社会的ジレンマ）を紹介する。 ・今回の事例以外にもお話を聞いてみましょう！	・理由を明らかにしながら，意見文を提案する。 ・評価を聞き，今回の場合，反対意見がよりよいことを確認する。 ・話を聞き，避難者を「お客様」状態にしないことが重要なのに，避難者を活用せず，「お客様」状態にしているから問題であることを考える。 ・「避難者はお客様ではない」という認識と「避難者をお客様にしない」という受入れ側に求められる認識が大事であることを確認する。 ・社会的ジレンマについて聞き，「わたし」と「みんな」という視点を知る。 ・専門家の先生と質疑応答などをし，メモをとる。	(2) (3)

特設授業実践「防災チャレンジ②共助」

時	学習内容	主な説明・指示！・発問？	児童の活動	資料
5	・防災キャンプ	防災キャンプをしよう！ ・テント設営　・サバイバル飯炊き ・テント泊等	・防災キャンプでの，テント設営，サバイバル飯炊き，テント泊等の耐乏体験を通して，自ら判断し協力しながら行動する大切さを学習する。	(5)

4　授業の振り返り

1　評価について

　児童が意見や作品を作成して議論をしていく価値判断型の学習は，活動だけがあって学びがない単なる活動にとどまってしまう危険性がある。このような形式主義的な活動に陥らないようにするためには，児童の学習を児童自身が，

▷10　評　価
ルーブリックを活用したパフォーマンス評価が用いられることが多い。
　松下佳代らの研究（松下佳代ほか『パフォーマンス評価・子どもの思考と表現を評価する』日本標準，2007年）の他，社会科教育では井上奈穂らの研究（井上奈穂「社会科教育におけ

第Ⅱ部　初等社会科教育の実践

る目標に対応した評価法」
『社会科研究』65，2002
年，11〜20ページ）や，「目
標達成度を明確化した態度
評価法』『社会科研究』
57，2007年，51〜60ページ
が詳しい。

▷11　タブレット学習シス
テム
ここで紹介しているのは
シャープビジネスソリュー
ションのSTUDYNETであ
る。同様の機能であれば実
践を追試することができる。

また，当然のことながら教師自身が，その都度，作成した意見を形成的に評価
していくことが重要になってくる。

　しかし，紙媒体などに記述された意見文や，議論そのものを評価していくた
めには，その記録や読み取りに時間，手間がかかるという課題がある。例え
ば，教師は児童の意見文を評価する際，紙媒体でその意見を回収することにな
るが，その保管，返却を毎時間繰り返すと，それだけで膨大な時間が費やされ
る。また，児童一人ひとりの意見の変容を見取るためには，一人ずつポート
フォリオ評価を準備し，確認していく必要がある。これは主に授業時間外に行
われることになり，教師の仕事の効率化を阻害することになる。

2　ICT機器「タブレット学習システム」の活用

　上記に述べたような課題は，ICT機器の活用によって克服していくことが
できると考える。なお，ICT機器の活用が叫ばれているが，ICT機器は，活
用することそれ自体が目的なのではない。ICT機器を活用すること「で」何
をなすかが重要である。これを踏まえたうえで，ここでは「タブレット学習シ
ステム」と呼ばれるICT機器を紹介する。なぜなら，これらを活用していく
ことで，意見の可視化，集約，記録，評価にかかる時間を効率化することができ
き，評価に貢献することができると考えるためである。

　「タブレット学習システム」とは，児童，教師の学習を一人一台のタブレッ
トで支援する学習支援システムであり，タブレットと大型モニターによって構
成される。児童が一人一台のタブレットで直感的に操作，表現したものを大型
モニターに集約したり，それらを児童が自ら吟味したりすることができるよう
になるというものである。タブレット学習システムを使った例として，2つの
具体的な機能と，その効果を以下に紹介する。

　第一に，全員の意見表明および集約である。この機能は，大型モニターへの
全員の意見集約，提示を非常に簡単に行うことができるというものである。紹
介した実践では，この機能により，児童が即座に意見を確認し，児童が中心に
なって授業・議論を進める場面が生まれていた。

　例えば，ある児童が「この作品が見たいです」などと画面をさしながら申し
出て，別の児童の意見を確認する場面が見られた。また，記述が不十分な児童
のところに行き説明をして教えあう姿も見られた。学校生活でいつも一緒にい
る友だちとの意見交流に終わるのではなく，幅広い意見交流が見られた。この
ような児童主体の話し合いが促された背景には，ICT機器の活用による児童
の相互評価の活性化があったからであると考えられる。

　第二に，授業履歴機能による児童の回答の記録である。この機能は，授業で
児童が作成した文章，作品をエクセルデータとして保存することができるとい

うものである。紹介した実践では，この機能により，教師のワークシート収集，保管などの時間的，空間的コストを大幅に削減することができた。図10－4では5名分の意見の変容を取り上げたが，同様に全員分の意見，また授業時間ごとの意見の変容を記録し，確認することができるようになっている。

　授業実践を教師自身が客観的に振り返る際に，このようなデータは非常に有効であると考える。

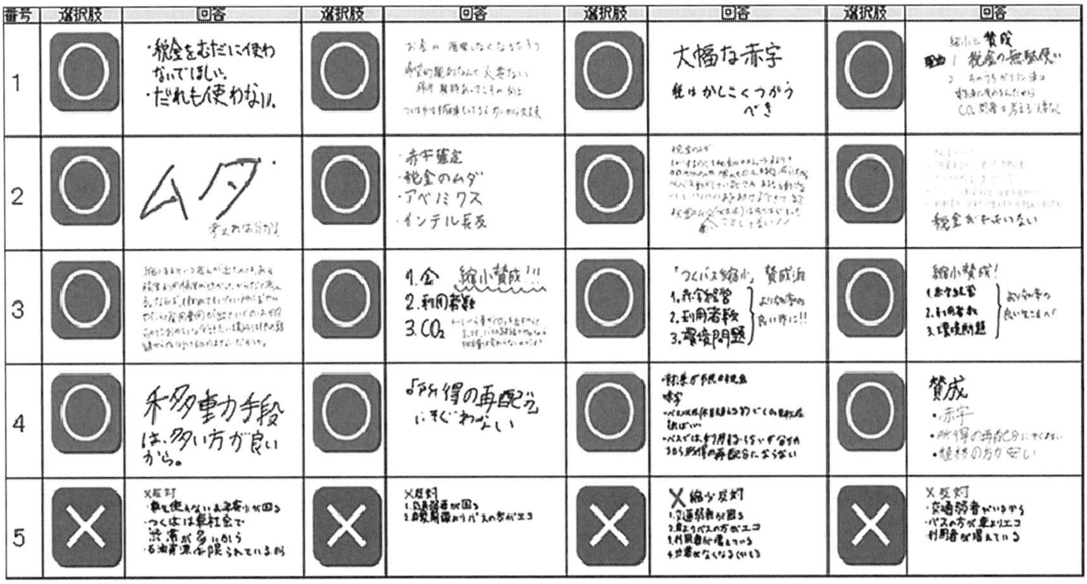

図10－4　保存した意見の変容一覧

5　実践するにあたっての留意点

　2011年3月11日以降，防災への関心は大きく高まっている。社会科の枠組みにとどまらず，2013年3月には「学校防災のための参考資料『生きる力』をはぐくむ防災教育の展開」が示されているほか，ESD の文脈でも大きく取り上げられている。冒頭にも述べたとおり，防災学習への期待は大きい。

　ただし，実践を進めるにあたって忘れてはならないのが，学習者である児童一人ひとりの実態の把握であると考える。授業実践者としてこの視点を忘れて[12]はならない。例えば，学習者のなかに被災者が含まれる場合，また，災害について写真や動画で振り返ることが心的に負担となる児童が含まれる場合などにおいては，当該児童への最大限の配慮を講じていく必要があろう。本章で紹介した内容に関しても，細かい部分で教材の提示の仕方などを検討していく必要があると考える。なぜなら，そのような実態に配慮しなければ，児童の安全・安心という教育の前提条件が満たされないからである。紹介した実践はいずれも学校現場で実際に実践されたものではあるが，各勤務校の児童の実態に即し

▷12　授業実践者
理論を学ぶ必要はないとする現場居直り主義者ではなく，反省的実践家（reflective practitioner）をさすものである。ドナルド・ショーン『専門家の知恵——反省的実践家は行為しながら考える』ゆみる出版，2001年が参考になる。なお，教育の実践現場で，児童や社会，研究成果を踏まえて教材化していく視点については，例えば渡部ほか（2012）が参考になる。

第Ⅱ部　初等社会科教育の実践

た自校化の視点をもつことを読者に期待する。

Exercise

① 　第5学年社会科では，新たにどのような視点を重視して学習を行っていくのか簡潔に述べてみよう。

② 　公助の学習をする際に，自助・共助の視点が重要になるのはなぜか，簡潔に述べてみよう。

③ 　学校における ICT 活用をしていく際，教師が留意することは何であるか述べてみよう。

④ 　防災学習実践にあたっては，児童の実態を踏まえることが重要だが，それはなぜか。児童の実態を例示して説明してみよう。

📖次への一冊

唐木清志編『「公民的資質」とは何か』東洋館出版社，2016年。
　　社会科の目標である公民的資質について，多くの研究者からの示唆を得られる。社会科教師にとって必読の書籍である。
中山和彦・東原義訓『未来の教室——CAI 教育への挑戦』筑波出版会，1986年。
　　ICT を活用していくうえでのポイント，手段としての ICT という捉え方など，ICT 活用の基本を学ぶことができる。
藤井聡『社会的ジレンマの処方箋』ナカニシヤ出版，2003年。
　　社会を見る目，分析枠組みの一つとしての「社会的ジレンマ」と，その最適解の見つけ方についての論考が大変参考になる書籍である。

引用・参考文献

小原友行「社会科学習原理としての探求——B.G. マシャラスの場合」『社会科研究』第24号，1975年，73〜82ページ。
唐木清志『子どもの社会参加と社会科教育』東洋館出版社，2008年。
藤井聡・唐木清志『防災まちづくり・くにづくり学習』悠光堂，2015年。
山脇直司『グローカル公共哲学——「活私開公」のヴィジョンのために』東京大学出版会，2008年。
渡部竜也・山田秀和・田中伸・堀田悟『教師のゲートキーピング』春風社，2012年。

第11章
初等社会科教育の実践⑤
——第6学年／歴史——

〈この章のポイント〉

　第6学年の歴史学習は，人物の働きや代表的な文化遺産を中心として学習する。歴史上の細かな出来事や年号などを覚えるのではなく，日本の歴史に対する興味・関心をもつこと，歴史を学ぶ楽しさを味わうことや歴史を学ぶ大切さに気づくことを目指して，実践されるものである。本章では，過去の各時期においてさまざまな課題解決や人々の願いの実現に向けて努力した先人の働きによって日本が発展してきたことを理解させる授業実践を紹介する。さらに重点的に扱う学習内容を明確にして，歴史的事象，身につけさせたい知識，新学習指導要領に例示された人物の取り上げ方を説明する。

1　社会科学習で大切にしたいこと——歴史学習を行うポイント

1　小学校と中学校の歴史学習の違い

　小学校の歴史学習は，中学校の歴史学習と大きく違い，人物の働きや代表的な文化遺産を中心として学習する。それは，歴史上の主な出来事や年号などを覚えることよりも，児童が日本の歴史に対する興味・関心をもつこと，歴史を学ぶ楽しさを味わうこと，児童一人ひとりが歴史を学ぶ大切さに気づくことを重視するからである。

　授業を計画する場合には，歴史を通史として歴史上の主な出来事や年号などを網羅的に取り扱わないようにしたい。また，小学校と中学校の歴史学習が同じ内容を2度繰り返さないようにしたい。そのためには，教師は単元の指導計画をしっかり考え，進めていくことが大切である。

▷1　児童の発達の段階を踏まえた教材，資料の内容や提示の仕方などを工夫し，学習活動を具体的に展開する必要がある。

2　歴史学習で学ぶもの

　今日の私たちの生活は，長い間の日本の歴史や先人たちの働きのうえに成り立っている。自分たちの生活は，遠い祖先の生活と深くかかわっているのである。そこで，過去の出来事は現代とどのような関わりをもっているのか，歴史から学んだことをどのように生かしていくのかなど国や社会の発展を考える学びを重視していきたい。さらに，自分たちもこれからの歴史の担い手となることや，平和で民主的な国家および社会を築き上げることについて考えを深めて

第Ⅱ部　初等社会科教育の実践

いくようにしたい。

　このように，歴史を学ぶことによって，「歴史から何が学べるのか」「歴史を
なぜ学ぶのか」というように，歴史を学ぶ目的や大切さなどについて考えてい
くことが小学校の歴史の役割だからである。

③　人物の働きを中心とした学習

　人物の働きを調べるとは，その人物はどのようなことをしたのか，なぜそう
したのか，社会や人々にどのような影響を与えたのかなどの問いを設けて，国
家・社会の発展や優れた文化遺産を生み出すことに貢献した先人の働きについ
て調べることである。

　新学習指導要領の「3　内容の取扱い」には，人物の働きを中心とした学習
を進めるうえで，歴史上の主な事象との関連を考慮して取り上げる人物の42名
を例示している。授業を構成するうえでは，これらの人物を取り上げ，その働
きを通して指導を行うようにする。[2]

　表11-1は，日本の歴史の進展に大きな影響を与えた各時期の代表的な事象
に関する学習で身につける事項および，それに関連して大きな働きをした代表
的な人物（42人）を示したものである。人物の働きを具体的に理解できるよう
にするためには，重点的に扱う歴史的事象やそれに対応する人物に関する資料
の数や扱う授業時間数に軽重をつけるなど，指導の重点の置き方に工夫をする
ことが大切である。その際，児童の発達の段階にあった教材，資料の内容や提
示の仕方なども工夫することが大切である。

▷2　ただし，「小学校学習指導要領解説社会編」では，指導のねらいを実現できるのであれば，例示した人物に代えて他の人物を取り上げてもよいとも述べている。

▷3　表11-1の(ア)から(サ)までに示された歴史上の主な事象に対応する人物の働きや代表的な文化遺産を取り上げるようにする。また，重点的に扱う歴史的事象やそれに対応する人物などは，資料の数や扱う授業時数に軽重をつける。

表11-1　歴史的事象と知識・人物[3]

	手がかりにする歴史的事象	身につけさせたい知識	例示された人物
(ア)	狩猟・採集や農耕の生活，古墳，大和朝廷（大和政権）による統一の様子	むらからくにへと変化したこと	卑弥呼
	神話・伝承	国の形成に関する考え方などに関心をもつこと	
(イ)	大陸文化の摂取，大化の改新，大仏造営の様子	天皇を中心とした政治が確立されたこと	聖徳太子，小野妹子，中大兄皇子，中臣鎌足，聖武天皇，行基，鑑真
(ウ)	貴族の生活や文化	日本風の文化が生まれたこと	藤原道長，紫式部，清少納言
(エ)	源平の戦い，鎌倉幕府の始まり，元との戦い	武士による政治が始まったこと	平清盛，源頼朝，源義経，北条時宗
(オ)	京都の室町に幕府が置かれた頃の代表的な建造物や絵画	今日の生活文化につながる室町文化が生まれたこと	足利義満，足利義政，雪舟
(カ)	キリスト教の伝来，織田・豊臣の天下統一	戦国の世が統一されたこと	ザビエル，織田信長，豊臣秀吉
(キ)	江戸幕府の始まり，参勤交代や鎖国などの幕府の政策，身分制	武士による政治が安定したこと	徳川家康，徳川家光

第11章　初等社会科教育の実践⑤

(ク)	歌舞伎や浮世絵，国学や蘭学	町人の文化が栄え新しい学問がおこったこと	近松門左衛門，歌川広重，本居宣長，杉田玄白，伊能忠敬
(ケ)	黒船の来航，廃藩置県や四民平等などの改革，文明開化	我が国が明治維新を機に欧米の文化を取り入れつつ近代化を進めたこと	ペリー，勝海舟，西郷隆盛，大久保利通，木戸孝允，明治天皇，福沢諭吉
(コ)	大日本帝国憲法の発布，日清・日露の戦争，条約改正，科学の発展	我が国の国力が充実し国際的地位が向上したこと	大隈重信，板垣退助，伊藤博文，陸奥宗光，東郷平八郎，小村寿太郎，野口英世
(サ)	日中戦争や我が国に関わる第二次世界大戦，日本国憲法の制定，オリンピック・パラリンピックの開催	戦後我が国は民主的な国家として出発し，国民生活が向上し，国際社会の中で重要な役割を果たしてきたこと	

2　新学習指導要領における歴史学習の位置づけ

1　歴史学習の目標 ◁4

① 「知識及び技能」の目標

> 国家及び社会の発展に大きな働きをした先人の業績や優れた文化遺産について理解するとともに，地図帳や地球儀，統計や年表などの各種の基礎的資料を通して，情報を適切に調べまとめる技能を身に付けるようにする。

歴史上の主な事象を手がかりに大まかな歴史を理解すること，関連する先人の業績，優れた文化遺産の働きなどの理解を深めることが「知識」に関する目標である。「技能」の目標は，地図帳や地球儀，統計や年表などの基礎的な資料を基に調べる活動を通して適切に情報を集め ◁5，読み取り，白地図や年表，図表などにまとめる技能を身につけることとしている。

② 「思考力，判断力，表現力等」の目標

> 社会的事象の特色や相互の関連，意味を多角的に考える力，社会に見られる課題を把握して，その解決に向けて社会への関わり方を選択・判断する力，考えたことや選択・判断したことを説明したり，それらを基に議論したりする力を養う。

複数の立場や意見を踏まえて，わが国の歴史の展開を多角的に考える力を養うようにすることが「思考力，判断力」の目標である。

社会的事象の特色や相互の関連，意味について考えることや，社会への関わり方について選択・判断したことを文章で記述したり，資料などを用いて説明したり，根拠や理由などを明確にして議論したりする力を養うことが「表現力」の目標である。

③ 「学びに向かう力，人間性等」の目標

> 社会的事象について，主体的に学習の問題を解決しようとする態度や，よりよい社会を考え学習したことを社会生活に生かそうとする態度を養うとともに，多角的な思考や理解を通して，我が国の歴史や伝統を大切にして国を愛する心情を養う。

学習問題を追究・解決するためには，社会的事象について意欲的に調べた

▷4　歴史学習の目標
第6学年の歴史学習では，社会的事象の見方・考え方を働かせ，学習問題を追究・解決する活動を通して，①～③の資質・能力を育成する。

▷5　「適切に」とは
・集める手段の特性に留意して情報を集めること。
・資料の特性に留意して情報を読み取ること。
・必要な情報を整理して効果的にまとめること。

107

第Ⅱ部　初等社会科教育の実践

り，社会的事象の特色や相互の関連，意味を多角的に考えたりして，調べたことや考えたことを表現しようとする主体的な学習態度を養うことが大切である。また，これまでの学習を振り返り，学習したことを確認するとともに，学習成果を基に生活のあり方やこれからの社会の発展について考える態度を養うことが求められている。

　このような日本の歴史の理解を踏まえて，国や社会の発展に貢献した先人によってつくり出された歴史や伝統を大切にして国を愛する心情を養うようにする。

▷6　これらの愛情や自覚は，現在および過去の社会の仕組みやよさ，課題への理解に基づくものである。そのためには，学習活動を通して複数の立場や意見を踏まえて考え理解する学びが大切である。

2　歴史学習の内容

▷7　我が国の歴史上の主な事象
日本の歴史の進展に大きな影響を与えた各時期の代表的な歴史上の事象のことをいう。

----

(2)我が国の歴史上の主な事象について，学習の問題を追究・解決する活動を通して，次の事項を身に付けることができるよう指導する。

ア　次のような知識及び技能を身に付けること。その際，我が国の歴史上の主な事象を手掛かりに，大まかな歴史を理解するとともに，関連する先人の業績，優れた文化遺産を理解すること。

(ア)狩猟・採集や農耕の生活，古墳，**大和朝廷（大和政権）による統一**の様子

(イ)大陸文化の摂取，大化の改新，大仏造営の様子

(ウ)貴族の生活や文化

(エ)源平の戦い，鎌倉幕府の始まり，元との戦い

(オ)京都の室町に幕府が置かれた頃の代表的な建造物や絵画

(カ)キリスト教の伝来，織田・豊臣の天下統一

(キ)江戸幕府の始まり，参勤交代や鎖国などの幕府の政策，**身分制**

(ク)歌舞伎や浮世絵，国学や蘭学

(ケ)黒船の来航，**廃藩置県や四民平等などの改革**，文明開化など

(コ)大日本帝国憲法の発布，日清・日露の戦争，条約改正，科学の発展など

(サ)日中戦争や我が国に関わる第二次世界大戦，日本国憲法の制定，オリンピック・パラリンピックの開催など

(シ)遺跡や文化財，地図や年表などの資料で調べ，まとめること。

イ　次のような思考力，判断力，表現力等を身に付けること。

(ア)世の中の様子，人物の働きや代表的な文化遺産などに着目して，我が国の歴史上の主な事象を捉え，我が国の歴史の展開を考えるとともに，歴史を学ぶ意味を考え，表現すること。　　　　　　　　＊太字は筆者による

▷8　アの(ア)から(サ)までの各項目と，アの(シ)およびイの(ア)は，それぞれ関連づけて指導する。

　上表の中で太字で記した歴史的事象が新学習指導要領で整理され，加筆されたものである。

　また，その他にも今回の改訂では，次のような改善が図られた。

(1)　小学校の歴史学習の趣旨を明示した。

▷9　第6学年社会科内容改訂の要点
「小学校学習指導要領解説社会編」をまとめたもの。

　　・「世の中の様子，人物の働きや代表的な文化遺産などに着目して」調べること

　　・「我が国の歴史の展開」を考えること

第11章　初等社会科教育の実践⑤

・我が国が歩んできた「大まかな歴史」や「関連する先人の業績，優れた
　文化遺産」を理解することなど

(2)　小学校の歴史学習の趣旨を踏まえて，「日本風の文化が生まれたこと」
　「戦国の世の中が統一されたこと」が独立して示された。

(3)　歴史上の事象や人物の名称の表記を改めた。

　(例)「オリンピック」→「オリンピック・パラリンピック」

　　　「歌川（安藤）広重」→「歌川広重」等

(4)　外国との関わりへの関心を高めることを重視して，内容の取扱いに「当
　時の世界との関わりにも目を向け，我が国の歴史を広い視野から捉えられ
　るよう配慮すること」を加えた。

▷10　「大まかな歴史」を
理解する
世の中の動きを人物の業績
や優れた文化遺産を通して
捉えることである。

3　学習指導案と授業実践の概要

1　単元計画

①　単元名　大陸に学んだ国づくり

　　～聖徳太子が一番大切だと考えた政治の改革は何だろう？～

②　子どもの実態

　第6学年になると，社会科好きな子どもが増えてくる。それは，歴史の学習
が始まったことが大きい。子どもたちは，歴史に登場する人物の活躍に関心が
高いからである。小学校の歴史学習では，歴史に対する興味や関心をもたせる
ことや，歴史を学ぶ楽しさを味わわせることが大きなねらいである。つまり，
歴史上の細かな出来事や年号を覚えさせることが主ではなく，歴史上の人物の
生き方に共感することや，歴史のロマンを追究することが大切なのである。そ
のためには，わくわくどきどきしながら歴史の面白さを学ぶ授業を展開したい。

③　教材について

　本単元は，新学習指導要領の目標および内容(2)アの(イ)を踏まえて設定した。
内容(2)アの(イ)「大陸文化の摂取」は，聖徳太子が政治を行った頃から聖武天皇
が国を治めた頃までの学習で身につける事項を示している。ここでは，「大陸
文化の摂取，大化の改新，大仏造営の様子」の3つの事象を取り上げ，天皇を
中心とした政治が確立されたことを理解することがねらいである。

　本小単元である「大陸文化の摂取」は，聖徳太子が法隆寺を建立し，小野妹
子らを遣隋使として隋（中国）に派遣することにより，政治の仕組みなど大陸
文化を積極的に摂取しようとしたことなどがわかることを目標とする。

　例えば，遣隋使の航路や正倉院の宝物が渡来した経路を世界地図などの資料
で調べてまとめたり，「大化の改新」や「大仏造営の様子」などを資料で調べ

▷11　子どもの実態は，授
業の前にアンケートなどを
活用して示すことが多い。
この内容には，子どもの一
般論ではなく社会科の授業
における子どもの傾向を述
べるようにしたい。

▷12　教材については，教
師がこの教材を取り上げた
理由を述べる。社会科の授
業にとって，教材は重要で
あるのでその価値や子ども
にどのように働くかなどを
述べていきたい。一般に新
学習指導要領と単元，教材
を関連づけて記入する場合
が多い。

109

第Ⅱ部　初等社会科教育の実践

て年表などにまとめたりすることが考えられる。ここでは，地図などの資料でその出来事の位置や広がりなどを読み取る技能，調べたことを白地図や年表などに適切に整理・表示する技能などを身につけるようにしたい。

　また，社会的事象の見方・考え方を働かせ，聖徳太子はどのような国づくりを進めたのかなどの問いを設けて，大陸文化を取り入れた政治の様子について調べ，これらの事象を関連づけたり総合したりして，この頃の世の中の様子を考え，文章で記述したり説明したりすることが考えられる。

　本時で取り上げる聖徳太子は，日本人なら誰でも知っている歴史上の人物である。かつては「聖徳太子と言えば，1万円札」といわれたように，何度も紙幣の肖像画として使われていた人物としても有名でもある。伝説や伝承も数多く，子どもにとっても大変興味深い人物だろう。本小単元では，聖徳太子について調べていくことを通して，聖徳太子の働きに関心をもたせたい。

▷13　本時については，項目を新たに設けて書く場合もある。ここでは，研究主題と関連づけて，教師の願いを具体的に述べるようにする。

［2］　単元の目標

我が国の歴史上の主な事象について，学習の問題を追究・解決する活動を通して，次の事項を身に付けることができるようにする。 〈知識及び技能〉 ㋐大陸文化の摂取，大化の改新，大仏造営の様子を手掛かりに，天皇を中心とした政治が確立されたことを理解すること。 ㋑遺跡や文化財，地図や年表などの資料で調べ，まとめること。 〈思考力，判断力，表現力等〉 ㋐世の中の様子，人物の働きや代表的な文化遺産などに着目して，我が国の歴史上の主な事象を捉え，我が国の歴史の展開を考えるとともに，歴史を学ぶ意味を考え，表現すること。

▷14　単元目標は，一文で書く場合もあるが，観点別に評価規準を設けるなど具体的に示す場合が多い。

［3］　指導計画　「聖徳太子が目指した国づくり」（5時間）

第1時　聖徳太子ってどんな人？……………………………………… 1時間

第2時　聖徳太子が行った政治の改革を調べよう！………………… 2時間

第3時　聖徳太子が一番大切だと考えた政治の改革は何か？

　　　　　　　　　　　　　　………〈本時〉………………………… 1時間

第4時　聖徳太子の政治と大陸文化……………………………………… 1時間

［4］　本時の指導

① 　目　標

▷15　本時の目標は，授業の様子が具体的にわかるように，「学習内容」「学習活動」「育てたい資質・能力」などを具体的に記述するようにする。

　聖徳太子の行った政治の改革について，教科書や資料集，その他の資料を活用して調べ，聖徳太子が一番大切だと考えた政治の改革について話し合い，聖徳太子が目指した国づくりについて考える。

第11章　初等社会科教育の実践⑤

② 展　　開

学習内容と活動	資　料◁16	指導上の留意点	評　　価
1．聖徳太子が行った政治改革について話し合う。	◆聖徳太子の肖像画		
（1）聖徳太子が行った政治改革の内容を整理する。	◆子どもが調べた資料	○政治改革の内容を比較しやすいように並べて整理する。	○聖徳太子が行った政治改革に関心をもつ◁17ことができる。
・冠位十二階　十七条の憲法			
・遣隋使　仏教を広める			
（2）改革を比較・関連づけたりして共通することを考える。		○冠位十二階，十七条の憲法，遣隋使の派遣，仏教の興隆の4つの政治改革を取り上げる。	【学びに向かう力】（発言・ノート）
・仏教を取り入れている。			
・隋の仕組みの取り入れ。			
2．学習問題を設定し，◁18聖徳太子の目指したことを話し合う。	◆政治の改革について整理したもの		
聖徳太子が一番大切だと考えた政治の改革は何か？		○聖徳太子は，大陸の文化を進んで取り入れたことに気づかせたい。	
（1）聖徳太子が一番大切だと考えた政治の改革を予想し，その理由を話し合う。		○それぞれの政策について，比較・関連づけをしながら予想させたい。	
・日本で初めて作られた法律なので十七条の憲法だと考える。			
・中国から新しい文化を取り入れたので遣隋使だと考える。　　　　　　　など			
（2）政治改革を年表に整理し，各政策の関連性を考える。		○年表に整理して，原因と結果を意識させながら考えさせたい。	
・冠位十二階は，十七条の憲法の前に作られた。		○子ども一人ひとりが自分で考えを決めるようにしたい。	○聖徳太子が一番大切だと考えていた改革
・法隆寺は，遣隋使が始まってから建てられた。		○聖徳太子が「天皇中心の国づくり」を目	を決めることができる。
（3）聖徳太子が一番大		指して政治改革をし	【思・判・表現】

▷16 〈6学年の資料の活用法〉

・資料から必要な情報を的確に読み取る。
・資料に表されている事柄の全体的な傾向を捉える。
・複数の資料を関連づけて読み取る。
・資料の特徴に応じて読み取る。
・必要な資料を収集・選択したり吟味したりする。
・資料を整理したり再構成したりする。

▷17　本時の目標を達成するための観点別評価規準を示す。指導案には観点および子どもを見取る観点，方法を記入する。
　45分の授業では，2～3観点程度にとどめたい。

▷18　学習問題と目標，評価は，別々に考えるのではなく，一体として考えるようにする。

111

第Ⅱ部　初等社会科教育の実践

		たことなどを手がか りに考えさせたい。	（発表・ノート）
切だと考えた政治改革 を一つ決める。			
・世の中を平和にするた め			
・文化を取り入れるため			
・仏教を取り入れるため			
3．聖徳太子の政治の改 革について考えを深め る。	◆聖徳太子 の資料		○聖徳太子が天皇中心 の国づくりを目指し ていたことを理解す る。
・天皇中心の国家をつく るためではないか。		○聖徳太子という人物 の存在が必要だった という理由を歴史の 流れから推理させた い。	【知・技】 （ノート）
・聖徳太子のような優れ た人物はいなかったの か？			

4　実践するにあたっての留意点──授業づくりのポイント

▷19　授業は，子どもたち が目標に達していくため に，いかに学習問題や発問 を示していくかが決め手と なる。それには，発問案， 板書計画などを綿密に計画 しておくことが大切である。

　先に示した本時の授業では，聖徳太子が行った政治の改革が大陸の文化や政治の仕組みを取り入れたことを話し合うことから始めている。そして，「聖徳太子が一番大切だと考えた政治の改革は何か？」という学習問題を取り上げ，それについて考えを深めていく[19]。例えば，「十七条の憲法だ」と答える子どもに対して「なぜ十七条の憲法なのか？」と子どもたちをゆさぶり，その理由を考えさせることが重要で，それぞれの改革の役割を深く考えることにつながる。比較したり，分類したり，関連づけたり，年表に並べて整理したりして，それぞれの改革の役割に目を向けていくようにしたい。そして，「天皇中心の国づくり」について考えを深めていきたい。最後に，「聖徳太子はいなかった？」という説があることを紹介し，聖徳太子の果たした役割や生き方についてさらに深く考えていきたい。

▷20　授業づくりのポイント 子どもの問題意識を高める ために，子どもが追究した くなるような教材や資料を いかに取り上げるか，問題 解決学習をどのように展開 するかが重要になる。

　このように，授業は子どもの学びの姿をイメージしながら，資料の示し方や発問を考えていくことが大切である。

　歴史の授業では，歴史は各時期においてさまざまな課題の解決や人々の願いの実現に向けて努力した先人の働きによって発展してきたことを理解することが重要である[20]。つまり，小学校の歴史学習では，子どもたちが各時代の特色を「この時代はこんな時代だった」と自分の言葉で表すことができるようにすることが大切なのである。そのためには，取り上げる歴史上の事象と人物の働きや代表的な文化遺産を関連させ[21]，日本の伝統や文化が長い歴史を経て築かれてきたことや，遠い祖先の生活や，人々の工夫や努力が今日の自分たちの生活と

▷21　代表的な文化遺産に 着目する 例えば，誰がいつ頃つくっ たのか，何のためにつくっ たのか，歴史上のどのような 意味や価値があるのかなど の問いを設けて，わが国の 代表的な文化遺産について 調べることである。 〈文化遺産の例〉 　重要文化財（国宝）／世 界文化遺産／日本遺産等

深くかかわっていることに気づくようにしたい。具体的には，表11-1に示した「手がかりにする歴史的事象」「身につけさせたい知識」「例示された人物」を参考にしながら人物学習の展開を考えていくことが大切である。

Exercise

① 小学校で子どもたちが歴史を学ぶ理由は何か。小学校と中学校の歴史学習の違いを比べながらまとめてみよう。

② 小学校で学ぶ歴史的事象を時代順にまとめてみよう。また，その歴史的事象にともなって取り上げる42名の歴史上の人物は誰か。さらに，その人物を通して何を捉えさせるのかを整理してみよう。

③ 歴史学習の授業を計画するうえで大切なことを端的にまとめてみよう。

📖次への一冊

山下真一『「授業構造図」でよくわかる！　小学校社会科 はじめての問題解決的な授業づくり』明治図書出版，2016年。
　　本書は，学習問題の設計術・教科書の活用術などに加え，子どもが夢中になる問題解決的な授業づくりをわかりやすく説明した一冊である。
筑波大学附属小学校社会科教育研究部『筑波発　社会を考えて創る子どもを育てる社会科授業』東洋館出版社，2015年。
　　「人の生き方」「価値判断力・意思決定力」「参画意識・協働」「現代的な課題」をキーワードに，「公民的資質」を育てるための授業改革を提案した一冊である。
長谷川康男『社会科の通常授業＆研究・参観授業 小学6年』学事出版，2016年。
　　「歴史学習」を，普段行う通常授業，時には行わなければならない研究授業，必ずある参観授業の3つの運営法で紹介している。参考になる一冊である。

※初等教育における歴史学習のあり方について詳しく知りたい人は，国立政策研究所のホームページに参考になる文献が数多く載せられているので参考にするとよい。

引用・参考文献

文部科学省「小学校学習指導要領解説社会編」2017年。
山下真一『「授業構造図」でよくわかる！　小学校社会科 はじめての問題解決的な授業づくり』明治図書出版，2016年。

第12章
初等社会科教育の実践⑥
——第6学年／政治——

〈この章のポイント〉

　第6学年に位置づけられた政治に関する学習は，従来のように知識中心で選挙や政治の働きについて学ぶものではなく，本来は，「市民」として地域や世界の課題にかかわっていけるような市民的資質を身につけさせることを目指して，実践されるものである。本章では，社会的な見方・考え方を働かせて，よりよい社会の形成に参画する資質や能力の基礎を培おうとした授業実践を紹介する。同時に，授業実践を通して児童にどのような学びが生じたのか，さらに，それに対して教師にはどのような対応が求められるのかについても説明する。

1　社会科学習で大切にしたいこと
——政治に関する学習の役割

　教育基本法は，第14条第1項において，政治教育について「良識ある公民として必要な政治的教養は，教育上尊重されなければならない」と記し，政治への関心を高め，民主社会の形成者として必要な資質・能力を養うことは，学校教育を始めとするすべての教育活動で大切にされるべきことだと述べている。

　2015年6月，公職選挙法等の一部を改正する法律が成立し，選挙権年齢が「満20歳以上」から「満18歳以上」に引き下げられた。これにより，学校教育における主権者教育が大いに注目されることになった。小学校では，政治に対する関心を高め，中学校では，政治参加の理念や方法をより具体的に学び，高等学校では，さらに政治的思考力・判断力を伸長することが必要とされているのである。しかし，国立教育政策研究所教育課程研究センターによる「小学校学習指導要領実施状況調査」(2015年)によれば，「社会科の授業で学んだことをもとにして，自分たちがすべきことを考えたことがありますか」という質問に肯定的な回答をした児童の割合が75％を超えた一方で，「よりよい社会の形成に参画する資質や能力の基礎に関する『社会的事象への関心』については，『我が国の政治』への関心は他の調査事項（伝統文化，農業，国際関係等の7項目）と比べて低い」という結果も出ている。この結果に対し，国立教育政策研究所では，指導上の改善点として，「社会の一員として，社会的事象の意味を考えるように引き続き指導することが必要」であり，「社会的事象への関心を

▷1 お茶の水女子大学附属小学校教科「市民」
「市民」は，小学校第3学年～第6学年に設置され，年間105時間，教育課程全体の約10%の時間に配分された。そのねらいは，「提案や意思決定の学びを通して，ますます加速する社会や環境の変化に対して，積極的に，適切な社会的価値判断や意思決定をしていく力としての市民的資質の育成」である。

▷2 東京都品川区小中一貫教育のなかでの「市民科」
市民としての公共精神や基本的人権等の理解，社会に対して主体的に参加できる基礎的な態度や資質・能力を育成することを目的とした教育。道徳，特別活動，総合的な学習の時間を統合した教科であり，教科「社会」とは別である。

▷3 社会的な見方・考え方
社会科の目標の冒頭に掲げられ，社会的事象を「位置や空間的な広がり，時期や時間の経過，事象や人々の相互関係などに着目して」捉え，「比較・分類したり総合したり，地域の人々や国民生活と関連付けたりすること」と整理されている。中学校社会科，高等学校地理歴史科・公民科へ連続するという性格を有する。

▷4 主体的・対話的で深い学び
この学びが注目される背景には，「主権者教育において重要な役割を担う教科として選挙権年齢の18歳への引き下げに伴い財政や税，社会保障，雇用，労働や金融といった課題への対応にも留意した政治参加，少子高齢化等による地域社会の

高め，主体的，協同的に学ぼうとする態度を養う指導が重要」であると指摘している。さらに，「社会的な見方や考え方を養い，社会生活についての理解を図る指導が重要」であるとし，「こうしたことを通じて，人々が相互に関わりをもちながら生活を営んでいることを理解するとともに，自らが社会生活に適応し，地域社会や国家の発展に貢献しようとする態度を育てるようにしていくことが重要」とも述べている。小学校における政治に関する学習には今なお，多くの課題が残されているといえよう。

全国的に見れば，総合的な学習の時間や社会科および道徳の時間などを中心に，各教科・領域が連携を図り，政治に関する学習を実践している学校もある。例えば，お茶の水女子大学附属小学校の教科「市民」，東京都品川区の小中一貫教育における「市民科」では，「シティズンシップ教育（市民性教育）」を積極的に展開してきた。そのような学校では，選挙の仕組みや政治の働きを児童にただ教えるだけでなく，「市民」として，児童が地域や世界の課題に積極的にかかわれるような資質・能力を身につけることに主眼を置いている。

新学習指導要領のキーワードの一つである「社会的な見方・考え方」を育成しながら，よりよい社会の形成に参画する資質・能力の基礎を培うためにも，児童が実感をもって政治の働きを学べるような，小学校教育の特性を生かした政治に関する学習が今，必要とされているのである。

2　新学習指導要領における政治に関する学習の位置づけ

1　18歳選挙権と政治に関する学習

選挙権年齢が「満20歳以上」から「満18歳以上」に引き下げられるという変化を受けて，総務省と文部科学省は共同で，高校生向けの副教材『私たちが拓く日本の未来』（以下，副教材）を作成した。そこでは，「現実の具体的政治事象を取り扱うことによる政治的教養の育成」や「違法な選挙運動を行うことがないような選挙制度の理解を図ること」にふれている。

本書の特徴は，大きく2点にまとめることができる。一点目は，育成すべき国家・社会の形成者として求められる力（表12-1参照）を提示したこと，二点目は，それらの力を育成するための具体的な学習活動を提示したことである。

副教材では，これらの力を身につけさせるために，すべての教科等で話し合い等を重視し，自らの考えをまとめていく学習活動を奨励している。また，生徒が主体となり他者と協働する能動的な学び，いわゆる「主体的・対話的で深い学び」が，副教材では3つの学びとして，すなわち「正解が一つに定まらない問いに取り組む学び」「学習したことを活用して解決策を考える学び」「他者

第**12**章　初等社会科教育の実践⑥

表12-1　育成すべき国家・社会の形成者として求められる力

力の名称	力の内容
論理的思考力（とりわけ根拠をもって主張し他者を説得する力）	自分の意見を述べる際には根拠をもって説明することが重要であることを理解するとともに，異なる立場の意見がどのような根拠に基づいて主張されているかを検討し，議論を交わす力。
現実社会の諸課題について多面的・多角的に考察し，公正に判断する力	現実の社会においては様々な立場やいろいろな考え方があることについて理解し，それらの争点を知った上で現実社会の諸課題について公正に判断する力。
現実社会の諸課題を見出し，協働的に追究し解決（合意形成・意思決定）する力	お互いに自分の考えや意見を出し合い，他者の考えや価値観を受け入れたり意見を交換したりしながら，問題の解決に協働して取り組む力。
公共的な事柄に自ら参画しようとする意欲や態度	大きな社会変化を迎える中で，日本人としての自覚をもって国際社会で主体的に生きること，持続可能な社会の実現を目指すなど，公共的な事柄に自ら参画していこうとする力。

との対話や議論により，考えを深めていく学び」として表現されている。

　従来の政治に関する学習は，「政治的中立性」を重視しつつ，選挙や政治の仕組みを教えることが中心であった。また，選挙権年齢の引き下げ後に盛んに実践された主権者教育も，結局のところ，選挙に関する教育が中心であった。しかし，政治と関連して高校生が身につけるべき資質・能力とは，単に選挙や政治の知識や，選挙における望ましい投票行動のみではないことは明らかである。学校や身近な地域での出来事を中心としてさまざまな社会的事象とかかわり，それらについて考え，その意味や特色，相互の関連を多角的に考える。さらに，学習したことを基にして具体的な社会参加の場面で選択・判断し，自分の考えの根拠をもって他者に説明する。そして，お互いの立場を理解しながら，自分たちにできることを提案したり，行動したりする。こういった一連の資質・能力を身につけさせることを，政治に関する学習では重視すべきである。

2　新学習指導要領にみられる政治に関する学習

　小学校の新学習指導要領では，社会科の目標を，次のように示している。

> 社会的な見方・考え方を働かせ，課題を追究したり解決したりする活動を通して，グローバル化する国際社会に主体的に生きる平和で民主的な国家及び社会の形成者に必要な公民としての資質・能力の基礎を次のとおり育成することを目指す。

　この目標から，社会科では「社会的な見方・考え方」を働かせながら，課題を追究したり解決したりする学習を行い，「公民としての資質・能力」を育むことを目指していることがわかる。

　さらに「小学校学習指導要領解説社会編」では，「公民としての資質・能力」を，次のように説明する。

変化などを踏まえた教育内容の見直しを図ることが必要である」という，中央教育審議会答申（平成28年12月）における具体的改善事項がある。

▷5　政治的中立性
林大介（『「18歳選挙権」で社会はどう変わるか』集英社新書，2016年）によれば，「衆議院議員及び参議院議員の任期や定数，三権分立，主要政党名や党首名といった政治の仕組みを教える学習が多く展開され，各政党の政策の中身や考え方について触れない，あるいは，憲法改正や安保法案といった実際に政治的・社会的に対立する課題については，簡単に説明することはあっても踏み込んだ議論は控えるなど，生徒が自ら政策や課題を調べ，討論を通して関心を持たせ判断力を養えるような教育を行うことを避けてきた」といった政治教育の実践が数多く行われてきたのが現状である。

第Ⅱ部　初等社会科教育の実践

> 公民としての資質・能力とは，選挙権を有する18歳に求められる「広い視野に立ち，グローバル化する国際社会に主体的に生きる平和で民主的な国家及び社会の有為な形成者に必要な資質・能力」であると考えられる。

　小学校の児童は一般に12歳までである。しかし，初等社会科では選挙権を有する18歳の若者を念頭に置いて，授業づくりを進めていく必要がある。なぜなら，公民としての資質・能力は，選挙権年齢の18歳に近づいたところで突然に始めてもすぐに身につくようなものではなく，小学校の段階より継続的に育てていくことが必要となるからである。そのような意味で，小学校における政治に関する学習は極めて重要だといえる。

　なお，小学校の新学習指導要領では，第6学年の学習内容の提示の順序に一部変更がみられた。これまでは内容(2)であった「政治」が，内容(1)であった「歴史」に先行することとなった。つまり，「内容(1)政治」「内容(2)歴史」となったわけである。ここから，初等社会科では「政治」をより重視するようになってきたことがわかる。

　ただし，課題も残されている。政治的中立性の問題である。それは，政治と関連した多くの社会的事象は，正解が一つに定まらない論争的なものが多く，そのような社会的事象を取り上げるにあたって授業者である教師は，どこまで多様な政治的主張を教材として用意することができるのか，という問題である。ドイツの政治教育では，「ボイテルスバッハ・コンセンサス三原則」と呼ばれる，政治教育の指針が明確に定められている。このような要素に学びながら，日本でも，民主社会における「市民」に求められる資質・能力の育成を目指して，政治に関する学習の内容・方法を改めて検討していくことが大切となってくるであろう。

▷6　ボイテルスバッハ・コンセンサス三原則
近藤孝弘は，この三原則を次のようにまとめている（近藤孝弘「ドイツの政治教育における政治的中立性の考え方」総務省資料，2011年）。
・教員は生徒を期待させる見解をもって圧倒し，生徒が自らの判断を獲得するのを妨げてはならない。
・学問と政治の世界において議論があることは，授業においても議論があることとして扱わなければならない。
・生徒が自らの関心・利害に基づいて効果的に政治に参加できるよう，必要な能力の獲得が促されなければならない。

3　学習指導案と授業実践の概要

1　政治の働きについて学習指導案の作成

　学習指導案は，教師の指導観・構成を実現させる授業の設計図・計画案である。と同時に，児童の学習が成立するため案内図であるため，児童の成長や学習指導の記録，次時への構想を準備するものでなければならない。

　学習指導案の主な構成として，次の10点をあげることができる。

> 1　学習指導要領，教科書を読み，単元（主題，題材）を決める。
> 2　児童の実態を把握し，役立つ教材を調べ，分析する。
> 3　単元の目標，本時の目標を設定し，評価を想定する。

4 学習問題（内容）を選択し，配列する。

5 指導に対する総時間数や配列された学習内容の指導時間数を決める。

6 指導の流れに沿った学習形態，学習方法を決める。

7 主発問，補助発問を検討する。

8 各指導段階における教具や資料を準備する。

9 評価項目とその観点及び評価方法を決める。

10 板書計画を作成する。

　ここでは，主に３から６にふれながら，政治に関する学習のなかでもとくに，政治の働きに関する授業の学習指導案を提示する。

2 単元目標と評価

　単元目標は観点別に，児童に身につけさせたい資質・能力を簡潔に示す。本単元の目標は，新学習指導要領「２　内容(1)ア(イ)国や地方公共団体の政治は，国民主権の考え方の下，国民生活の安定と向上を図る大切な働きをしていることを理解すること」および「(ウ)見学・調査したり各種の資料で調べたりして，まとめること」と，「イ(イ)政策の内容や計画から実施までの過程，法令や予算との関わりなどに着目して，国や地方公共団体の政治の取組を捉え，国民生活における政治の働きを考え，表現すること」に基づき，表12-2のようにまとめた。とくに，「ア(イ)国や地方公共団体の政治」に関しては，地域の開発や活性化の取組を取り上げることにした。また，「イ(イ)国民生活における政治の働きを考え，表現する」では，政治の学習が抽象的になったり，細かい用語や仕組み，数値などを覚えるだけの指導になったりすることのないように配慮した。さらに，地方公共団体の政治の働きを国の政治の働きにつなげることにも留意した。なお，大単元「我が国の政治の働き」（20時間）を，小単元「日本国憲法と国民生活」「国や地方の政治」の２つに分割し，前者を８時間扱い，後

▷7　子ども議会
これからの世紀を担う小中学校の児童生徒に，議会制民主主義の理解や市区町村のまちづくりへの関心を深め，さらに小・中学生から見た市（区・町・村）政に対する要望や意見などを聴取して，今後の市（区・町・村）政運営の参考にすることを目的としている。

表12-2　大単元「我が国の政治の働き」（20時間扱い）の目標表

知識及び技能	思考力，判断力，表現力等	学びに向かう力，人間性等
わが国の民主政治が日本国憲法の基本的な考え方に基づいていることや，立法，行政，司法の三権の役割を理解している。 　国や地方公共団体の政治が国民主権の考えの下，国民生活の安定と向上を図る大切な働きをしていることを理解している。 　市が地域活性化を進め，自立的な取組を支援していることを具体的に調べることを通して，政治の働きとまちづくりの工夫を理解している。	わが国の民主政治を捉え，日本国憲法が国民生活に果たす役割や，国会，内閣，裁判所と国民との関わりを考え，判断し，表現している。 　国や地方公共団体の政治の取組を捉え，市が進める地域の活性化に関する具体的な課題を取り上げ，聞き取り調査や資料を活用してまとめる活動を通して，考え，判断したことを伝え合い，今後の政治参加を考えている。	国や地方公共団体の政治の取組を捉え，市が進める地域の活性化に対するまちづくりについて「子ども議会」に提案をすることを通して，市民として今後の政治参加について意見交流しようとしている。 　わが国の民主政治を捉え，日本国憲法が国民生活に果たす役割や，国会，内閣，裁判所と国民との関わりについて知識を身に付けようとしている。

第Ⅱ部　初等社会科教育の実践

表12-3　地域の活性化の提案を評価するためのルーブリック評価表

評価	事実と意見の区別	習得した知識の活用	内容の深まり
3	根拠としての事実や資料を引用し，自分の意見を説得力のある内容にしている。	授業で習得した知識や用語を，自分の意見を述べるために4つ以上活用している。	見たこと，聞いたことを提案に書き，意見の理由や背景にも触れている。
2	事実を受けて自分の意見を書くことができている。	授業で習得した知識や用語を，3つ以上活用している。	見たこと，聞いたことを提案に書き，意見の理由がある。
1	事実のみを書いている。	授業で習得した知識や用語を，1つまたは2つ活用している。	見たこと・聞いたことだけで提案が書かれている。

▷8　ルーブリック評価
成功の度合いを示す数レベル程度の尺度と，それぞれのレベルに対応するパフォーマンスの特徴を示した記述語（評価規準）からなる評価基準表。

▷9　ポートフォリオ評価やパフォーマンス評価
ポートフォリオ評価は，児童の学習の過程や成果等の記録や作品を計画的にファイル等に集積。そのファイル等を活用して児童の学習

者を12時間扱いとした。

　上記目標に対する評価として，ルーブリック評価[8]表を活用することにした（表12-3参照）。現在，児童の学びの深まりを把握するために，ペーパーテストによる知識・理解の習熟度の把握という評価から，多様な方法を用いた教科等横断的な資質・能力の達成度の評価へという大きな転換がみられる。その代表的な評価方法が，ルーブリック評価だが，この他にも，ポートフォリオ評価やパフォーマンス評価[9]等がある。いずれにしても，評価を可視化することで，児童と児童，教師と児童は協働して実践を進めていくことが可能となるのである。

3　単元の計画

　単元計画から，単元の全体像を確認することができる。

表12-4　単元「国や地方の政治」の単元計画（12時間）

	時数	主な学習活動など	手立て・視点など
課題把握	1	「私たちのまちづくり」の活動を行い，さまざまな角度から地域の課題を発見し，地域を形成する一人の住民として地域の活性化を考える。	（動機付け）架空の市民の役割体験から地域の課題に気づき，地域の活性化について考える。
	1	地域のまつりで店舗の担当者に，地域の活性化について聞き取り調査をする。地域を活性化する方法について理解を深める。	（方向付け1）どのような願いで地域の活性化をしているのかについて意欲的に調べようとする。
	1	地域の活性化について調べ，わかったことや疑問について話し合い，グループごとに「子ども議会」に提案できる地域の活性化案をつくる。	（方向付け2）聞き取り調査，地域の情報誌，市の活性化計画の資料から追究する課題を決める。
課題追究	1	「地域おこし協力隊[10]」から，現在の市の現状と未来について話を聞き，自分たちが提案する活性化案の作成について見通しをもつ。	（情報収集1）自分たちが提案する活性化はどのような方法で作成することが可能かについて知る。
	3	地域の活性化のために，どのような政策が，どのような過程を経て，また，どのような法令に基づき，予算はどのように決められているかを，市役所，市議会，税金の働きから調べる。	（情報収集2）見学・調査したり，資料で調べたりした内容について，写真，表，グラフなどを効果的に活用してまとめる。
	1	各グループがまとめた内容について，互いに聞き合い質疑応答をすることで，地域の活性化への提案をよりよいものにする。	（考察・構想1）付け加える資料や削除や変更する内容について学んだことを生かし，修正する。

第12章　初等社会科教育の実践⑥

	1	地域の活性化について「行政主導型」「市民と行政の協力型」「市民主導型」の3つの方法を知り，自分たちの提案を3類型に位置づける。	（考察・構想2）3種類に自分たちの提案を位置づけ，どの型が望ましいかについて考える。
課題解決	1	最近の議会だよりなどを活用し，市議会でも提案や質疑応答が行われていることを知る。地域の活性化について「子ども議会」に提案する内容を作成し，よりよいものを選ぶ。	（まとめ）議会は国民主権の考え方の下，国民生活の安定と向上を図る大切な働きがあることに触れ，適切な言語などに表現する。
	1	子ども議会の様子を視聴し，「行政主導型」「市民と行政の協力型」「市民主導型」に提案内容を分類し，グループで互いの感想を聞き合う。	（振り返り1）提案した内容が議会でどのように取り扱われるかを知る。
	1・本時	「子ども議会」に提案後，振り返りを行う。今後自分たちが地域に対してどのような政治参加ができるかについて検討し示そうとしている。	（振り返り2）地域に対してどのような「政治参加」ができるか示そうとしている。

4　本時の学習（本時略案）

① 本時の目標

　「子ども議会」へ提案した学習を振り返り，そこで考え，判断したことを伝え合い，地域の活性化に対して自分たちにできる「政治参加」を考える。

② 準備・資料

　子ども議会提案一覧表，新聞の投書欄，市民活動の記事，ワークシート

③ 展　開

学習活動	指導上の留意点（○）評価（※）（評価方法）
1　クラスで「子ども議会」に提案した内容について話し合う。 （1）気づいたことを発表する。 （2）自分たちが行ったり，大人と協力したりできる提案について確認する。	・提案一覧表から「行政主導型」「市民と行政の協力型」「市民主導型」に分類した内容から気づいたことを発表するように伝える。 ・自分たちで行うことができること，地域の大人と協力して行うこと，市や県，国に依頼することの3点から考えるように助言する。
2　学習課題をつかむ。 あなたが取り組める地域を活性化させる「政治参加」について考えよう。	○今までの学習をノート等で振り返り，必要がある政治参加を考えるように伝える。
3　資料を基に自分ならどのような「政治参加」があるのかを個人で考える。 ・世論による政治参加。 ・まちづくりに協力したり，参加したりする政治参加。	・「新聞の投書欄」「市民活動の記事」「拡大したこれまでの資料」を各グループ1枚配布し，「政治参加」について考えを広げる。 ○既習学習で学んだ「市民主導型」からどのような「政治参加」があるのかを考えるように助言する。
4　グループで各自の「政治参加」につ	・相手の考えのよさを必ず伝えるようにする。

状況を把握するとともに，児童や保護者等に対し，その成長の過程や到達点，今後の課題等を示す。一方，パフォーマンス評価は，知識やスキルを使いこなす（活用・応用・統合する）ことを求めるような評価方法。論説文やレポート，展示物といった完成作品（プロダクト）や，スピーチやプレゼンテーション，協働での課題解決，実験の実施といった実演（狭義のパフォーマンス）を評価する。

▷10　地域おこし協力隊
おおむね1年以上3年以下の期間，地方自治体の委嘱を受け，地域で生活し，農林漁業の応援，水源保全・監視活動，住民の生活支援等の各種の地域協力活動に従事する者をいう。地域おこしの支援として，地域行事やイベントの応援，伝統芸能や祭の復活，地域ブランドや地場産品の開発・販売・プロモーション，空き店舗活用等商店街活性化，都市との交流事業・教育交流事業の応援，移住者受け入れ促進，地域メディア等を使った情報発信等があげられる。

いて考えを伝え合う。 （1）グループで各自の考えを伝え合う。 （2）質疑応答をして，自分の「政治参加」について考えるよい意見を全体に伝える。	・根拠としての事実や資料を引用して伝えることを助言する。 ・習得した知識や用語を，自分の意見を述べるために活用するように促す。
5　地域の活性化のための政治参加について考えたことを振り返る。	※　地域の活性化に対してどのような「政治参加」ができるか考えているか。 （発言・ノート）
6　次時の学習の確認をする。	・今回の学びを次の学びにつなげる。

5 　授業の様子から

授業後の振り返りで，児童から以下のような意見が出された。

A児は「さまざまな角度で政治参加について見たり考えたりすることで，人によって違う課題があることを多く発見できた。自分とは違う課題があることがわかりよかった。でも，どのようによりよい社会にしていけばよいか迷うようになった」と書いていた。B児は「いろいろな立場の人たちが考えている町の課題を見つけ，改善点を見つけることができてよかった。今回，2つの問題点を一つの改善策で解決ができることを友だちと一緒に考えることができてよかった。このことを自分なりの政治参加につなげたい」，C児は「人はそれぞれ違う意見だけれど，それぞれの意見を聞いて自分のことばかり言っているように聞こえる。でも，それらの話を合わせると町の問題なんだと気づけた。自分の問題を解決していけば町の問題も実は解決できるのではないかと思った」とそれぞれ書いていた。

A児は，「今後のあり方や課題の解決策を見出すことは難しい」と考えている。このような児童には，共に学習を進めたグループのメンバーからの相互評価を大切にしたい。他者に貢献できているよさを自覚できれば，振り返りの内容も変わってくる。B児は，今まで別々の問題と捉えてきたことが一つの解決策で解消することを発見できた喜びを，文章に残している。このような発見の瞬間は，大切にされるべきである。教師がこの発見を適正に評価できれば，B児の社会を見る目はさらに鋭くなるにちがいない。C児は，これまでは，さまざまな問題のつながりを意識できていなかった。しかし，学習を進めるなかに，一人ひとりの問題が集まって町の問題が生まれているという構造を見出してきた。C児にとっての町の問題はもはや，自らの問題として成立しつつあるのである。

授業を担当している者がどこまで意識して児童の言動を見るかで，児童の今

後の政治参加の芽が大きく育つか否かが決まってしまうこともありえる。

4　実践するにあたっての留意点

　政治に関する学習を行う際には，多様な立場の人々（教職員，児童，保護者，地域住民等）を市民として捉え直すことが必要である。川中大輔（2005）は，「かっこいい市民像」として，たくましく，何でもこなせる「パーフェクトな市民」を暗に想定し，同時に「かっこわるい市民」を「非市民」として指弾する危険性について述べる。川中が述べるように，社会に完璧な「かっこいい市民」は存在しない。個々の「弱さ」を自覚し，互いに支え合っていく社会の必要性を認識するところから，政治に関する学習は開始すべきである。

　また，現実社会においては，住民参加の町づくりが簡単には進まないことも自覚すべきである。しかし，その過程で育てられた人と人，人とモノ，人と見方・考え方とのつながりは，別な場所で生きてくることがある。「あれは本当によかった」という感動やそこに自分がかかわれたという事実を誇りにできるような体験が，その意識を高める原動力となる。奈須正裕・諸富祥彦（2011）は「子どもの社会参画やシティズンシップなどは，究極的には，いま偶然居合わせている者同士が，居合わせている時間を大切にしていこうという話なのではないか」と述べている。政治的思考力・判断力を感動や誇りと共に育てていきたい。

Exercise

① 小学校における政治に関する学習の役割を，「市民の育成」という観点からまとめてみよう。
② 新学習指導要領における小学校の政治に関する学習の課題を，「3つの学び」「政治的中立性」の2点よりまとめてみよう。
③ 小学校の政治に関する学習の単元構成を，「単元目標」「評価方法」「単元計画」の3点から構想してみよう。

📖次への一冊

小玉重夫『シティズンシップの教育思想』白澤社，2003年。
　　わかり合えることを前提にした共同体内部の関係を超えて，いかに異質な「他者」との関係を築き上げるか。新たな政治的公共性の空間での「市民」をどうやって生

み出すのかについて必読の文献である。

バーナード・クリック，添谷育志・金田耕一訳『デモクラシー』岩波書店，2004年。
デモクラシーほど多義的で，また濫用されてきた言葉はない。古代ギリシアからデ
モクラシーの何をめぐって，どんな論争が巻き起こされてきたのかについて書き起
こされた入門書。

山崎亮『縮充する日本――「参加」が創り出す人口減少社会の希望』PHP新書，2016年。
人口や税収が縮小しながらも，地域の営みや住民の生活が充実したものになる仕組
みを編み出さなければならない時期。「縮小」を「縮充」へ導く唯一の解が「参加」
であると述べる。あらゆる分野で胎動する「参加」について学びたいと考える人に
は最適の書である。

引用・参考文献

川中大輔「地域課題の解決に参画する体験から学ぶ」『社会科教育』547号，明治図書出
版，2005年。
奈須正裕・諸富祥彦『答えなき時代を生き抜く子どもの育成』図書文化社，2011年。

第13章
初等社会科教育の指導計画

〈この章のポイント〉
　指導計画を作成するうえでは，学校や学級，地域，そして，児童の実態を踏まえることが肝心である。そのためにも，カリキュラム・マネジメントの観点に立つことが重要である。本章では，まず，小学校の新学習指導要領に示された，指導計画の作成に関する項目について概説する。そのうえで，具体的な年間指導計画を一つ例示して，指導計画を作成するにあたって必ず記されなければならない，配当時数や地域との連携などにふれる。さらに，カリキュラム・マネジメントを生かした年間指導計画のあり方にふれる。以上のことから，本章では初等社会科教育の指導計画を解説する。

1　社会科における指導計画の役割

　指導計画とは，「授業開始以前に教師によって作成される，単元などの内容や時間のまとまりを見通した，学習指導の計画」のことである。
　何か物事を始める時には，誰もが計画を立てる。無計画で進めることもあるが，その場合はたいてい，物事がうまく進まない。そのようなイライラとした経験を，誰もがもっているだろう。それは，社会科授業にもいえることである。何を，どのように教えるのかを計画しないままに授業を進めれば，本来は，社会科授業が成立することはありえないのである。
　指導計画は，「①年間指導計画」「②単元計画」「③本時の授業計画」の3つに分けることができる。一般に，学習指導案に示されるのは，②と③である。①が学習指導案に示されることはないが，学習指導案を作成する際にも，①が念頭に置かれなければならない。そのため，①②③は，構造的に関連づけられる必要がある。つまり，①のなかに②があり，②のなかに③がある，という構造である。一般に，指導計画の作り方も，①→②→③の順序で行われることになる。
　本章では，「①年間指導計画」を最も基本的な指導計画であると捉えて，説明を加える。年間指導計画に言及すれば，間接的に，単元計画等にもふれることになると考えられるからである。「②単元計画」「③本時の授業計画」についても適宜ふれることにするが，詳しくは，本書に収められた他の章を参照いただきたい。なお，本章でふれることは，以下のとおりである。第一に，新学習

第Ⅱ部　初等社会科教育の実践

指導要領およびその解説で，指導計画に言及した部分を取り上げ，解説をする。第二に，指導計画に記載される事項と，作成にあたっての留意点にふれる。そのうえで，第三に，近年のカリキュラム研究の動向を念頭に置き，これからの指導計画のあり方について提案する。

2　新学習指導要領およびその解説で説明される指導計画

　小学校の新学習指導要領の「社会」の箇所を見ると，「第3　指導計画の作成と内容の取扱い」があることに気づく。指導計画を考えるにあたって，まずは参照にすべき部分である。

　関連して，この「第3　指導計画の作成と内容の取扱い」を理解するにあたっては，新学習指導要領の「総則」にも目を向けておく必要がある。「総則」には，小学校教育全般にわたる，配慮すべき事項がさまざまに説明されている。新学習指導要領内の「総則」と「社会」の関連性を意識することで，社会科における取り組みを正確に理解できるようになる。「木を見て，森を見ず」とならぬよう，この作業の徹底が求められる。

　「総則」で指導計画にふれているのは，「第2　教育課程の編成／3教育課程の編成における共通的事項／(3)指導計画の作成等に当たっての配慮事項」の箇所である。そこには，次のような記述がある。

> (3)指導計画の作成等に当たっての配慮事項
> 　各学校においては，次の事項に配慮しながら，学校の創意工夫を生かし，全体として，調和のとれた具体的な指導計画を作成するものとする。
> 　ア　各教科等の指導内容については，(1)のアを踏まえつつ，単元や題材など内容や時間のまとまりを見通しながら，そのまとめ方や重点の置き方に適切な工夫を加え，第3の1に示す主体的・対話的で深い学びの実現に向けた授業改善を通して資質・能力を育む効果的な指導ができるようにすること。
> 　イ　各教科等及び各学年相互間の関連を図り，系統的，発展的な指導ができるようにすること。
> 　ウ　学年の内容を2学年まとめて示した教科及び外国語活動については，当該学年間を見通して，児童や学校，地域の実態に応じ，児童の発達の段階を考慮しつつ，効果的，段階的に指導するようにすること。
> 　エ　児童の実態等を考慮し，指導の効果を高めるため，児童の発達の段階や指導内容の関連性等を踏まえつつ，合科的・関連的な指導を進めること。

　引用文の冒頭に「各学校においては」とあるように，指導計画は，学校ごとに作成されるものである。指導計画に学習指導要領や教科書の内容を含めることが必要条件となるが，実際の授業改善は，地域や児童の実態を踏まえることを抜きには考えられない。カリキュラム・マネジメントの考え方を生かし，創

▷1　「(1)のア」について
(1)のアには，「第2章以下に示す各教科，道徳科，外国語活動及び特別活動の内容に関する事項は，特に示す場合を除き，いずれの学校においても取り扱わなければならない」とある。つまり，指導計画を作成するうえでの大前提は，「社会」で取り扱う教育内容をすべて取り扱わなければならない，ということである。

▷2　「第3の1」について
第3の1は，「主体的・対話的で深い学びの実現に向けた授業改善」に関する事柄である。その中身としては，主体的・対話的で深い学びに関して，7つの事項から詳しく論じられている。見方・考え方や課題（問題）解決的な学習等にもふれており，社会科と他教科等のつながりを大切にするという意味からも，検討しておくことが必要である。

第13章　初等社会科教育の指導計画

意工夫を凝らした指導計画の作成が望まれる（カリキュラム・マネジメントに関しては，後述する）。

　アは，主体的・対話的で深い学びの実現を目指して，指導計画が作成されることを述べた事項である。イは，各教科等及び各学年相互の関連を図りながら，指導計画が作成されることを述べた事項である。ウは，初等社会科には特段関係のない事項であろう。そして，エは，児童の実態を踏まえ，合科的・関連的な指導を念頭に置き，指導計画を作成することを説明した事項である。

　このように「総則」で述べられたことは，社会科という一教科で指導計画の作成を考える際にも，常に念頭に置かなくてはならない。それでは，新学習指導要領の「社会」では，指導計画の作成をどのように述べられているのか。

　次の引用文は，新学習指導要領の「社会」で，指導計画の作成を述べている部分である。「第3」では，「1」で指導計画の作成に関して，「2」で内容の取扱いに関して，それぞれ言及がある。ここでは，「1」のみを取り上げることにする。

第3　指導計画の作成と内容の取扱い
1　指導計画の作成に当たっては，次の事項に配慮するものとする。
(1)　単元など内容や時間のまとまりを見通して，その中で育む資質・能力の育成に向けて，児童の主体的・対話的で深い学びの実現を図るようにすること。その際，問題解決への見通しをもつこと，社会的事象の見方・考え方を働かせ，事象の特色や意味などを考え概念などに関する知識を獲得すること，学習の過程や成果を振り返り学んだことを活用することなど，学習の問題を追究・解決する活動の充実を図ること。
(2)　各学年の目標や内容を踏まえて，事例の取り上げ方を工夫して，内容の配列や授業時数の配分などに留意して効果的な年間指導計画を作成すること。
(3)　我が国の47都道府県の名称と位置，世界の大陸と主な海洋の名称と位置については，学習内容と関連付けながら，その都度，地図帳や地球儀などを使って確認するなどして，小学校卒業までに身に付け活用できるように工夫して指導すること。
(4)　障害のある児童などについては，学習活動を行う場合に生じる困難さに応じた指導内容や指導方法の工夫を計画的，組織的に行うこと。
(5)　第1章総則の第1の2の(2)に示す道徳教育の目標に基づき，道徳科などとの関連を考慮しながら，第3章特別の教科道徳の第2に示す内容について，社会科の特質に応じて適切な指導をすること。

　「総則」と関連する事項が多いことに気づくだろう。(1)では，主体的・対話的で深い学び，社会的事象の見方・考え方，問題解決的な学習と指導計画の作成との関連性が述べられている。(2)では，効果的な年間指導計画を作成することが，指導計画作成の一つのゴールになることが述べられている。(3)では，基礎的・基本的な事項の習得を，指導計画を作成する際に留意する必要のあることが述べられている。そして，(4)は「総則」の「第4　児童の発達の支援／2

第Ⅱ部　初等社会科教育の実践

特別な配慮を必要とする児童への指導」との関連から，(5)は「総則」の当該箇所との関連から，社会科においても留意しなければならない事項が述べられている。

なお，旧学習指導要領［平成20年改訂］では，この指導計画の作成が，4つの事項から構成されていた。すなわち，(1)地域や児童の実態を生かして指導計画を作成すること，(2)博物館等を活用して観察や調査活動を取り入れた指導計画を作成すること，(3)学校図書館等を活用して資料の収集・活用・整理等を行うことを可能にする指導計画を作成すること，(4)道徳教育の充実を可能にする指導計画を作成すること，である。これと比べると新学習指導要領では，指導計画の作成に関しても，主体的・対話的で深い学びにふれる等，近年の教育改革の流れを踏まえて構想されていることがわかる。新学習指導要領のこの箇所を読むことで，これからの社会科で何が求められているかを理解できるというわけである。指導計画の作成は，社会科の授業改善にとって極めて重要な役割を担うといえよう。

3　年間指導計画の作成

では，年間指導計画は実際に，どのように作成されるのか。

▷3　年間指導計画の形式
年間指導計画の形式を，地方自治体（都道府県，市区町村）で定めているところもある。インターネットで調べてみるとよい。また，同じ地方自治体でも，教科ごとに異なる年間指導計画の形式を用いているところもある。教科の特色が，年間指導計画にも反映されるからである。

年間指導計画に定まった形式はない。先に述べたとおり，年間指導計画は学校の創意工夫により，学校独自に作成されるものだからである。とはいえ，すべての教師に理解してもらい，授業を計画する際の指針となるべき年間指導計画であるから，どの学校の年間指導計画でも共通におさえておくべき事項がある。

次頁の表13-1は，新学習指導要領に基づく，第3学年の年間指導計画の例である。年間指導計画は，学年ごとに作成するのが一般的である。

［1］　単元名，主な学習活動，配当時数，実施時期

年間指導計画は，その年度における社会科授業の全体的な見通しを示したものである。どの単元の，どのような学習活動を，どれくらいの時間をかけて，どの時期に実施するのか。また，それぞれの単元や学習活動を通して，児童にどのような能力等を身につけさせたいのか。これらについて，1年間にわたる児童の学習の様子を思い浮かべながら構想していくことによって，年間指導計画は完成に至る。

表13-1の上段，太枠で囲った部分に，単元名，主な学習活動，配当時間，実施時期の4つの構成要素が記されている。それぞれ説明してみたい。なお，表13-1では，それぞれの単元を，「地理的環境と人々の生活」「現代社会の仕

表13-1　第3学年　年間指導計画（全70時間）例

	4月	5月	6月	7月	8月	9月	10月	11月	12月	1月	2月	3月
地理的環境と人々の生活	身近な地域や市の様子 (14) ・身近な地域の様子 (10) ・市の様子 (4)											
現代社会の仕組みや働きと人々の生活			地域に見られる生産や販売の仕事 (24) ・地域の生産の仕事（農家の仕事）(12) ・地域の販売の仕事（スーパーマーケットの仕事）(12)				地域の安全を守る働き (16) ・緊急時の対処 (6) ・火災や事故の防止 (10)					
歴史と人々の生活										市の様子の移り変わり (16) ・生活の道具と人々の生活の変化 (4) ・公共施設や土地利用と人々の生活の変化 (12)		

身につける知識及び技能

〔身近な地域や市の様子〕
○身近な地域や大まかな市の様子
○観察・調査したり、地図などの資料で調べたりして、白地図などにまとめること

〔地域に見られる生産や販売の仕事〕
○生産の仕事は、地域の人々の生活と密接にかかわって行われていること
○販売の仕事は、消費者の多様な願いを踏まえ売り上げを高めるよう、工夫して行われていること
○見学・調査したり、地図などの資料で調べたりして、白地図などにまとめること

〔地域の安全を守る働き〕
○主に警察署などの関係機関が地域の人々と協力して事故などの防止に努めていること
○主に消防署などの関係機関は、地域の安全を守るために、相互に連携して緊急時に対処する体制をとっていること
○見学・調査したり資料などで調べたりして、まとめること

〔市の様子の移り変わり〕
○市や人々の生活の様子は、時間の経過に伴い、移り変わってきたこと
○聞き取り調査したり、地図などの資料で調べたりして、年表などにまとめること

身につける思考力、判断力、表現力等

○身近な地域の様子を捉え、場所による違いを考え、表現すること

○地域の生産に携わっている人々の様子を捉え、地域の人々の生活との関連を考え、表現すること
○販売に携わっている人々の仕事の様子を捉え、それらの仕事に見られる工夫を考え、表現すること

○消防署や警察署などの関係機関や地域の人々の諸活動を捉え、相互の関連や従事する人々の働きを考え、表現すること

○市の人々の生活の様子を捉え、それらの変化を考え、表現すること

身につける学びに向かう力、人間性等

○身近な地域や市の様子について、主体的に学習の問題を解決しようとする態度や、地域社会に対する誇りや愛情、地域社会の一員としての自覚をもつこと

○地域の生産や販売の仕事について、主体的に学習の問題を解決しようとする態度や、よりよい生産や販売の工夫を考えるとともに、それらを自らの生活に生かそうとする態度や、地域社会に対する誇りや愛情、地域社会の一員としての自覚をもつこと

○地域の安全を守る働きについて、主体的に学習の問題を解決しようとする態度や、安全を守るために自分たちにもできることなどを考えたり選択・判断したりできるように、地域社会の一員としての自覚をもつこと

○市の移り変わりについて、主体的に学習の問題を解決しようとする態度や、地域社会に対する誇りや愛情、地域社会の一員としての自覚をもつこと

内容の取扱い

○地図帳を参照し、方位や主な地図記号を使うこと

○「国内の他地域や外国との関わり」を扱う際は、地図帳などを使用して都道府県名や国の名称を調べること
○わが国や外国には国旗があり、それらを尊重する態度を養うこと

○社会生活を営む上で大切な法やきまりについて扱うこと
○地域の消防署や警察署などに自分たちでできることなどを考えたり選択・判断したりできるようにすること

○昭和、平成などの元号を取り上げること
○市役所が公共施設の整備を進めてきたことを取り上げ、租税の役割にふれること
○少子高齢化、国際化について、これからの市の発展について考えるようにすること

地域との連携

○地域の見学
・高いところから景観を展望
・地理的に特徴のある場所の見学
・市役所などの公共施設の見学

○生産の仕事の見学
・地域の農家を訪問し、聞き取り調査
・販売の仕事の見学
・地域のスーパーマーケットを訪問し、販売の工夫を調査
・お客に聞き取り調査

○消防団や町内会などの人から、地域の安全を守る活動について聞き取り調査
・地域の消防署や警察署を見学
・地域にある施設・整備の位置を調査

○博物館や資料館などの人から、昔の市の様子などについて聞き取り調査
・地域の高齢者に、昔の人々の生活について聞き取り調査
・市役所の職員への聞き取り調査

教科横断的な学習との関連

○総合的な学習の時間
・地域の人々のくらし

○消費者教育
○道徳科（勤労）
○国際理解教育
○外国語活動

○安全教育
○道徳科（規則の尊重）

○租税教育（郷土愛）
○道徳科（郷土愛）
○算数科（表やグラフ）

---

* この年間指導計画は、安野ほか (2017)（90－91ページ）に示されているものに、適宜必要事項を加えて筆者が改良したものである。

組みや働きと人々の生活」「歴史と人々の生活」の枠組みに位置づけている。これは新学習指導要領で，社会科のすべての教育内容がこの3つに分類されることを反映したものである。

　まず，単元名に関してだが，表13-1では，新学習指導要領の第3学年に示された4つの教育内容，すなわち，「身近な地域や市（区町村）の様子」「地域に見られる生産や販売の仕事」「地域の安全を守る働き」「市の様子の移り変わり」が，そのまま単元名として記されている。実際には，教科書や副読本に示された単元のタイトル，さらには，各教師が教材研究を深めたうえでの個性的なタイトルが記されることになるだろう。それでもやはり，基本となるのは学習指導要領である。新学習指導要領では，これまで以上に，各単元の内容が明確に示されている。まずは，これを単元名として考え，年間指導計画に位置づけてみるところから，その作成を開始するのが現実的である。

　次に，主な学習活動に関してだが，例えば，「身近な地域や市の様子」であれば，2つの学習活動が示されていることに注目してほしい。新学習指導要領では実際に，「2　内容／(1)身近な地域や市区町村の様子」として，一つの内容しか示されていない。しかし，ここでは2つの学習活動（「身近な地域の様子」「市の様子」）が示されている。このように，児童や地域の実態，さらには教師による個性的な教材解釈を踏まえ，適宜，単元における学習活動は修正が加えられていくことになる。なお，この場合，「身近な地域や市の様子」を大単元，「身近な地域の様子」「市の様子」を小単元と呼ぶのが一般的である。ここ（表13-1）では，学習活動として，単元名のみを示している。しかし，実際には，児童の活動の様子がわかるように，より具体的な学習活動を，単元名の下に記すという方法もある。そちらの方が多くの教師が単元の内容を具体化できるために望ましいと考える。

▷4　総時数

総時数に関しては，第3学年が70時間（週当たり2コマ），第4学年が90時間（週当たり2.6コマ），第5学年が100時間（週当たり2.9コマ），第6学年が105時間（週当たり3コマ）となっている。なお，授業時数の1単位時間は，小学校の場合は45分，中学校と高等学校の場合は50分である。

　また，配当時数だが，第3学年であれば総時数70時間を，それぞれの単元（大単元および小単元）に割り振ることになる。例えば，表13-1では，大単元「身近な地域や市の様子」に14時間，小単元「身近な地域の様子」に4時間，小単元「市の様子」に10時間が配当されている。以下，表13-1に示されているすべての大単元と小単元には，それぞれ配当時間が単元名の後に記されている。また，各単元の配当時間を比べてみると，4時間と少ないものと，10時間を超える多いもののように，単元ごとに違いがあることに気づくだろう。10時間を超えるような単元では，見学や観察が含まれていることが多い。例えば，「市の様子（10）」であれば，児童は実際に「学区たんけん」を通して，学校のまわりを中心とした市の様子について学ぶことになる。また，「地域の販売の仕事（12）」であれば，児童は「スーパーマーケットへの見学」を通して，地域の販売の仕事について学ぶことになる。このような見学や観察という体験的

な活動は，社会科授業の特徴の一つとなっている。児童の発達段階を踏まえ，五感を働かせながら社会認識が深まるよう，配当時数を適宜工夫して，見学や観察を社会科授業に導入していくことが求められるであろう。年間指導計画を作成するうえでの一つの工夫が，このようなところにも隠されている。

　最後に，実施時期であるが，この決定の前提として考えなければならないのは，学習指導要領に盛り込まれた教育内容をどのような順序で取り扱っていくかということである。一般的には，その順序は学習指導要領の掲載順である。しかし，使用される教科書や副読本によっては，この順序が異なる場合がある。この背景には，学習指導要領では特別なことわりのない限り，取り扱う順序までを規定していないという事実がある。また，学校の実態等を踏まえて，この順序を学校独自に定めていくという方法もある。この際に念頭に置くべきは，他教科等に社会科の当該単元と関連する学習活動があるか，見学や観察を実施するにあたり受け入れ先の施設等の都合はどうか，夏休みや冬休み等の長期休暇を活用して調べ活動を実施することは必要か否か等である。学習指導要領や教科書等の掲載順をそのまま受け入れるのではなく，学校や地域，児童の実態を考慮して，柔軟に年間指導計画を作成していくことが，結果として，児童の深い学びを生み出すことにつながることもある。

２ 児童に身につけさせたい資質・能力

　新学習指導要領では，育成を目指す資質・能力の明確化が図られた。具体的には，児童に身につけさせたい資質・能力を，「知識・技能」「思考力・判断力・表現力等」「学びに向かう力・人間性等」の３つの柱に整理した。これらの柱は，社会科を含む，すべての教科等に共通である。

　年間指導計画でも，単元ごとに，この３つの柱に沿って目標が示されるべきである。目標を示すにあたっては，学習指導要領を参考にするのが一般的であろう。例えば，大単元「身近な地域や市の様子」であれば，学習指導要領の関連する項目において，一つの知識に関する目標，一つの技能に関する目標，そして，一つの思考力・判断力・表現力等に関する目標が提示されている。これにアレンジを加え，学校および学級独自の目標へと改良していくのである。目標を明確に示せないと，単元ごとに作成される単元計画や，本時の授業計画を含んだ学習指導案を作成できないことになる。児童の学習活動をできるだけ具体的にイメージしながら，目標を設定することが必要である。

３ カリキュラム・マネジメントを生かした年間指導計画

　表13-1の説明で残されたのは，「地域との連携」「教科横断的な学習との関連」の２つである。この２つにふれるにあたっては，カリキュラム・マネジメ

▷5 カリキュラム・マネジメント

文部科学省の「小学校におけるカリキュラム・マネジメントの在り方に関する検討会議」は，2017年に報告書を公表した。そこでは，時間割編成にあたっての基本となる考え方や，授業時間数確保に向けてのポイントが記されている。それらは，社会科の指導計画を考えるうえでも留意したい点である。

ントに言及しておくことが必須となる。

カリキュラム・マネジメントに関しては，「小学校学習指導要領解説社会編」の「第1章　総説」において，「各学校におけるカリキュラム・マネジメントの推進」として次のような説明がある。

> 各学校においては，教科等の目標や内容を見通し，特に学習の基盤となる資質・能力（言語能力，情報活用能力，問題発見・解決能力等）や現代的な諸課題に対応して求められる資質・能力の育成のためには，教科等横断的な学習を充実することや，「主体的・対話的で深い学び」の実現に向けた授業改善を，単元や題材など内容や時間のまとまりを見通して行うことが求められる。これらの取組の実現のためには，学校全体として，児童生徒や学校，地域の実態を適切に把握し，教育内容や時間の配分，必要な人的・物的体制の確保，教育課程の実施状況に基づく改善などを通して，教育活動の質を向上させ，学習の効果の最大化を図るカリキュラム・マネジメントに努めることが求められる。

ここに示されていることが，年間指導計画を作成するうえでも重要になる。表13-1に示した「地域との連携」「教科横断的な学習との関連」の2つは関連しており，とくに配慮が必要な事項である。

まず，「地域との連携」だが，見学や観察を単元の学習活動に含むことの多い社会科では，地域との連携が不可欠となる。とくに，地域学習の特性を有する第3学年と第4学年社会科では，地域との連携なくして授業は成立しないだろう。表13-1では，「地域との連携」の欄に，「見学」や「聞き取り調査」という学習活動が記されている。これらの学習活動を計画・実施するにあたり，教師には事前に，学校と地域の協働的な人的または物的な体制を確保することが求められる。例えば，大単元「地域の安全を守る働き」を事例に，地域との連携のあり方を考えてみよう。この単元では，消防署や警察署の見学が実施されるのが一般的である。この見学に先立ち，教師は消防署等に連絡を取って見学の可能性を探り，実際に見学が可能となった時には，いつ頃，どのような部署に見学が可能かを消防署等と打ち合わせをする。その際には，現地でのインタビューが可能かどうかも確認しておく必要があるだろう。また，場合によっては，消防士や警察官が教室を訪問し，児童の前で仕事内容を説明することが可能になるかもしれない。このように具体的な学習活動をイメージして，「地域との連携」を図る。消防署や警察署の見学は社会科授業で毎年実施されるものである。人的または物的な体制の確保は，次年度の授業づくりにもつながるので，慎重に進めるべきである。

次に，「教科横断的な学習との関連」だが，社会科という教科の総合性を考えると，避け難く考慮に入れるべき事項だといえる。カリキュラム・マネジメントが叫ばれる背景には，限られた時間のなかで効率的に学校教育活動を進

め，学習効果を高めるという発想がある。激しい社会の変化のなかで，学校教育には次々と「○○教育」と呼ばれる教育活動の展開が求められ，教師の多忙化は日に日に高まるばかりである。「教科横断的な学習との関連」には，そのような課題を回避する一つの方途として考えられたという側面がある。しかし，社会科ではそのような効率性の観点だけでなく，教科の性格からして，他教科等との連携を深めるべきである。例えば，大単元「地域の安全を守る働き」には，「安全教育」と「道徳科（規則の尊重）」の2つが，「教科横断的な学習との関連」として示されている。安全教育に関していえば，警察署であれば交通安全教育，消防署であれば減災・防災教育が，今日多くの小学校で実施されているだろう。これらの学習活動のなかには，社会科授業と関連するところが少なくなく，また，関連づけることで社会科授業が充実したものとなる可能性が高いものもみられる。さらに，道徳科との関連に関しては，旧学習指導要領〔平成20年改訂〕より強調されていることであるが，今日では，すべての教科等でその関連が重視されている。

　以上，表13-1に基づいて，年間指導計画の作成について説明をした。単にその留意点を示すだけでなく，これからの社会科はどのようにあるべきかについても言及した。年間指導計画は，社会科の全体像を俯瞰するマップ機能を有する。

4 指導計画作成の課題と今後の発展

　最後に，指導計画作成の課題と今後の発展として，指導計画の評価の問題にふれることにする。

　本来ならば，学校や学級，地域，そして，児童の実態を踏まえて，不断に修正されなければならない指導計画であるが，前年度のものを踏襲するという方法が通例となっているのが指導計画作成の実態である。しかし，これでは，社会科カリキュラムや授業の改善は期待できない。そこで，指導計画の評価が必要となる。

　指導計画の評価では一般に，PDCAサイクルが活用される。PDCAサイクルとは，「Plan（計画）→ Do（実施）→ Check（評価）→ Action（改善）」といった一連の評価の流れを，Planから始めActionで終わりにするのではなく，Actionの先に再度Planを位置づけ，サイクル化しようとする取り組みを意味する。学校のカリキュラム全体を評価する学校評価の際に活用されることが多いようだが，社会科の指導計画を評価する際にも，このPDCAサイクルは有効である。

　先に示した表13-1を参照して，説明してみたい。表13-1は，Planである。これに基づいて社会科授業は実施される，すなわち，Doである。年間指導改

▷6　道徳科との連携
道徳科との連携は，社会科の指導計画を考えるうえで欠かせない視点である。社会科における道徳教育を充実させるためには，社会科の目標や学習活動と道徳科の内容等との関連性を探ることが必要である。そのうえで，社会科授業と道徳科授業の効果が相互に高まるように指導計画の工夫・改善を図ることが求められる。

▷7　PDCAサイクル
PDCAサイクルはもともと，事業活動における生産管理や品質管理などの管理業務の円滑化を進める手法として考案されたものである。それが，今日では，学校教育にも導入されるに至っている。指導計画の作成に役立てられるだけでなく，一単元や一時間の授業を評価する際にも役立てられ，今では社会科においても必須の方法となっている。

第Ⅱ部 初等社会科教育の実践

革が毎年変わらずそのまま次年度に引き継がれるようであれば，その原因はDoで終わってしまい，その先に進まないからである。DoからCheckを経てActionへと進み，さらにPlanへと立ち戻ってくるために，何よりも大切にされるべきは，児童の学習の様子を適切につかむことである。そして，それを蓄積させて，分析していくことである。単元の前後における児童の学習の深化を捉えるために，質問紙調査を実施するのも一つの方法である。また，授業研究でよくなされることだが，一時間一時間のなかで，児童の学習がどのように変化したかを，児童の発話や行動を基に分析していく方法もあるだろう。いずれにしても，多様な方法を用いて，児童の学習を評価していきたい。そうすれば必然的に，指導計画の不十分さが見えてくる。例えば，配当時数や実施時期，地域との連携のあり方に関して，改善の視点が明らかになるはずである。

指導計画は，教師のためにあるのではなく，児童のためにある。この最も基本的なところを，教師は忘れてはならない。

Exercise

① 新学習指導要領の「総則」および「社会」に注目し，そこで説明のある「指導計画の作成」に関する留意点を端的にまとめてみよう。
② 年間指導計画の作成にあたり，「単元名」「主な学習活動」「配当時間」「実施時期」の4つの構成要素に関して，それぞれどのような点に留意して記述すべきか，端的に述べてみよう。
③ 年間指導計画の作成とカリキュラム・マネジメントの関係性を，「地域との連携」「教科横断的な学習との関連」の2つの観点から説明してみよう。

次への一冊

安彦忠彦編著『新版　カリキュラム研究入門』勁草書房，1999年。
　　学校のカリキュラム改革に必要な理論と方法を，多くの観点と多くの事例から概説している，カリキュラム研究に関する入門書としては最適の一冊である。社会科における指導計画を考える際にも，このようなさまざまな視点を視野に入れておくことが必要である。
田中統治他編著『カリキュラム評価入門』勁草書房，2009年。
　　指導計画にとって，評価は避けて通ることのできない観点である。本書では，教育カリキュラムをどう捉え，何のために，いかに評価するか，その理論と方法が端的に解説されている。社会科において指導計画を作成する際にも，参考にしたい書である。

澤井陽介『澤井陽介の社会科の授業デザイン』東洋館出版社，2015年。

　　新学習指導要領の作成に，教科調査官（視学官）としてかかわった澤井氏による，社会科授業の今日的なあり方をまとめた書籍である。「問い」「教材化」「協働的な学び」「学習評価」の4つの観点が提示されている。社会科教育改革の動向を知ることができるために，指導計画を作成する際に役立てられる書である。

田村学編著『カリキュラム・マネジメント入門──「深い学び」の授業デザイン　学びをつなぐ7つのミッション』東洋館出版社，2017年。

　　本書では，カリキュラム・マネジメントの3つの側面として，「カリキュラム・デザイン」「PDCAサイクルの側面」「内外リソース活用の側面」をあげている。数多くの事例が取り上げられ，指導計画を作成するうえで多くのヒントを得ることができる。

引用・参考文献

安野功編『平成29年版　小学校　新学習指導要領ポイント総整理　社会』東洋館出版社，2017年。

第III部

諸外国の初等社会科教育

第14章
中華人民共和国の初等社会科教育

〈この章のポイント〉

中国における社会科（社会系教科）は，国家の歴史的な変遷にともない，独特な形態で展開してきた。現在に至って，日本の初等教育における「社会科」のような教科は存在しないが，そのかわりに「道徳と法治」「品徳と社会」が設けられ，社会科に相当するような役割を果たしている。本章では，中国の初等社会系教科教育を全面的かつ系統的に理解するために，まず，中国の社会科の歴史的な経緯を概観する。次に，中国の社会状況および教育事情を踏まえながら，初等社会系教科（「道徳と法治」「品徳と社会」）の教育原理，内容構造，特質について学ぶ。最後に，今後の中国情勢と関連しながら，初等社会系教科教育の方向性を解説する。

1　社会科の成立と展開

現行の教育課程には，「社会科」という科目は存在しないが，社会科（社会系教科）が中国に出現しなかったわけではない。中国における社会科の歴史は1920年代にまで遡り，現在に至るまでの経緯は 2 つの期間に分けられる。一つは中華民国における創設期である。そこから約30年の空白期間を経て，もう一つの時期，つまり中華人民共和国（以下，中国）における再建の期間がある。

1　中華民国における社会科の成立

社会科がはじめて教育課程上に出現したのは，1923年に中華民国の教育部によって刊行された『新学制課程標準綱要』においてである（厳，2016，1 ページ）。ここで，中華民国における社会科という教科の成立が確認される。

アヘン戦争の後，清朝の末期に洋務運動が進められ，その一環として教育改革も行われた。当時の学校では，すでに各国の歴史や地理などに関する科目が開設されていた。1904年に日本の教育制度と教育課程を参考にした「学制」が施行され，修身，歴史，地理，法制などの科目が学校に導入された。1912年 1 月に清朝に変わって中華民国が発足する。中華民国政府は，アメリカの教育制度を参考にしながら，清朝の末期から始めた「洋務教育」に対する改革を行った。教育部は1922年11月 1 日に「新学制」と名づけられた『学校系統改革案』を公布し，六・三・三の学年制度の導入などの教育政策を施行した（丁，

▷1　中華民国
辛亥革命の後，1912年 1月 1 日に発足した新しい国の国号である。1949年10月 1日に中華人民共和国が成立すると，国民党が指導権をもつ国民政府は台湾に渡り，今日まで中華民国の国号を使用している。

▷2　洋務運動
清朝の末期において，曽国藩を中心とした「洋務派」官僚グループが推進した軍事中心の近代化運動である。その基本的な考え方は「中体西用」，つまり中国の伝統的な思想や制度に基づき，西洋の先進的な科学技術を導入することで，社会を改良していくことである。

139

2005, 193ページ）。新学制が施行された翌年の1923年，『新学制課程標準綱要』が刊行された。そこで，道徳教育に重点を置く「修身」が小学校と中学校の教育課程で廃止され，小学校では，修身に代わり「衛生」「公民」が導入された。「衛生」と「公民」に従来の「歴史」と「地理」を加えて，計4科目が社会科に設置されることとなったわけである。第1学年から第4学年までは総合科の形で，第5学年と第6学年は分科の形で，連携を図りながら教育活動を展開するように規定されていた（陳，2007, 44ページ）。

　中華民国における社会科の成立をもたらした要因として，大きく内外の2つをあげることができる。内因は，政治や経済などを内包した当時の時代的特徴による影響である。まず，1914年に第一次世界大戦が勃発し，中華民国に進出した列強諸国は戦争にエネルギーを投入したため，極めて複雑化した国際情勢のなか，中華民国は民族産業を発展させることになった。そこでは，職業教育が強調され，訓練を受けた労働力と管理者の人材が各領域で強く求められるようになった。次に，民国当局は中華民国における帝政復活や軍閥の乱闘などの社会問題の主な原因を国民の「共和精神の欠如」に見出し，「健全な人格は共和精神そして国家の基本である」という考え方から，健全な人格と共和精神の育成を教育の基本目標として定め，民主教育の実現を切望した（楊，2014, 37〜40ページ）。

　外因は教育制度および教育思想のレベルにおけるアメリカからの影響である。デューイが1919年4月から2年間にわたって各地で講演を行い，プラグマティズムの教育論を紹介した[3]。デューイの民主教育思想は中華民国の状況に適していたため，教育界のみならず一般社会にまで多大の反響を呼び起こし，後の社会科の成立に直接的な影響を与えた（宮原，1955, 31ページ）。そうした社会状況の切実性と国外における教育思想の影響から，後の「新学制」の施行や社会科の成立が可能となったのである。

　中華民国における社会科の「課程標準」は，1923年に制定されてから1929・1932・1936・1940・1948年の計5回改訂された。社会状況に合わせたこれらの改訂を重ね，歴史・地理・公民・衛生に関する内容は小学校社会科で定着していった。また，低学年（第1学年〜第4学年）までは各分野の「総合性」が重視されているが，高学年（第5学年〜第6学年）では，各内容は独立して教授された。しかし，教育内容と教授方策における総合と分化の混在は，結果として総合的な性格をもつ小学校社会科を分化した形でしか実施することができないものへと性格づけてしまったのである。このことは現在の中国の社会系教科の構造にも影響を及ぼしている。

▷3　ジョン・デューイ（1859〜1952）アメリカの哲学者・教育思想家である。1919年4月に中国を訪れる前の2月に日本に滞在した。日本における講演は主に哲学に関する内容であった。

［2］ 中国における社会科の再建

　中国共産党は1927年から中国の南部各省と北部の一部の省の周辺に革命の根拠地を成立させた。1949年に中華人民共和国が建国されるまでは，各革命根拠地における初等社会系教科の内容構成は統一されなかった。しかし，基本的には「政治」を中心として「地理」「歴史」が付随するような構造が維持された。1949年の建国から1956年までの期間に，「社会主義改造」の一セクションとして，教育改革が実行された。当時の中国とソビエト連邦との関係は緊密であり，教育改革もソビエトの教育モデルを参考にして行われた。とくに1952年3月に『中小学暫行規程』が公布され，ソビエトの学年制度と教育課程をそのままの形で導入した（丁，2005，210ページ）。これにより，小学校第3学年〜第5学年で歴史と地理が残ったが，第1学年〜第2学年では社会科が廃止された。以後，国際的な冷戦情勢の展開，さらには，国内の文化大革命の進行を経て，1978年まで，小学校社会科が実施されることはなかった。表14-1は1978年以降の社会系教科の動向をまとめたものである。

▷4　文化大革命
1966年から約10年間続いた全国規模の政治・権力闘争である。「文革」とも称される。この動乱は当時の国家主席である毛沢東の死と四人組の逮捕により終焉を迎えた。

表14-1　中国における社会系科目の設置状況

小学校学年		1978	1981	1988	1993	2001	2011	2017
	6			思想品徳	社会	品徳と社会	品徳と社会	品徳と社会
	5	政治	歴史 地理	思想品徳	社会	品徳と社会	品徳と社会	品徳と社会
	4	政治	歴史 地理	思想品徳	思想品徳	品徳と社会	品徳と社会	品徳と社会
	3	政治	思想品徳	思想品徳	思想品徳	品徳と社会	品徳と社会	品徳と社会
	2	政治	思想品徳	思想品徳	思想品徳	品徳と生活	品徳と生活	道徳と法治
	1	政治	思想品徳	思想品徳	思想品徳	品徳と生活	品徳と生活	道徳と法治

出所：筆者作成。

　1978年，教育部が『全日制十年制中小学教学計画試行草案』を公布し，小学校において「政治」科目が開設されることとなった。これは小学校社会科の再建の前段階である。1981年，教育部は『全日制五年制小学教学計画試行草案』を公布して，小学校における政治科を廃止，第4学年と第5学年に「地理」と「歴史」を再開するとともに，「思想品徳」科目を設置した。1988年，『義務教育全日制小学，初級中学教学計画（試行草案）』が公布され，「社会に対する常識を育成する」ために，地理と歴史のかわりに第4学年〜第6学年で「社会」科目が設置される。これにより，中国における社会科が再建された。1993年，『九年義務教育全日制小学，初級中学課程計画（試行）』が公布されたが，基本的に1988年版の教育課程を維持するものであった。2001年，教育部は『基礎教育課程改革綱要』を公布し，「思想品徳」と「社会」を結合する形で，小学校第1学年〜第2学年に「品徳と生活」，第3学年〜第6学年に「品徳と社会」

第Ⅲ部　諸外国の初等社会科教育

を設置した。2科目の内容構成は，2011年のそれぞれの「課程標準」によって更新され，それは2016年まで適用された。2017年，教育部は小学校第1学年〜第2学年における「品徳と生活」を「道徳と法治」と変更し，2017年9月に始まる新学期から実施することとなった。現在の小学校教育では，「道徳と法治」と「品徳と社会」の2科目が社会科的な役割を果たしている。

2　初等社会系教科の構造

1　「道徳と法治」の目標・内容と評価

　前述したように，小学校低学年（第1学年〜第2学年）に設置されていた「品徳と生活」は2017年9月の新学期から「道徳と法治」に変更され，その際に内容構造の調整も大幅に行われた。この教育課程の変更は急速に行われたため，「道徳と法制」の方向性や実施方法などに関する文書は，教育部と司法部が中心となり2016年6月に発行した「青少年法治教育大綱」（以下，「法教育大綱」）という行政文書に限定される。なお，小学校における「品徳と生活」と「品徳と社会」はすべて将来的には「道徳と法治」に変更する予定であるが，2017年段階では小学校第1学年〜第2学年のみの改革として進められている。一方で，小学校第3学年〜第6学年に関しては，「法教育大綱」で詳細な規定が記されている。

　「法教育大綱」において，法治教育の全体目標は次の3つに規定された。すなわち，①「社会主義の中核的価値を目指して，青少年は行動規範を明確化し，自ら法を尊重し，法を守るように，法的知識の習得と法を守る意識の形成を通して，個人の成長及び社会生活に必要となる法の常識と制度を青少年に理解・習得させること」，②「行動規範を規則化し，法治意識を培うことによって，法律に従って自身の行動を規制し，法を用いて権利を守り，法定的なルートで国家・社会生活に参加するための意識と能力を育成すること」，③「法治に対する理念と信仰を樹立し，法治実践に参加し，社会主義法治の価値・制度に同意し，自ら社会主義法治の支持者・擁護者になるように導くこと」である。また，小学校段階における法治教育の目標は「憲法に関する常識を普及し，生活の中の法，身近にある法を感知させ，国家に対する観念，法や規則を守る意識と習慣，誠実な態度を培う」ことと規定されている。上記の条文から，法治教育の目標を，「法を知る」「法を守る」「法を使う」「法を擁護する」の4つにまとめることができる。

　法治教育の目標と対応する形で，小学校段階における学習内容は次の表14-2に示すように規定されている。

▷5　2012年11月に開かれた中国共産党第18回全国代表大会において提起された国家・社会・個人が目指すべき価値基準である。国家を建設する際の目標としては「富強，民主，文明，和諧（調和）」，社会を形成する際の目標としては「自由，平等，公正，法治」，個人レベルにおける公民育成の目標としては「愛国，敬業，誠信，友善」が，それぞれ定められている。

第14章　中華人民共和国の初等社会科教育

表14-2　小学校段階における法治教育の学習内容

学　年	内　容
第1学年～ 第2学年	国の象徴と標識への認識。国家，国籍，公民などの概念。 法律上における家族関係。規則に対する意識。 規則の遵守・公平な競争・公平な規則の意義と要求。 法律におけるすべての人は平等であること。 消防安全知識・基本的な交通ルール・一般的な公共サービスの電話番号を知ること。 自然に対する理解・動植物に対する愛情。 資源を節約し，環境を保護するために自分なりに行動すること。
第3学年～ 第6学年	憲法の法的位置づけと権威，人民代表制度，主要な国家機関，国家の主権と領土，防衛の意義，国家統一の意義。 公民としての基本的な権利と義務，重要な民事的権利，未成年者に対する法的保護，権利を行使する規則，法に基づき権利を維持する意識，権利に義務が必ずともなうこと，いじめの認識と予防。 規則を作成する手続き，規則意識の樹立，公共生活における規則の遵守，契約の設立と履行，誠実・信頼・友好の価値と意義。 日常生活における消費者の権利の保護・道路交通・環境保護・消防安全・薬物規制・食の安全等に関する一般的な法律の予備的な理解。 未成年者が理解できるかつ接触率の高い違法・犯罪行為の種類と影響および負うべき法的責任。 司法制度，裁判所，検察庁，弁護士の機能と役割。 中国が加入している重要な国際機関と国際条約。

出所：「青少年法治教育大綱」をもとに筆者作成。

法治教育の評価について，具体的な評価観点が規定されていない。しかし，大きな方針として，「評価は青少年に対する法治教育の効果を全面的に考察しなければならない。法治に関する知識の学習・法治に関わる能力の発達・法治実践に参加する意識の向上を促すように」「法治教育に対する学校及び教員の主体性・創造性を促進し，青少年の法治教育の形式と内容の継続的な改善と革新を促すように」「青少年の学習と生活を結合し，法治に関する思考・行動・態度・実践を重要な側面として」評価を行うことが規定されている。

［2］「品徳と社会」の目標・内容と評価

「品徳と社会」は小学校中高学年（第3学年～第6学年）で実施される科目であり，その性格と内容を規定しているのは，教育部が制定した『義務教育　品徳与社会課程標準（2011年版）』である。そこでは，「品徳と社会」の教育目標を「情感・態度・価値観」「能力と方法」「知識」の3側面から設定している。その内容は表14-3に示すとおりである。なお，これらの目標は教科全体の基本的目標であり，学年ごとには細分化されていない。

表14-3の教育目標を達成するために，小学校第3学年～第6学年に位置する「品徳と社会」の学習内容は，表14-4に示すような構成になっている。一

第Ⅲ部　諸外国の初等社会科教育

表14-3　「品徳と社会」の教育目標

情感・態度・価値観	① 命を大切にし，生活を愛する。自尊心と自制心のともなう楽観的で勤勉でかつ素直な態度。 ② 身内を敬愛して，年長者を尊敬する。文明の礼儀を身につけて，誠実で約束を守る。友好的かつ寛容で，集団を愛し，協力的で，責任感のある態度。 ③ 規則意識，そして民主と法制に対する基礎的な理解を形成し，公平と公正を崇める。 ④ 郷土を愛し，祖国の歴史と文化を大切にする。中華民族への帰属感と誇りをもち，異なる国や民族の文化的相違を尊重し，開放的な国際視野の基礎を形成する。 ⑤ 自然を愛する感情をもち，生態環境を保護する意識を形成する。
能力と方法	① 安全で健康的かつ環境に優しい生活習慣と行動様式を形成する。 ② 自己を認識し，自身の情緒と行動を調整する方法を身につける。 ③ 自分の感想と見解を明確に表現すること・他者の意見を聴くこと・他者の心情と欲求を感じ取ることを習得し，他者と平等に交流・協力して，集団生活に積極的に参加する。 ④ 社会事象を異なった角度から観察することを習得する。日常生活で遭遇する道徳問題を正しく判断し，合理的かつ創造的に生活問題を探究し解決する。できる範囲で公共福祉に有益な社会活動に参加する。 ⑤ 情報を収集・処理・活用する能力を身につけ，適切な道具と方法を選択して，問題を分析・説明する能力を習得する。
知　識	① 日常生活における道徳的な行動規範およびマナーを理解し，未成年者の基本的な権利と義務を理解する。個人の権利と社会の公共生活を保障するために，法と規則が重要な意義をもつことを理解する。 ② 生産・消費活動と人々の生活との関係を理解し，科学技術が生産活動および生活に重要な影響を及ぼすことを理解する。 ③ 地理に関する一般的な知識を身につけ，人間と自然，そして環境との相互依存関係を初歩的に理解し，人類が共同で向き合う人口・資源および環境の問題を理解する。 ④ 郷土の発展と変化を理解し，わが国の歴史に関する常識を身につけ，歴史的な発展過程において形成された中華民族の優れた文化および革命の伝統を理解する。わが国の発展に影響を及ぼした歴史上の重大な出来事の一部および社会主義建設の偉大な業績を理解する。 ⑤ 世界の歴史的発展に影響を及ぼした重要な出来事を一部理解し，異なる環境の下に人々が異なる生活様式と風俗習慣をもつことを理解する。違う民族・国家・地域がお互いに尊重し，良い関係を築くことの意義を理解する。

出所：『義務教育　品徳与社会課程標準（2011年版）』をもとに筆者作成。

から六までのテーマは子どもの生活経験に対する区分であり，学習単元の区分ではない。それぞれのテーマの具体的なの内容は項目の形でリストアップされており，人間関係や歴史・地理・政治・産業・消費等に関連する内容が総合的に組み込まれている。

　「品徳と社会」に関する評価は，主に「学習の態度」「学習の能力と方法」「学習の結果」という３つのカテゴリーで実施されている。「学習の態度」は，学習活動に対する児童の参加度および学習課題を遂行しようとする態度であ

第**14**章　中華人民共和国の初等社会科教育

表14-4　「品徳と社会」の学習内容

内容（テーマ　項目数）	学年と項目数
一．私の健康と成長　8項目	中学年：2項目，高学年：1項目，中高学年：5項目
二．私の家庭の生活　5項目	中学年：3項目，高学年：1項目，中高学年：1項目
三．私たちの学校生活　7項目	中学年：5項目，高学年：1項目，中高学年：1項目
四．私たちの社区（コミュニティ）の生活　11項目	中学年：6項目，高学年：1項目，中高学年：4項目
五．私たちの国　13項目	中学年：0項目，高学年：7項目，中高学年：6項目
六．私たちの共同の世界　8項目	中学年：0項目，高学年：6項目，中高学年：2項目

出所：『義務教育　品徳与社会課程標準（2011年版）』をもとに筆者作成。

る。「学習の能力と方法」は，学習活動における観察・探究・思考・表現する能力と方法，そして資料を収集・整理・分析する能力と方法であり，そこには，他者と協働して学習課題を遂行しようとする能力も含まれる。「学習の結果」は，学習成果の質と児童の成長を考察することとなる。評価の方法としては，児童に対する観察記録，描写的なコメント，到達度テスト，作品の評価，児童の自己評価と相互評価などがあり，教師が実際の状況に合わせて適宜に選択するようになっている。教師に対する評価では，主に授業目標の達成度，教授方法の運用，児童への働きかけに目を向けることになる。

3　初等社会系教科の性格

1　社会認識と道徳性の結合

　前述のように，中国の現行の教育課程では，社会科という科目は存在していない。しかし，小学校第1学年〜第2学年と第3学年〜第6学年に「道徳と法治」「品徳と社会」の2科目が設置されている。「道徳と法治」はトップダウンな政治体制の下で，極めて短い期間に「品徳と生活」に取って代わって確立された科目である。その方向性と性格は行政文書から推測することしかできない。一方で，「法教育大綱」の規定から，「道徳と法治」が法教育と道徳教育を結合した形で，いわゆる社会主義の中核的価値を学校教育に通じて青少年に身につけさせることを目的に設置されたということを確認することができる。また，その具体的な教育目標と内容は，法に関する一般的な知識・理解の習得，社会事象を法の視点から認識し，法を用いて社会生活を営む態度と能力の育成といったものである。ここから，「道徳と法治」が，道徳教育の底流にある「自制的な価値観の形成」を終始貫いているということも確認できる。

　「品徳と社会」は同心円的拡大原理に基づく総合教科である。すなわち「家

庭—学校—社区（コミュニティ）—国—世界」という児童の生活経験の広がりに対応する形で，学習内容を次第に拡大させ，高度化させていくことへ，カリキュラムが開発されている。こうした特性の他に，「徳育を優先すること」「人間形成を中核的な役割とすること」「能力を重視すること」「知識を基礎とすること」の原則が「品徳と社会」の教科構造に内在している（中国教育部基礎教育課程教材専家工作委員会，2012，100ページ）。「品徳と社会」では児童の社会的発達に必要な認識形成を図るとともに，道徳性の発達，すなわち「自尊自律」「祖国愛」などの道徳観・価値観の育成も重視されている。

2　社会的知識から社会的探究への転換

　中国における社会系教科は内容教科としての伝統が長い。社会系教科の歴史的な変遷を概観したが，文化大革命などの特別な時期を除き，社会系教科には地理・歴史・政治等の内容が継続的に導入されていた。それゆえ各分野の専門的知識が実際に教科書や授業に登場することが多かったわけである。1980年代から，とくに日本とアメリカの学校教育の影響を受け，中国の教育改革が進められてきた。その過程で社会系教科に対する考え方も変化し，人文社会諸科学の学問体系を重視することから，社会生活を営むために必要な知識やスキルを重視し，実際の社会的事象の分析や問題解決における知識やスキルの有効性を重視することになったのである。

4　初等社会系教科教育の展望

1　経済発展と初等社会系教科教育

▷6　改革開放政策
1978年12月に開かれた中国共産党11期三中全会で提起された「生産力の向上」を中心とした中国の基本政策である。国内においては「経済制度と政治制度の欠陥を改革する」方針，国外においては「諸外国との経済・技術の交流・協力を拡大・強化する」方針がそれぞれ確定された。それ以後，中国経済は著しい発展を成し遂げた。

　1970年代の末期から，中国における「改革開放政策」[6]が推進された。改革と開放の中心は，「計画経済」から「市場経済」への経済体制の移転にある。これにより，中国社会では産業構造から人々の意識に至るまで多様な変容がもたらされた。また，この過程で，社会配分の不平等などの制度上の問題や，経済生活を営む能力の欠如などの個人レベルでの問題が浮上してきた。現行の教育課程には消費生活に関する内容が一部導入されているが，実際の経済制度と構造を理解し，経済生活を賢く営むことに役立つような内容は少ない。経済教育に関する研究も外国における経済教育を紹介するレベルにとどまっており，中国の実状に合わせた経済教育の理論と実践の開発は緒に就いたばかりである。現状を踏まえ，より早い時期から経済の仕組みを理解させ，経済的な意思決定を行うのに必要となる基本的な知識やスキルを習得させることを目指した小学校段階における経済教育の充実は不可避であろう。

第**14**章　中華人民共和国の初等社会科教育

［2］　法制社会と初等社会系教科教育

　経済体制の移転に続き，改革開放には政治体制の調整も含まれていた。その一つは「以法治国（法に基づき国を運営する）」という理念の施行である。「以法治国」という理念の下で，法に関する知識を全国レベルで普及する運動が1980年代の後半から始まった。経済発展によってもたらされた意識形態の変容，そして近年に注目される青少年犯罪率の上昇と相まって，学校教育における法教育の必要性が日々高まっている。2014年10月に「法による国家統治の全面的推進における若干の重大な問題に関する中共中央の決定」が公布され，2016年6月には，教育部と司法部が「青少年法治教育大綱」を公布した。これにより，学校教育における法教育が急速に進められている。小学校第1学年〜第2学年では「品徳と生活」を廃止し「道徳と法治」を導入したことは，先に示したとおりである。小学校第3学年〜第6学年に位置づけられた「品徳と社会」にも今後大きな変化が及ぼされるであろう。

Exercise

① 　中華民国期から現在に至る期間における社会科（社会系教科）の歴史的な経緯を自分の言葉でまとめてみよう。
② 　「道徳と法治」と「品徳と社会」の教育目標と内容を自分の言葉でまとめて，その問題や課題を考えてみよう。
③ 　日本における初等社会科教育の状況と比較しながら，中国における社会系教科教育の特性をまとめてみよう。

📖次への一冊

武小燕『改革開放後中国の愛国主義教育——社会の近代化と徳育の機能をめぐって』大学教育出版，2013年。
　　「改革開放」後における愛国主義教育と道徳教育の変容と特徴を「学習指導要領」と「教科書」のレベルで分析し，学校現場における愛国主義教育の実態とともに解明した著作である。
仲田陽一『知られざる中国の教育改革——超格差社会の子ども・学校の実像』かもがわ出版，2014年。
　　ケーススタディとデータ分析を用いながら，学校の具体的でリアルな実像より，1985年から始まった教育改革の進展を示すとともに，教育改革の特徴と本質および今後の展開を検討している。

阿古智子・大澤肇・王雪萍『変容する中華世界の教育とアイデンティティ　早稲田現代
　中国研究叢書6』国際書院，2017年。
　　教育制度，教育政策，教科書などと中国の意識形態の形成や変化との関係を分析し
　た著作で，とくに第2～4章は，公民教育・初等社会系教科教育・歴史教育を理解
　するために役立つ。

引用・参考文献

厳書寧『尋求理解之路──社会科課程研究』上海教育出版社，2016年。
中国教育部『義務教育 品徳与社会課程標準（2011年版）』北京大学出版社，2011年。
中国教育部基礎教育課程教材専家工作委員会『義務教育 品徳与社会課程標準（2011年
　版）解読』高等教育出版社，2012年。
中国教育部・司法部・全国法律普及弁公室「青少年法治教育大綱」2016年6月28日。
陳俠『近代中国小学課程演変史』福建教育出版社，2007年。
丁尭清『学校社会課程的演変と分析』広東教育出版社，2005年。
宮原兎一「中国における社会科の成立」『東京教育大学教育学部紀要』第3号，1955年，
　27～41ページ。
楊梅「民国小学社会課程与教科書考察」山西省教育科学研究所・山西省教育学会『教育
　理論与実践』第34巻，第35期，2014年，37～40ページ。

第15章
大韓民国の初等社会科教育

〈この章のポイント〉
　世界では初等段階から伝統的な学問を基盤とした教科（例えば，地理科や歴史科など）を維持している国や地域が少なくないものの，統合教科として社会科的な内容を教えるところは次第に増えてきている。そのなかで，日本とよく類似した形で初等社会科教育を行っている国として大韓民国をあげることができよう。大韓民国でなぜ社会科が導入され，何がどのように行われて現在に至っているのか。また，今後，大韓民国の社会科はどうなるのか。本章では，大韓民国の初等社会科教育について教育課程の変遷を中心に解説する。

1　社会生活科の導入

［1］　教授要目（1946年制定）

　日本と大韓民国（以下，韓国）で社会科の導入はどちらが早かったのだろう。日本では1947年5月に「学習指導要領社会科編Ⅰ（試案）」が発行され，同年9月に社会科の授業が全国的に実施された。一方，韓国ではそれより少し前の1946年12月に米軍政により「国民学校教授要目—社会生活科」（以下，教授要目）が制定された。そこでは，「社会生活科（Social Studies）は，人と自然環境および社会環境との関係を正しく認識させ，社会生活に誠実かつ有能な国民になることを目的とする」と述べられている。

　各学年の学習内容は，家庭と学校（1学年），郷土の生活（2学年），さまざまな地域の社会生活（3学年），国の生活（4学年），他国の生活（5学年），国の発達（6学年）である。例えば，3学年では国内の各地方の生活や世界のいろいろな気候地域の生活を学習し，4学年では自然環境や産業などを中心に自国について学び，5学年では古代文明の世界史と州ごとの世界地理，6学年で韓国の歴史を学ぶようになっている。このような内容構成は，アメリカ・コロラド州の社会科（1942年）の影響を受けたといわれている。しかしこのコロラド州の社会科は8年間の内容構成であるため，6年間の初等社会生活科は内容の飛躍や中等社会生活科との内容重複などが問題として指摘される。

　学習内容は単元を基に構成され，各単元ではいくつかの発問的な項目が設け

▷1　教授要目
アメリカの「コース・オブ・スタディ（Course of Study）」に対する日本語訳は「学習指導要領」であるが，韓国では「教授要目」と称している。

られている。例えば，2学年の「私たちの食糧」では，「わが郷土で生産されている食糧は何々であるか」「誰が作っているのか」「誰が販売しているのか」「わが郷土の人々が消費する食糧のなかで，足りるものと足りないものは何であるか」などである。このような発問式の内容構成は民主主義的教育を目指したことを意味する。すなわち，従来の教師の一方的な説明による教授法から，教師と児童が協力し問題を解決するために観察したり，調査したり，話し合ったりして結論に導くようにするためである。

なお，このような社会科的内容に加え，1学年から3学年までは自然観察（後に，4・5学年の「理科」と統合し「自然」となる），5・6学年では職業（後に，5・6学年の「家事」と統合し「実科」となる）に関する内容が付設されていた。

2　教科課程（1955年制定）

1954年に，米軍政による「教授要目」を廃止し，独自で「教科課程」を制定し，1955年に「国民学校教科課程」が制定された。ここでも教科名は社会生活科となっていた。

教科課程では次のように5つの目的が述べられている。「1．自分と他人の個性と権利を尊重することを理解させ，自主的に思考し行動する態度を育てる」，「2．各種の集団生活に関して，その構成員間の関係，集団の意義および集団と集団との関係を理解させ，そのなかで自分の正しい立場を把握し，その立場にふさわしい態度を身につけるようにする」，「3．社会生活の諸機能（生産，消費，交通，通信，生命・財産の保全，厚生，慰安，教育，文化，政治，国防，道義など）に関する正しい理解をもつようにし，社会的な協同活動に積極的に参加する態度と能力を培う」，「4．人間の営みと自然環境との関係を理解させ，それに適応し，統制・利用して人間の営みを向上しようとする態度と能力を培う」，「5．各種の制度，施設，習慣および文化遺産が私たち生活においていかなる意義をもつかを理解させ，これを利用し改善する能力を培う」。上記の1と2は全体的資質であり，3は公民，4は地理，5は歴史に関連する目的である。教授要目でも民主主義教育を指向したものの，国民の形成という面から郷土や国家などの集団生活における態度育成が重視されていた。それに比べ，教科課程ではまず個人の構成や人権を尊重し，自主的に思考し行動し，その後は集団のなかで自分の役割にふさわしい態度を身につける順になっている。

内容構成では，子どもの成長にともない，経験できる集団生活が拡大する同心円拡大法が以前よりも充実し，各学年では社会機能法に基づいた11単元が設けられている。具体的には，家庭と学校（1学年），近隣の生活（2学年），郷土の生活（3学年），私たちの生活の来歴（4学年），産業の発達（5学年），国の発達と世界（6学年）の順である。また，教授要目と同様に，各単元はいくつか

▷2　教科課程
教授要目とほぼ同じ意味であるが，英語としては「カリキュラム（curriculum）」である。後には教育課程と表記が変わることから，この時期を第1次教育課程ともいう。

▷3　同心円拡大法
学年が進むに従って，家庭や学校，近隣，地域社会，地方，国家，世界へと，学習対象あるいは領域が子どもを中心に同心円的に広がるように内容を配列するカリキュラム構成をいう。

▷4　社会機能法
学習内容の領域であるスコープに社会機能（生産，消費，交通，通信など）を置くカリキュラム構成。日本の初期社会科に影響を与えたアメリカのヴァージニアプランにも適用されていた。

の発問的な項目で構成されている。例えば，3学年の「私たちの食料品」では，「私たちはどうして食料品が必要なのか」「食料品にはどんな種類があるのか」「地元ではどんな食料品が生産されるのか」「私たちは食料品をどのように扱わなければならないのか，また食事をする時にはどんな注意が必要なのか」などである。

2　社会科教育課程の変遷
——第2次（1955年）〜第7次（1997年）

1 　第2次教育課程（1963年改訂）
——教科名の変更と反共・道徳教育の強調

　1963年に改訂された第2次教育課程において，これまでの「社会生活科」といわれたものから「生活」という言葉がなくなり，「社会科」になった。

　第2次教育課程における社会科の目標は表現が少々異なるものの，教科課程の目標に，反共思想や産業振興が追加された。これは，1961年に登場した軍事政権の影響による国家中心の教育観が強く反映されたからである。反共・道徳教育の強調は第2次の全体的な特徴であり，「反共・道徳生活」という教科外活動も新設されていた。

　しかし，教科名の変更からもわかるように，社会科では社会生活に必要な道徳的内容が少なくなっている。例えば，教科課程の2学年では11単元のうち4つが道徳的内容であった（「1．礼儀正しい2年生」，「5．お手伝い」，「7．正直な子ども」，「10．時間を守ろう」）。それに比べ，第2次では次のように6単元が設けられているが，そのうち一つ（下線）だけが道徳的内容である。「1．私たちのまちの暮らしを支えている人々と機関」，「2．品物を用意してくれる人々と施設」，「3．私たちにお知らせを伝えてくれる人々と施設」，「4．旅行と品物の輸送」，「5．私たちの生活安全を守ってくれる人々と機関」，「6．私たちのまちの暮らし」。

　内容構成では，まず学年目標を提示し，それを達成するための学習内容を設けている。1・2学年は家庭と学校を中心とした日常生活の理解と自主・自律的生活の確立を目的とし，3・4学年は地域社会の開発を学ぶことになっている。5学年は国の産業と経済発展，6学年は国の政治や国際関係を理解することとしている。しかし単元においては，これまでの問題解決の過程を重視した発問的な項目ではなく，教える内容項目を羅列するようになった。例えば，3学年の「地元で生産されるもの」は，「(1)地元で生産されているさまざまな品物の種類，(2)わが郷土の特産物の種類とそれが地元の経済生活に及ぶ影響，(3)

▷5　反共・道徳生活
日本における道徳の時間と類似する点も多いが，北朝鮮との休戦状況である韓国の事情から反共産主義思想を反映した内容が多く含まれていた。

第Ⅲ部　諸外国の初等社会科教育

地元の経済発展のために私たちのすべきこと」というものである。このような変化は，発問的な項目を中心に問題解決学習で進めることに対する教師の力量不足などの理由で，具体的に教える内容を中心にすえる教育に戻ったことになろう。

2　第3次教育課程（1973年改訂）——学問中心教育課程

1973年に改訂された第3次教育課程は，当時のアメリカの教育思想の影響を受け，学問中心カリキュラム[46]を目指した。とくに道徳が正式な教科に，「国史」は社会科のなかで独立した科目になり，社会科ではより社会科学の概念を中心とする内容編成が目立つようになった。

第3次教育課程では，社会科の指導上の留意点として，「2．社会科の内容ではさまざまな学問的知識が配列されているが，各学問の知識内容は社会科の全体目標を達成するための材料として活用する性質のものであり，個別的事実や概念は常に全体的目標と照らし合わせて扱わなければならない」と述べられている。全体的目標としては，前述した教科課程のように，2つの全体的資質と公民・地理・歴史のそれぞれ一つで，5つの目標が設けられている。変化が見られない各分野の目標を除く，全体的資質の目標を見ると，「(ア)社会生活に対して正しい理解をもたせ，家庭，社会，国家に対する愛情を育てて，国家の発展と国民的な課題解決に積極的に参加する国民としての資質を養う」，「(オ)社会的な事実を観察し理解して，さまざまな社会的現状の意味を正しく思考して，正しい判断力をもって問題を解決する能力を培う」となっている。これらの目標は，個人の自主的な思考・行動から集団のなかでの自分の役割にふさわしい態度へと移る教科課程とは異なり，社会生活の理解と集団への愛情，国家の発展への参加といった国民的資質を優先に置き，社会科学的な理解の基で思考・判断する問題解決力を最後に設けている。

内容構成でも，地理・歴史・公民の3分野を融合し教えてきた以前とは大きく異なる。日常生活の理解を中心とする1・2学年はまだ社会機能法を用いて総合的に学ぶことであるが，3学年～6学年では分科的・系統的な性格が強くなる。具体的な内容を見てみると，1学年では家庭，学校，まちの生活，2学年では郷土の生活を中心に生産と販売，交通と通信，生命・財産の保全について学ぶ。そして，3学年は自然と衣食住，国内のさまざまな地方の生活，世界のさまざまな気候地域の生活，郷土の昔と今，郷土の人々の協働生活であり，4学年は自分の住んでいる市・道，国内の各地方，国の自然環境と産業，国土開発，先祖の生活来歴である。さらに，5学年からは分野別に分かれて内容が提示され，5学年では産業史・文化史と産業・経済・世界地理，6学年では通史と政治・国際関係という内容になっている。

▷6　学問中心カリキュラム
1957年のスプートニクショックを受け，1960年代のアメリカでは現代科学の成果を踏まえて，旧来の教育内容を見直そうとした。その動きは教育の現代化といわれ，経験中心カリキュラムから学問中心カリキュラムへと変化するようになる。

各単元では教える内容項目を羅列しているが，その前には単元の趣旨が説明されている。例えば，2学年の「品物の生産に携わる人々」の単元の趣旨は，「地元から主に生産される品物とそれを生産することに携わる人々の活動の姿を観察，調査し，ひいては他地域で農業，林業，水産業，工業などの品物の生産に携わる人々の活動の姿もさまざまな資料を通じて調べさせ，これらの活動と私たちの生活との関係をわかるようにする」である。

3 第4次教育課程（1981年改訂）・第5次教育課程（1987年改訂）
——低学年の社会科廃止

1980年代では2回の改訂が行われた。1981年改訂の第4次教育課程では，1・2学年の社会科を維持したものの，道徳，国語と一緒になった時間割当のなかで教科間統合活動を行うようにした。そして，1987年改訂の第5次教育課程からは1・2学年の教科が廃止され，道徳，国語，社会科は「正しい生活」，算数と理科は「賢い生活」，音楽と美術，体育は「楽しい生活」という統合科目に代わった。

この時期でも，次のように「国民的資質」の育成という第3次教育課程の目標を引き継いでいる。「社会生活に関する基礎的な知識を習得させ，民主国家の国民としての自覚（と正しい判断能力：第5次のみ）をもたせて，社会と国家の発展に寄与することができる国民的資質を育てる」という全体的資質の前書きが述べられている。その後，1）公民，2）地理，3）歴史，4）技能，5）価値・態度という5つの目標を設けている。価値・態度の目標においては，「5）民主生活を習慣化し，（活用して：第4次のみ），国土と民族に対する愛情をもたせ，国家発展と（民族文化の発展および：第4次のみ）人類公営に貢献しようとする態度を育てる」として国家発展に貢献することをさらに強調している。

第4次は，第3次教育課程と類似する内容構成を見せるが，1学年で家庭，学校，まちの生活とともに，「愛国」という単元が導入されたことが特徴である。また，5・6学年での分野ごとの内容提示はなくなった。一方，第5次の内容構成は大きく変化している。1・2学年の社会科が廃止され，代わりの「正しい生活」では家庭，学校，まち，くにという単元が設けられた。これまでの社会科の内容と比べ，家庭や学校の内容が増え，まちに関する内容が減っている。なかでも，まちの自然環境に関する内容は，1・2学年では「賢い生活」で，3学年では社会科で教えることになり，学年間の内容連携が難しくなった。また，5学年では，社会制度，産業，学問・技術，宗教・芸術など，文化史の内容が充実されていた第4次に比べ，第5次では大幅に減少し，学問・技術，宗教・芸術だけを学ぶようになっている。これは前述した5）価値・態度の目標において「民族文化の発展」という表現が消えたことからも確

認できよう。

4 第 6 次教育課程（1992年改訂）・第 7 次教育課程（1997年改訂）——市民的資質の育成

1990年代でも 2 回の改訂として，1992年改訂の第 6 次教育課程と1997年改訂の第 7 次教育課程がある。第 6 次までは学校段階別の教育課程が編纂され，「国民学校教育課程」のなかで初等社会科の内容が含まれていた。第 7 次からは学生選択中心教育課程の高等学校 2・3 学年を除く，小（6）・中（3）・高（1）の10年間を国民共通基本教育課程として，教科別の内容編纂となった。初等社会科も「社会科教育課程」（小 3 ～高 1）のなかで学校段階間の連携を図りながら提示されていた。

1990年代の社会科の目標では，「個人と社会，国家および人類の発展に寄与できる民主市民の資質」を強調している。しかし，具体的な市民の資質に関連しては少し異なる記述になっている。第 6 次では，「社会的事実と現象に関する基礎的知識を身につけ，私たちの社会の特徴を理解し，社会生活を正しく営む判断能力を培う」という社会生活のための基礎的知識と能力だけにふれている。一方第 7 次では，「社会現象に関する基礎的知識と能力はもちろん，地理，歴史および諸社会科学の基本概念と原理を見つける探求能力を身につけ，私たちの社会の特徴とさまざまな世界の姿を総合的に理解し，多様な情報を活用して現代社会の問題を独創的かつ合理的に解決し，共同生活に自ら参加する能力を培う」というより学問的な深い知識と能力を強調している。

内容構成に関しては，身近な地域（3 学年），市・道と地方（4 学年），国家（5 学年），世界（6 学年）のような明確な同心円拡大法に沿って学年別に内容を配置している。また，地理，歴史，公民の内容がより明確に分かれ，第 6 次では「人間と環境」「社会・文化」「共同生活」，第 7 次では「人間と空間」「人間と時間」「人間と社会」という領域区分となっている。一方，第 5 次から導入された 1・2 学年の統合科目においては，国語と算数が科目化されるなかで，社会科の関連内容は「正しい生活」ではなく，理科とともに「賢い生活」に含まれ，自然環境と人文環境を総合的に学ぶようになった。

▷7　随時改訂
約10年ごとに改訂されてきた教育課程であったが，2007年改訂以降は期限を待たずに状況に合わせて改訂を行うことができるようになった。その後，2009年改訂（3 回の部分改訂），2015年改訂と続き，現在に至っている。

3　社会科教育課程の現状——2007年以降の随時改訂

1 学年群の内容設定と歴史教育の強化

2009年改訂からの初等段階では 2 年間の学年群で内容を提示するようになった。現行の初等社会科は，身近な地域を学ぶ 3・4 学年群の 4 つの単元（①私

たちが住んでいるところ，②私たちの日常生活の様子，③地元の昔と今，④多様な暮らしの様子と変化），国と世界を学ぶ5・6学年群の8つの単元（①国土と私たちの生活，②人格尊重と正義的な社会，③昔の人々の暮らしと文化，④社会の新しい変化と今日の私たち，⑤わが国の政治の発展，⑥わが国の経済の発展，⑦世界のさまざまな国々，⑧統一韓国の未来と地球村の平和）で構成されている。3・4学年群は身近な地域の地理，歴史などを総合的に学ぶことができる単元構成である。それに比べ5・6学年群の単元構成は，地理（①・⑦），歴史（③・④），公民（②・⑤・⑥）の区分が明確であり，公民の単元では一部歴史内容も含まれている。

　「国史」は独立科目であったこともあるが，第7次（1997年）では科目を廃止したため社会科の一部として6学年の半期で学習していた。しかし，2007年改訂では5学年の1年間で学習することになり，科目ではないものの独立した歴史教科書が登場した。2009年改訂以降は5学年から6学年まで1年間を自由に選んで学習するようになっている。

　社会科の目標のなかで歴史に関連するものは，「各時代の特色を中心にわが国の伝統と文化の特殊性を把握し，民族史の発展像を体系的に理解し，それを基に人類生活の発達過程と各時代の文化的特色を把握する」という部分である。韓国史（文化史と通史）の理解を基に，世界史（文化史）までを把握することになっている。そのため，初等社会科では古代から現代までの通史的内容構成を基本として，各時代のなかで文化史をも重視することになっている。例えば，古代に関する内容として，2007年改訂では「人物，遺物，遺跡を通して三国と統一新羅および渤海の生活の様子と文化を理解」，2009年改訂では「遺物，遺跡を通して三国，統一新羅と渤海の時期の人々の生活を理解」，2015年改訂では「仏国寺，石窟庵，弥勒寺など代表的な文化遺産を通して古代の人々が創った文化の優秀性を探索」をあげている。日本の初等社会科のように人物や文化遺産を通した歴史学習が中心である。とくに，2009年改訂からは具体的な人物名や文化遺産名が掲載されるようになっている。

［2］　知識の構造論に基づく小中一貫の教育課程

　現行教育課程（2015年改訂）における各教科の内容構成では，教科内容の範囲の「領域」，教科の基礎概念の「主概念」，児童生徒が学ぶべき普遍的知識の「一般化」，各学年群の必修内容の「内容要素」，身につけることが期待される能力としての「技能」を設けている。このような知識の構造論に基づく内容構成は，第3次から根強く続いたもので，現行教育課程においては一層強くなった。

　教科の性格として「地理，歴史および諸社会科学の基本概念と原理を見つけて探求する能力の育成」をあげ，小中一貫の教育課程を提示する。表15-1は公民分野から見た初等社会科の知識の構造である。まず，社会科学的な区分が

▷8　知識の構造論
ブルーナー（J. S. Bruner）が『教育の過程』（1960年）において提案した理論であり，学問中心カリキュラムの基盤となっている。学問における知識の仕組みを子どもの水準に合わせ，それを教科の内容にすれば難しい学問の成果も教えることができるとした。

第Ⅲ部　諸外国の初等社会科教育

表15-1　社会科公民分野における知識の構造

領　域	主概念	一般化	3・4	5・6
政　治	民主主義と国家	現代の民主国家では民主主義は憲法を通して実現され，憲法は国家機関の構成および役割を規律する。	○	○
	政治の過程と制度	現代の民主国家では政治過程を通して市民の政治参与が実現でき，市民は政治参与を通して多様な政治活動を行う。		○
	国際政治	今日，グローバル化によって多様な国際機構が活動しており，朝鮮半島の国際関係も複雑化している。	×	○
法	憲法と私たちの生活	憲法は国民の基本権を保障し，国家機関の構成および役割を規定する。	×	○
	個人生活と法	民法は家族関係を含む個人間の法律関係と財産関係を規律する。	×	
	社会生活と法	わが国は，共同体の秩序維持のための刑法と社会的弱者の保護のための社会法を通して正義的な社会を具現する	×	○
経　済	経済生活と選択	稀少性によって経済問題が発生し，それを解決するためには費用と便益を考慮しなければならない。	○	○
	市場と資源配分	市場競争では市場均衡を通じて資源配分の効率性が成り立ち，市場の失敗に対しては政府が介入する。		○
	国家経済	景気変動の過程で失業とインフレーションが発生し，国家は経済安定化の方案を模索する。	×	○
	世界経済	国家間の比較優位により特化することで交易が発生し，外為市場で為替レートが決まる。	×	○
社会文化	研究方法	社会・文化現象に対する正確で正しい探求のために，多様な観点と研究方法が活用される。	○	○
	個人と社会	個人は社会を通じて成長し社会は個人の役目遂行を通じて維持，存続される。	○	×
	文　化	生活様式としての文化を理解して享受するためには，多様な要因によって現れる文化多様性および変動様相に対する正しい認識と態度が重要である。	○	×
	社会階層と不平等	多様な様相で現れる社会不平等と関連問題を解決するために，個人と社会次元の努力が必要である。	×	○
	現代の社会変動	社会変動様相に対する正確な理解と対応を通じて持続可能な社会が実現される。	○	○

出所：筆者作成。

領域になり，各学問における主概念と原理としての一般化を設ける。この領域，主概念，一般化は中学校の社会科にも適用される。初等段階では，学年群ごとに学ぶ内容要素を示す。例えば「経済」領域では，「稀少性によって経済問題が発生し，それを解決するためには費用と便益を考慮しなければならない」という一般化を学ぶため，「経済生活と選択」の概念に関連して，3・4学年群では「稀少性，生産，消費，市場」，5・6学年群では「家計，企業，合理的選択」が内容要素として設けられている。

［3］ 成就基準，教授・学習と評価方法

　学習内容については，社会生活科では発問で表現したり，社会科になってからは学ぶ内容である知識・理解を項目で示したりしてきた。それに比べ，現行教育課程（2015年改訂）では学んだ結果である「成就基準」を示している。また，それを達成するためにどのように教えるか／学ぶかの「教授・学習」，そしてどのように評価するかの「評価方法」を合わせて述べている。

　3・4学年群の内容要素である「稀少性」に関する成就基準，教授・学習，評価方法をまとめると，表15-2のようになる。成就基準は，初等段階では多少難しい生産，消費という経済活動や選択，物資交換，地域間の交流など，経済学

▷9　成就基準（Achievement Standards）
学習を通して達成することが期待される具体的な学習結果であり，教授・学習や評価方法の基準となる。一方，それに対して各々の学習者がどの程度達成できたかを示すのが成就水準（Achievement Levels）であり，日本における評価規準と評価基準との関係に準ずる。

的知識・理解を習得することを目指している。しかし，市場に関する役割遊びや調べ活動など，日本の「販売」を学ぶ時と類似する教授・学習が設けられている。評価方法においては，単純な知識の習得を図る筆記テストではなく，プレゼンテーションや調査報告書などによるパフォーマンス評価を勧めている。

表15-2　「稀少性」に関する成就基準，教授・学習，評価方法

成就基準	・資源の稀少性により経済活動における選択の問題が発生することを把握し，市場を中心に行われる生産，消費などの経済活動を説明する。 ・地元と他地域との物資交換および交流事例を調査し，地域間の経済活動が密接に関連していることを探究する。
教授・学習	・市場（伝統市場，常設市場，デパート，アウトレットなど）に関する役割遊びや模擬活動を通じて，児童が身近なところで見ることができる生産と消費活動の意味を把握し，資源の稀少性による経済活動を行う際，選択の問題が発生することが理解できるように指導する。 ・市場で取り引きされるさまざまな品物の生産地を調査し，地元と他地域が物資を交換して経済的にお互いに密接に関連していることが把握できるように指導する。 ・地元と他地域の物資交換および交流事例を個人や班ごとに調査して発表し，地域間の経済交流が必要な理由について話し合うようにする。
評価方法	・経済活動に関する役割遊びを評価に活用する場合，生産者と消費者の役割遂行を通じて生産と消費の意味を理解しているかを観察法を活用して評価できる。 ・模擬市場活動を活用し評価する場合，制限された予算でどのような品物を買うか，そしてどうしてその品物を選択したのか，何を選択の基準としたのかを発表させる。これを通じて選択の問題が発生する理由と合理的な選択基準の設定方法を理解しているかが評価できる。 ・地元と他地域との物資交換および交流事例に関する調査報告書を発表させ，これを基に地域間の経済交流が必要な理由を理解しているかを評価する。

出所：筆者作成。

4　社会科の課題と展望

　以上，韓国の初等社会科について教育課程の変遷を中心に解説してきた。1946年，米軍政より，民主主義を学ぶための新しい教科「社会生活科」が導入された。単元を基に，学ぶ内容に関する発問が重視された社会生活科は，1955年に公表された教科課程まで続いたが，1963年の第2次改訂から教科名を「社会科」に変えた。1973年の第3次改訂からは学問中心カリキュラムの編成が主流となり，初等段階でも社会科学の概念と一般化を学ぶことが重視された。一方で，韓国では社会科のなかで歴史の比重が高く，「国史」は独立科目的に扱うこともあった。また，1997年の第7次教育課程までは約10年ごとに変わってきた教育課程が，2007年以降は随時改訂となった。

　韓国の社会科は学問中心カリキュラムの性格が強く，価値・態度より知識・理解の方が重視される傾向にある。また，初等社会科は1種類しか教科書がない，いわゆる国定である。こうした流れに対して，2013年に京畿道は地方自治団体として独自の「共に生きる民主市民」という小・中学生を対象とした副読本を刊行した。この「民主市民」の育成は社会科の目標とも重なるものであ

る。これまでは政治の影響もあり社会科では避けてきた価値問題について，これからは初等社会科でも真剣に向き合う必要があろう。

Exercise

① 韓国では1946年に「国民学校教授要目―社会生活科」が，日本では1947年に「学習指導要領社会科編Ⅰ（試案）」が発行された。初期社会科と呼ばれるこの時期の社会科の特色を両国の教育課程を比べながら確認してみよう。

② 韓国では，1973年の教育課程以降，知識構造論に基づいて学習内容を構成している。初等社会科における知識構造論に基づく内容構成の長所と短所を論じてみよう。

③ 〈次への一冊〉の金（2015）を読んで，韓国の社会科における歴史教育の特徴を調べてみよう。

📖次への一冊

権五定（韓国）『社会科系教科のカリキュラムの改善に関する研究――諸外国の動向（2）』国立教育政策研究所，2004年，107～129ページ。
　　簡略な韓国の教育制度の紹介をはじめ，第7次教育課程における総論と社会科（小・中・高）の内容を詳細に説明している。報告書には，アメリカや中国など7カ国の社会科系教科のカリキュラムの説明も収録されている。
三橋広夫訳『韓国の小学校歴史教科書』明石書店，2007年。
　　2004年に出版された歴史の教科書『社会6-1』と副読本『社会科探究6-1』を翻訳したものである。
金漢宗著，國分麻里・金玹辰訳『韓国の歴史教育――皇国臣民教育から歴史教科書問題まで』明石書店，2015年。
　　日本による植民地統治解放後の韓国の歴史教育の歩みを政治・社会的トピックから概観したものである。

引用・参考文献

教育科学技術部『社会科教育課程』2012年（韓国語）。
教育人的資源部『社会科教育課程』2007, 2009年（韓国語）。
教育部『国民学校教育課程』1992年（韓国語）。
教育部『社会科教育課程』1997年（韓国語）。
文教部『国民学校教育課程』1963, 1973, 1981, 1987年（韓国語）。
文教部『国民学校教科課程』1955年（韓国語）。
米軍政・文教部『国民学校教授要目―社会生活科』1946年（韓国語）。

第16章
アメリカ合衆国の初等社会科教育

〈この章のポイント〉

　社会科教育の目標とされる「公民的資質の育成」は「公正な社会的判断力」を培うことにより達成される。グローバル化により国内の多文化化が著しい社会では，市民を平等に扱っても「等しく」ならない。異なる扱いをして「等しく」しようとする「公正さ」の考え方の習得が重要になる。そこで本章では，アメリカの初等社会科教育の学びの実際について，とくにハワイの公立小学校と私立小学校におけるフィールドワークをもとに論じる。近年全米共通カリキュラムを模索してきた動向を踏まえることで，連邦と州の教育改革について解説する。

1　アメリカの小学校の教室の風景

　アメリカ合衆国（以下，アメリカ）の公立小学校の校舎は，もちろん地域によってその構造はまちまちである。寒冷地やとくに防犯に力を入れる必要のある地域では内廊下になっていて，玄関のドアも日本と同様に通常は施錠されている。筆者が調査対象としてきたハワイ州の公立小学校は開放的で，ほぼ例外なく外廊下となっており，受付で訪問を許可されれば名札をつけて自由に校内を歩くことができる（長期観察の時には正式なタグが渡された）。

　職員朝会はなく，法律で子どもを放ったらかしにしてはいけないことになっているので，教師は自分の教室で児童らが登校してくるのを迎えるのである。そしてそのまま授業になる。

　掲示物は教師の自作のものもあるが，大抵の都市には"School Supply"といった名前の店があって，そこで多種多様な既製のものを買うことができる。例えば児童らを励まして，勉強や主体的な生活への意欲を高めたりするスローガンが描かれたものがある。勉強の方法を視覚化したものには「原因と結果」「全体と部分」「比較と対照」などのモデル図がある。授業で用いるだけでなく，自然な形で目に触れるようにしてあるところがよい。

　クラスサイズ（一学級の児童の数）は州や時代，学校種によっても増減するが，最大で20人台前半から半ばくらいである。25人になると教えられない，と皆口を揃えて言っている。教師たちはできるだけ30人に近づかないようにと，いつも学級編制の時期にはヒヤヒヤしているようだ。

2　アメリカにおける近年のカリキュラム改革の動向

　アメリカでは，公教育に関する権限は州に委ねられてきた。そのため，カリキュラムは州ごとに作成されている。教育課程の基準としての学習指導要領が一つしかない日本とは大きく異なっている。カリキュラムをもとに，さらに具体的な教育課程の編成は学区（各学校の通学区域ではなく，Complex Area や District などと呼ばれる，地域の教育事務所の広域管轄区域）が行う。したがって，アメリカ全体をトータルに捉えて，教育課程の特色を概説的に論じることは極めて困難である。しかしそう言い切ったままでは意味を成さないので，次節で筆者の研究調査フィールドを取り上げて，具体的に検討することとする。

　スタンダード教育改革が本格的に始まる1990年代までのアメリカの教育は，一般に学校ごと，学級ごとに教えられる内容が大きく異なっていた。生徒が何を学び，何ができるようになるかについて明確に規定したものは存在しなかった（松尾，2010，33～34ページ）。

　連邦制の下，アメリカはナショナル・カリキュラムをもたず地方分権の教育行政を維持してきた。だが1983年に教育の危機的状況（学力の低下と教育の質の低下）を叫んだ『危機に立つ国家（Nation at Risk）』（National Commission on Excellence in Education）によって「スタンダード運動」が活性化し，アメリカの教育は改革の波に晒されることになった。全国的な「スタンダード運動」は，(1)子どもたちへの期待の明確化，(2)そうした期待を高めること，(3)すべての子どもへの衡平な教育的期待，教育の機会，教育の経験を保障する共通の目標を定めること，の3つをその目標に据えて進められていった。

　1994年のクリントン政権下において成立した「2000年の目標：アメリカ教育法（Goals 2000: Educate America Act）」以来，教育スタンダード（Education Standards）を定めている（文部科学省国立教育政策研究所・JICA 地球ひろば共同プロジェクト，2014，6-2ページ）。そして2000年代に入って，共通のカリキュラム・スタンダードを策定しようとする動きが出てきた。2010年には，Common Core State Standards が示されたことによって，州を越えた全米レベルの標準化が進められた（同上，6-4ページ）。ただしこれは，国家主導で進められるのではなく，各州に主体的に取り組ませる形が採られている。それにより地方分権を維持した状態での標準化が目論まれている，ということになる。どの時代でも同じだが，国家の経済発展を担いうる人材の育成が目指され，Common Core State Standardsが州を越えた教育課程の枠組みとして登場したのである。

　この各州共通のスタンダードの特徴は，(1)教科学習を前提としている，(2)学んだことではなく，学んだ結果としてできることが示されている，(3)そうした

内容が，児童生徒のパフォーマンスによって表現されている，というところにある（同前，6-4ページ）。

3　ハワイ州の社会科カリキュラム改革の変遷

1　1995年版フレームワーク

　ハワイ州では，1995年に社会科のフレームワークの改訂を行い，"Meeting the Challenge: A Framework for Social Studies Restructuring" と題する，「グローバルで多文化的な視点」を取り入れた新たなフレームワークを作成した。[1]

　各学年のテーマは以下のようである。この当時，テーマの示し方には「スタンダード運動」の影響はまだなく旧来の形式を崩していない。

　　K：遊ぶことは学び働くこと
　　1：私たちの場所で一緒に生きること
　　2：コミュニティの探検
　　3：私たちの島のコミュニティの探検
　　4：ハワイと太平洋について
　　5：わが国の創造
　　6：われわれの世界の構築
　　7：ハワイ王国の歴史
　　　　太平洋諸島学習
　　8：合衆国史：再構築の探究
　　9：ハワイ現代史
　　　　民主主義への参加（選択コース）
　10～11：合衆国史と政治：現在までの工業化
　　　　　世界の歴史と文化
　12：（選択科目）

　学年段階はK～3，4～6，7～8，9～12に大別され，各学年グループごとに，「歴史的理解」「地理的理解」「経済的理解」「社会的理解」「政治的理解」と題して，それぞれの理解に到達するために求められる知識，態度，手続き，技能が解説されている。解説の示し方に「スタンダード運動」の影響を見ることができるが，主旨は次に示すように多文化教育を理論的基盤として構成されたと解釈できる。その解説の冒頭部分は本フレームワークの指針となっており，各学年グループとも共通の文章で以下のとおりである（Department of

▷1　筆者は1996年10月28日にハワイ州教育局を訪問し，フレームワークの作成にあたり中心的役割を果たした Sharon Kaohi 社会科専門官に，フレームワークの改訂の背景についてインタビューすることができた。その際，彼女は「以前のフレームワークとは異なり，多文化教育を強く意識したフレームワークを作った」と話していた。理論的基礎について尋ねると，ワシントン大学のバンクス教授の多文化教育理論の論文を提示したり，筆者が彼の多文化教育理論の研究者であることを明かすと，自分からは話し与えるものはないと言ったりしたことから，ハワイ州の社会科フレームワークは全面的にバンクス教授の理論に依拠しているといえるであろう。

第Ⅲ部　諸外国の初等社会科教育

Education, 1995, p. 1. 22)。

　　社会科プログラムの目標は，子どもたちに知的な判断をする機会を与え，民主的な価値観と手続きへ貢献することを強化することによって，わが国の将来の建設に効果的に参加させることにある。

　　社会科カリキュラムは，学習者に歴史・地理と経済的・政治的・社会的制度の批判的理解を可能にさせる。社会科におけるこのような理解は，グローバルな見通しと多文化的な視点の文脈において学習される。グローバルな／多文化的な側面に関する能力は，見通しをつけること，パターンの理解，因果関係の把握，ハワイの多様な文化の豊かさとわれわれのますますグローバル化するコミュニティへの尊敬，それに基づく選択，を含んでいる。子どもたちは，効果的なコミュニケーション技能と，歴史学者・社会科学者の道具や手法，例えばフィールド・インタビュー，一次資料，世論調査などによる意思決定に焦点を当てる。

　ハワイ州の社会科では，民主主義や国家建設，意思決定，問題解決などといった社会科本来の教育目標に加えて，世界のグローバル化やハワイ州の多文化的状況，環境保護といった，当時の新しい教育課題の解決をも射程に入れ，前者と同等もしくはそれ以上に後者を重視した考え方をとっていることがうかがえる。

　またそのことは，各学年の具体的内容を示す項目の冒頭部の文章にも現れている。そこには，「本学年のハワイの子どもたちは，多様な文化的・社会的・経済的背景を有している。彼らの価値観，経験，学習嗜好，自分や周りの人間に対する感情などは自己の文化や経験に根差している。子どもたちそれぞれは，その存在が尊重される個人なのである」と述べられていて，ハワイ州の人種的・民族的な多様性を重視し，それに配慮した教育を行うことが前提とされているのである。

2　2000年代のカリキュラム改革

　2001年にはブッシュ（George W. Bush）政権の下，NCLB法（No Child Left Behind Act：誰も置き去りにしない法）が連邦議会を通過し，2002年1月に成立をみた。NCLB法は厳しいアカウンタビリティを学校に課し，成績の底上げのため多数の評価項目を用意した。学校の序列化を生み，学校現場に大きな負担を課したこの法に対する負の評価は山のようにある[2]。

▷2　筆者は2001年から2002年にかけて，この改革の只中にハワイ州の小学校で観察調査を行っていた。改革が社会科に与えたものとして最も大きなものは，筆者の印象の域を出ないが，注入主義の社会科が現場を席巻していたということである。3年生，5年生，6年生の社会科の授業を観察し始めたが，観たいものに出合えない恐れをすぐに感じ取った。そこですぐに切り替えて，Language Artsの授業の観察を始めたのである。なお，学校現場における社会科の注入主義的傾向は，2017年現在も変わってはいない。

③ 現行（2017年版）カリキュラムの概略

2005年のカリキュラム改革を経て，2017年はハワイ州はカリキュラム改革の時期にあたっている。2012年度から2018年度にかけての「基礎づくり」(Hawai'i State Department of Education & Board of Education, 2017) の時期を経て，2017年度から2020年度にわたる「一段高い水準の達成」をねらう改革が進んでいる。

表16-1 および表16-2 のような形式で2017年版の社会科スタンダードは示されている。ここでは3学年のものを取り上げたが，どの学年においても「内容」の8項目は同一で，「スタンダード」の中味と，各「内容」に対応した「評価基準」において変化をもたせている。全国的な「スタンダード運動」によって，州カリキュラムは完全に新しい形をとることになった。

表16-1 2017年版社会科スタンダードの一部

学 年	内 容	スタンダード
3学年	歴史的理解	1．変化・連続・因果関係
	歴史的理解	2．探究・感情移入・視点
	歴史	3．歴史的内容
	政策科学／公民	4．統治・民主主義・相互作用
	政策科学／公民	5．参加・シティズンシップ
	文化人類学	6．システム・関係性・探究
	地理	7．空間に関する用語における世界
	経済	8．資源・市場・政府

出所：Hawai'i State Department of Education & Board of Education（2017）より抜粋。

表16-2 「内容：文化人類学」の評価基準

トピック	文化的多様性と統一性		
評価基準	異なる文化にはそれぞれ独自の価値・信念・習慣があることを説明できる。		
パフォーマンス評価の例	異なる文化の価値や信念の例をあげ，長い時間でどのように変化しているか説明できる。		
ルーブリック			
極めて優秀	優秀	普通	要努力
（評価ポイントの例）	（評価ポイントの例）	（評価ポイントの例）	（評価ポイントの例）

出所：表16-1に同じ。

"Strategic Plan（戦略的計画）"と題するカリキュラム改革のための計画書の冒頭には，"A Commitment to Equity and Excellence"のスローガンが掲げられている。かつて，1980年代から90年代には大抵の場合"Equality and Excellence（平等と優秀さ）"が使われ，「永遠の双子の目標」（今村, 1990）と揶揄されたことすらあった。「平等」と「優秀さ」，両立不可能とも思えるこの「双子の目標」の同時達成を目指して，頑迷に模索し続けていたのが20世紀の

第Ⅲ部　諸外国の初等社会科教育

末なのであった。

　だが多文化社会はそれほど単純で簡単なものではなかった。子どもたちを「平等」すなわち「皆同じに」扱ったとしても，学力が向上して「優秀さ」を備えるようになったりはしない。このことにアメリカ社会はなかなか気づけなかった。気づいていても認めることができないでいた。そうした時を経て，やっと「異なる扱い」をして条件を整える "Equity" の概念を公に重視するようになったのである。

　多文化教育の中心課題は "Equity Pedagogy"，すなわち「公正のための教育」である。社会科の中心課題も「公正なものの見方・考え方」を養うことにある。多文化教育はもっと早期に学校教育において重要な考え方として定着し，教育改革を導く思想となるべきものであったが，教育界がそれを受け入れるには時間がかかった。

4　社会科の本質を包含した教科 Language Arts

1　Language Arts の概略

　Language Arts は中軸教科とされていて，3年生から6年生は毎日履修する。ハワイ州のスタンダードによれば，Language Arts は「コミュニケーションしたり学習したり，また個人や社会の要請に応えたり，社会や職場からの要求に応じたりするために，言語を使用することのできる能力を養う」教科とされる（Department of Education, State of Hawaii, *Hawaii Content Performance Standards, Language Arts,* 1999）。授業観察を続けるうちにこの教科は本質的に，国際理解・異文化理解的内容はもとより，社会科や理科，算数・数学科などと強い関連をもつ，教科横断的な言語技術教科であることがわかってきた。国語科の授業とは異なり，他教科とねらいや内容，方法において重複する言語操作能力を養う教科なのである。スタンダードにおいても，「スタンダードがカリキュラムを狭めたり，創造性や柔軟性を損ねたりするのではないかと危惧する向きもあるようだが，そうではない。決して学習を制限するものではなく，むしろ優れた教授・学習活動を促す多様性や創造性を期待している」と述べられており，学習内容が幅広い分野からのものになることを求めている。

　教科の構造は次のようである。大きく「読みと文学」「書き」「オーラル・コミュニケーション」の3つの目標が横軸に設定され，そのそれぞれに「広がり」「プロセス」「慣習と技能」「応答とレトリック」「態度と約束ごと」「多様性」の6つの要素が縦軸に組み合わされて，合計で18の低次のスタンダードが設けられている。とくに重視されているのは，論理性と表現力である。例え

ば，「書き」と「応答とレトリック」の組み合わせにおいては，「意見発表の機会とその目的に適した文章を説得力のある方法を用いて作成する」，「オーラル・コミュニケーション」と「慣習と技能」の組み合わせでは，「意思伝達を有効に行うために，言語的・非言語的知識を活用する」と目標が設定されていることなどがそれである。

それでは，社会科と Language Arts と芸術を合科的に組み合わせた授業実践を検討してみることにしたい。そうすることにより，社会科の中心課題である「公正な社会的判断力を育てる」学習のあり方を明らかにしたい。

2 Laurie Ching 教諭による Language Arts の実践
── 「分離すれども平等」をめぐる学習の分析

Ching 教諭のプロフィールを紹介する。日系三世の女性教諭。ハワイ・オアフ島ホノルル市中心部にある私立 P 小学校 6 年生の担任。公立小学校，私立小学校を経て現職。

筆者はホノルルの日系人に P 小学校での観察を勧められ，筆者の研究関心に合致した授業を行おうとしている教員として紹介された。筆者はこの授業にこそ「公正」概念の本質と，その学習のあり方を考える手がかりがあると考えて観察に臨んだ。

まず実践の概要について述べる。大教科として人文科（Humanities）が設けられ，そこに社会科（Social Studies），Language Arts，芸術（Fine Arts）の 3 教科が包含される形式がとられている。授業実践においては，学習内容によってその都度これら 3 教科のいずれを中心教科とするかは変わるが，3 教科が有機的に連関した形で学習が組み立てられる。

観察した単元は，「アメリカ史」で，具体的には南北戦争後の南部の再建，とくに解放された黒人の差別的待遇を是とした判決と，その約50年後に否とした判決について考えるという内容であった。この単元では社会科が中心となり，社会科，芸術，Language Arts の順に学習が進められていった。

社会科では，前の単元を受けて南北戦争終結までの歴史把握，19世紀についての時代考察，アメリカ南部と北部の関係をめぐる国家観，などについて学習する。

次いで芸術では，当時の為政者，人種差別を受けている黒人（解放された奴隷），北部に移住した自由黒人，などの立場に立った政治的風刺漫画（political cartoon）を描かせる。風刺漫画はどの単元においても用いられていた。

これらを受けて Language Arts では，当時の時代背景に基づいた自分自身の意見，現代の視点からの意見，将来を展望した意見をエッセイで表現したり議論したりして，多様な意見があることを理解して単元の学習を終える。この単元では以上のような展開で学習が進められたが，3 教科の境界が児童らには

第Ⅲ部　諸外国の初等社会科教育

知覚できないほど，統合されていてスムーズな流れが観察できた。思考は社会科の学習においても行われるが，深く考え議論する活動はもっぱら Language Arts においてなされていた。

　Ching 教諭の授業は2002年2月6日より観察を開始したが，2回目の観察日の2月14日から新しい単元の「公民権運動の歴史」に入った。児童らに配付されたシラバスは以下のとおりである。小学校でもシラバスを配布する。

Ⅰ．南部再建についての導入
　A．活動──スモールグループ・ディスカッション（南部をテーマに何ができるか？　南部をアメリカにいかに組み込むことができるか？）
　B．テキスト黙読　p. 418（国家が直面した3つの問題）
　C．教材音読（南部再建）
　D．活動──文章の下書き（iBook が使用できれば）
Ⅱ．2つの計画（テキスト pp. 419–421）
　A．教材　pp. 17–20（大統領による南部再建）
　B．活動──注釈付きのイラストレーション
　C．教材　pp. 24–27（議会による南部再建）
　D．憲法修正第13条（奴隷制度廃止），第14条（全市民の法の下の平等），第15条（投票権），第19条（女性の投票権），第24条（人頭税廃止）
　E．活動──憲法修正の時代背景のイラストレーション
Ⅲ．人種差別
　A．教材第2巻　pp. 160–164（ジム・クロウ法）
　B．活動──ジム・クロウ法とブラック・コードの違いについて作図
　C．活動──政治的風刺漫画（ブラック・コード，ジム・クロウ法，KKK）
　D．活動──注釈付きのイラストレーションもしくは注釈付き定義（人種差別）
Ⅳ．公民権についての重要な最高裁判決
　A．教材第2巻　p. 163（プレッシー対ファーガソン）
　B．教材第5巻　pp. 66–70（ブラウン対教育委員会）
　C．活動──政治的風刺漫画（上記のいずれか，または両方）
Ⅴ．ローザ・パークスとマーチン・ルーサー・キング
　A．テキスト21章　pp. 507–509（公民権）
　B．"I have a dream" スピーチ黙読
　C．活動──政治的風刺漫画または注釈付きのイラストレーション（ローザ・パークスまたはマーチン・ルーサー・キング）
　D．映画鑑賞 "Long Walk Home"
　E．映画鑑賞 "Ruby Bridges"
Ⅵ．スタディ・ガイド提出と板書された出来事の年号の確認
Ⅶ．テスト・エッセイ提出（エッセイについて全体ディスカッションとスモールグループ・ディスカッション）
Ⅷ．南部再建についてのテストとエッセイ

　2月25日にはⅣの「公民権についての重要な最高裁判決」に入った。史実に

照らしながら，それぞれの判決の内容を検討する方法がとられ，単に歴史学習というだけでなく，法的な理解を求める学習が展開されている。取り上げられた2つの判決はプレッシー判決とブラウン判決である。

南北戦争（1861～65年）の終結後，アメリカ合衆国憲法の修正が行われた。黒人解放のための修正第14条が採択され，そこに初めて平等保護条項が挿入された。それにもかかわらず，その後約1世紀の間，アメリカ社会では黒人差別が公然と多方面にわたって多様な形で繰り広げられていく。当時，ルイジアナ州法においては，鉄道の車両など公共輸送機関を黒人と白人で分離することを定めていた。この分離規定の合憲性が1896年に争われ，結果合憲とされた。これが以後の人種隔離制度を約半世紀にわたって確立するプレッシー判決である。

プレッシー判決の原則を覆し，「公立学校における人種隔離制度は修正第14条の平等保護条項に違反する」と判示したのが，1954年のブラウン判決である。白人と同じ学校に行けない黒人の子どもたちは劣等感を抱えており，それが原因で学力が伸びなくなっている。伸びるはずだった学力は人種隔離によって失われたことになる。よって違憲と判断されたのである。

平等の概念については多様な解釈が存在するが，次の2通りの見方ができる。一つは，法の下の平等を，「形式的平等（formal equality）」とみる見方である。アメリカのような自由放任主義の社会においては，法による平等の形式的な取り扱いを保障しさえすれば平等は達成されたとするものである。この場合，「人種」という条件は，それを個人が獲得するうえで何らの影響も受けなかった平等な条件と考えられることになる。したがって考慮しないという観点に立つのが前者のプレッシー判決である。

もう一つの見方は，法の下の平等を，「実質的平等（actual and real equality）」の実現とみる見方である。人種関係の歴史，現実，既得権，既成の不利な条件等を考慮に入れ，自由放任主義の枠を超えて，「結果」の平等の実現を目標とする立場である。この観点から憲法判断を行ったのが後者のブラウン判決である。

2日間の授業においては，「形式的平等」と「実質的平等」を交互に行き来するような形式で，平等の概念とその歴史についての学習が組み立てられている。そうすることで「公正」概念についての理解が深められているのである。社会事象には形式的な側面と実質的な側面がある。その両方について考えさせ，判断させることが「公正な社会的判断力の育成」につながるのである。

5 「アメリカの社会科」とは何か

　先に，アメリカの教育改革が地方分権から中央集権へと舵を切りながらも，各州の主体性を依然重視して分権状態が維持されている現実を述べた。このことからも「アメリカの社会科」と包括的に捉えることが現実的ではないことがわかるだろう。アメリカの教師たちが自国の社会科をどう理解しているのか，2017年秋にユタ州で催された学会に集った小中学校・高等学校と大学の教師たちから聞き取ったことをもとに考えてみよう。

　「アメリカの社会科」と一括りにはできない，というのが全員の共通した意見である。ナショナル・カリキュラムは「強いものではなく」（拘束力をもたず），あくまで「Body でしかない」。そこに州や地域それぞれに異なる課題が盛り込まれてゆくのである。子どもたちの人種的・民族的多様性への対応は第一の課題となる。

　したがって，アメリカ全土には多種多様な社会科カリキュラムが存在している。知事などによって選出された地域代表で組織される「教育委員の会」（Board of Education：教育委員／会）と教育局（Department of Education：教育／委員会）が繰り返し議論するだけでなく，PTSA（Parent, Teacher, Student Association）などの学校組織からの要請をも反映する形でカリキュラムが作られる。

　そうすると，何が「アメリカの社会科」の「核」なのかということになる。今世紀になる前後から重要性が叫ばれるようになってきたのが "Social Justice & Equity（社会正義と公正・衡平）" という概念である。それは "Heart of Curriculum" だと強調する教師が何人もいた。

　筆者が観察に訪れた学校のうち，例えばワシントン D.C. の小学校では「警察官に人権侵害されないためには，どのような人権意識と知識をもっていなければならないのか」が学習問題とされていた。都心部の黒人児童の多い学校である。ニューメキシコ州の先住民の多い学校では，民族の伝統文化の理解を深め，それを俳句で表現する学習活動が行われていた。ハリケーン・カトリーナによる甚大な被害を受けたルイジアナ州の小学校では「みな差別なく，共に復興するためには何が必要か」について議論していた。

　「多様性への対応」という課題に取り組むなかで，アメリカの社会科教育それ自体の質も改善されていく，と話す教師もいた。その拠って立つところが "Social Justice & Equity" ということである。

　以上のことから，われわれが社会科教育の研究において，アメリカの州社会科カリキュラムを思考モデルとして特定の研究課題を追究しようとする時，どの州を選ぶかは大変重要な基礎作業となってくる。

6　今後の課題

　ハワイ州の新しい社会科カリキュラムでは，"Equity and Excellence（公正
［衡平］と優秀さ）"に重点が置かれている。人種的・民族的・文化的に多様な
子どもたちにどう配慮するか，そしてそのうえで学力をどう伸ばしていけばよ
いのか，ということである。

　だがカリキュラムを見てみると，学習環境をどう整えるかという側面に重点
が置かれているものの，"equity"そのものを学習の場面でどう認識させて，
その概念の重要さを理解させるか，については検討された形跡はない。

　「公正・衡平」は定義することが困難で，したがって説明して教えることが
難しい概念である。しかし日常生活で身につけているが，あまり自覚のないも
のである。日常のさまざまな問題を解決するためには必要不可欠なものでもあ
る。これを子どもたちが自覚的に使うことができるように，社会科の学習課題
をどのように設定するかを考えることが重要となる。このことは今まで見落と
されてきた課題であり，先行研究は非常に乏しい。研究においては，本章で取
り上げた Ching 実践のような具体的な教育実践を記録し，分析して，解釈の
蓄積を行っていくことが課題となる。

Exercise

① 　本文中に取り上げた「公正な社会的判断」に関して，日常生活にさまざま
　ある「異なる扱いをして等しくする」工夫を取り上げて，形式的側面，実質
　的側面の両方から考察してみよう。
② 　アメリカの公民権運動の歴史と展開を振り返り，本文中に紹介した「ロー
　ザ・パークス（Rosa Parks）」にまつわる出来事と，彼女が何を主張しようと
　したのかを考えてみよう。
③ 　政治的風刺漫画（political cartoon）を社会科の授業で活用する方法につい
　て考えてみよう。

📖次への一冊

James A. Banks, 平沢安政訳『入門 多文化教育──新しい時代の学校づくり』明石書
　店，1999年。
　　多文化教育の父と称されるワシントン大学のジェームズ・バンクス教授による入門

書。彼の膨大な論文と著作のうち，日本語に翻訳されているものは本書と次に掲げる２冊のみである。全米社会科協議会会長でもあった彼の，多文化教育論と社会科教育論が手軽に理解できる。

James A. Banks, 平沢安政訳『民主主義と多文化教育——グローバル時代における市民性教育のための原則と概念』明石書店，2006年。

筆者自身も参画したワシントン大学多文化教育センターの "Democracy and Diversity: Principles and Concepts for Educating Citizens in a Global Age" プロジェクトの報告書の日本語訳。近年日本の教育においても重視されるようになったグローバル時代における国内の教育について，いち早く着目し，国際プロジェクトが組織された。各国の研究者の視点から，国内の教育について原則と概念が論じられている。

川﨑誠司『多文化教育とハワイの異文化理解学習——「公正さ」はどう認識されるか』ナカニシヤ出版，2011年。

社会科と多文化教育の共通課題である「公正のための教育」に関して筆者自身が論じたもの。とくに教科教育の視点から「『公正さ』をどう教えればよいか」という課題について，理論研究を踏まえたうえで「『公正さ』がどう学ばれているか」という側面から実践研究を行っている。

引用・参考文献

今村令子『永遠の「双子の目標」——多文化共生の社会と教育』東信堂，1990年。

Department of Education, State of Hawaii, *Meeting the Challenge: A Framework for Social Studies Restructuring*, 1995, p. 1. 22.

Department of Education, State of Hawaii, *Hawaii Content Performance Standards, Language Arts*, 1999.

Hawai'i State Department of Education & Board of Education, *Strategic Plan 2017-2020 Executive Summary*, 2017.

松尾知明『アメリカの現代教育改革——スタンダードとアカウンタビリティの光と影』東信堂，2010年。

文部科学省国立教育政策研究所・JICA 地球ひろば共同プロジェクト『グローバル化時代の国際教育のあり方国際比較調査 最終報告書（第１分冊）』2014年，６-２ページ。

終章
初等社会科教育の課題と展望

〈この章のポイント〉
　初等社会科教育の課題としては，学習内容，学習方法，教師の社会科に関する能力，それぞれにおいて存在する。すなわち，学習すべき内容が多い，問題解決的な学習の難しさ，教師の多忙化による教材研究不足などである。他方，社会科としてうまく機能している点も多々ある。本章では社会科は持続可能な社会づくりのための教育として，将来に向けた教科であること，そのための教師のあり方について解説する。

1　社会科の課題

［1］　学習内容の多さ

　社会科は，社会的事象に関することを扱うので，その範囲は広い。また，日々情報は増え，技術は向上し，世界は変革していく。社会科はこうした絶え間なく変化する社会に対応していかなければならない。他方で，社会科の学習時間は限られている。こうしたなかで，どのような内容を取り上げていくのかという選択は難しい。社会科の教科書の内容を教えていればいいと考えることもできるが，教科書の情報ではすでに遅い場合もある。近年はデジタル教科書が取り入れられ，データの更新もしやすくはなっているが，それはさらに情報量を増やすことになり，教師の学習内容の選択能力をより一層要求することにもなる。

　小学校第3学年〜第4学年の身近な地域の学習では，学習の仕方として教科書は参考になるが，学習内容が教科書と一致していることは少ない。そのため，市町村レベルの副読本などが使用されるが，近年は市町村合併により，市町村が広域になり，副読本がその範囲を網羅できないことから，副読本に頼ることができない場合もでてきた。

　こうした状況のなかで，社会科学習としての教師の教材を取捨選択する選択能力が問われてくる。ある社会的事象を理解するためには，この内容はおとせない，この内容を摑んでおけば変化する社会にも対応できるといった教師としての判断能力が必要となる。そのためには，教師が豊富な知識を有し，それを背景として判断していかなければならない。現代社会において情報が減ること

▷1　デジタル教科書
紙媒体の教科書と同様に，検定の対象となることになった。資料の更新が瞬時にできたり，動画を使ったり，文字や図表の拡大縮小，マスキング，他の資料の組み入れなど多くの機能をもち，大量の情報を保管できるなど，授業の教材として有用である（本書の71ページの側注▷11も参照）。

はない。学習内容の対象が多いことは，社会科の宿命ともいえるが，課題でもある。

２　学習方法の難しさ

　社会科教育，とくに小学校では課題解決的な学習方法が採用される。社会科が始まった昭和20年代は，初期社会科といわれ子どもたちの生活上の問題（当時は子どもたちの生活上の問題は社会的な問題とも重なりあっていた）を解決するためのプロセスが重視された。社会科では，解答がある課題と社会的な解答がみえない課題の両者を扱う。解答がある課題とは，教科書を読んでいけば，あるいは調べていけば解答に到達できるものである。この場合は，直接，その解答を知識として教えることもできる。しかし，それを知識として教えるのではなく，調べるプロセスを学ばせることが重要で，それによって子どもたちが自ら知識を獲得したという充実感と学びのプロセスを習得することができる。

　一方，解答のでない社会的課題もある。授業では，解答のでる課題を学習する学びのプロセスと，解答のでない社会的課題を見出すことが求められる。教師が，この２つの課題をしっかり意識して授業をしていかないと，わかっていることについて時間をかけて調べるだけになったり，根拠のない口先だけの解決策で終わってしまったりする。それでは社会科の授業としての意味がない。学習内容に合わせて適切な授業方法を採用しなければいけないという難しさがあり，それが社会科の課題の一つであるといえる。

３　教材研究の大変さ

　社会科の大変さはその教材研究にある。社会的な事象は常に変化し多様である。それは授業としては多くの切り口があり，教師の腕の見せ所でもあり，教師の個性を活かせる場でもある。つまりは教材研究が大切になってくる。社会科では，教科書，資料集も充実しているので，教科書にそって授業を進めることでも授業は成立する。しかし，社会科の教材は教科書だけではなく，身の回りに多く存在している。教科書に基づきながらも，教材を教師自身で作成することで，魅力的な授業が成立することは多い。例えば，児童に提示する写真一つをとっても，教科書に載っている写真を詳しく説明するのは難しく，ただ見るだけで終わってしまうことが多い。しかし，自分で撮った写真では，その写真から何を伝えたいのか，どうしてその写真を撮ったのか，臨場感をもって説明できるので，聞いている児童たちも関心をもちやすい。そのため，その写真をうまく使えば，授業内容の理解も深まり，景観写真を読み取る技能も育成しやすくなる。

　他方で，教師の多忙化により，十分に教材研究の時間がとれないともいわれ

▷２　初期社会科
第３章でふれたが，社会科が成立した1947（昭和22）年から系統学習が採用される1955（昭和30）年版学習指導要領までの，問題解決学習を学習方法としていた社会科をさす（本書第３章を参照）。

▷３　景観写真
単なる風景写真ではなく，そこに主観的および客観的な意味をもたせた写真をさす。その景色から何を伝えたいのか，あるいはどのような地理的な意味を見出せるのかといったことを考えさせ，その景観を読み解こうとする。教科書の写真も景観写真であることが多いが，読み解くことをしなければ，「きれいだね」程度の感想で終わる単なる風景写真となってしまい，教材として活用できなくなる。

る。社会科の教材は，身近にも，旅行先にでもどこにでもみつけられる。日常の業務が多忙な場合でも，休暇での旅行先で撮った写真や資料が使えることが少なくない。むしろ，授業内容を思い浮かべながらここで撮った写真が使えそうと思いながらシャッターをきることも多くなる。休暇ではゆっくり休みたいと思う反面，教師としての資料収集も行ってしまうのは，教師の性ともいえる。多忙で教材研究の時間がとれないという課題もあるが，休暇を利用した旅行先での写真や資料は，魅力的で効果的な教材ともなりうる。楽しみながら教材研究ができるというのは社会科を教える教師の醍醐味となろう。

2　将来に向けての社会科のあり方

1　将来を見据える社会科

　日本ではESD（持続可能な開発のための教育）が注目され，日本の提案によりユネスコが推進役となり，2005年から2014年までを「ESDの10年」として，世界的にESDが推進された。2015年以降もESDの精神は引き継がれている。ESDは全教科にまたがるものではあるが，社会科とはとくに密接に結びついている。

▷4　ESD
ESDは社会科でいうところの「持続可能な社会づくり」の教育とほぼ同義で用いられる。「ESDの10年」は，2014年に終了したが，ESDの実践は続けられており，2015年の国連サミットで採択されたSDGs（持続可能な開発目標）などとも関連している。

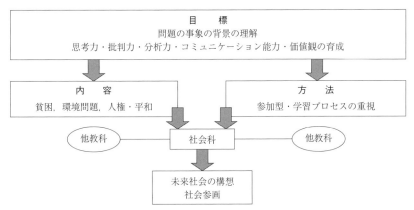

図終-1　持続可能な社会の形成ための社会科のフレームワーク
出所：井田（2011）の一部を筆者が改変。

　図終-1は，持続可能な社会の形成のための社会科のフレームワークを示しているが，ESDに基づいたフレームワークと考えてよい。目標にコミュニケーション能力・価値観などの育成がおかれ，そのための内容と方法が示されている。これに基づいた社会科は他教科との関連をもちながら，未来社会の構想や社会参画に導くといったフレームワークである。ここに示されるように，社会科を学習した先には未来社会を構想できる能力をもてるようなフレームワーク

となっている。

　翻って日本の初等社会科教育でも，「平和で民主的な国家及び社会の形成者」の育成が目標となっており，社会を構想する能力の育成が求められているといえる。社会科は「暗記科目」といわれていたが，知識をいかに活用して社会を形成するのかという能力を育成することが重視されるようになった。初等社会科，つまりは小学校の社会科は，その能力を育成する基礎を培う教科として発展していくことが期待される。

［２］　社会科を教える教師として

　小学校の社会科は，方法論（学習のプロセス）が重視されてきたが，その方法は学習内容がともなわないと効果がうすい。したがって，社会的事象の理解，情報収集が社会科を教える教師にはより一層求められるようになり，それにより第５学年〜第６学年での教科担任制が進むかもしれない。

　一方で，前述したように，社会科の教材は身近にどこにでもある。とくに初等教育では，教師の関心が子どもに与える影響が大きいので，社会科を教える教師は，趣味なども活かしながら楽しんで教材研究をし，自らも楽しめる授業づくりを行えることが理想である。魅力ある社会科授業は，教師の手作りの教材研究ともかかわってこよう。ICT が進むなか，ICT を使いながらも，アナログ的な授業づくりが，今後の社会科を教える教師には必要となってこよう。

▷5　教科担任制
小学校では学級担任が全教科を教えるという学級担任制が基本だが，第５学年〜第６学年になり教科が専門化することにより，専門とする教科について，その教科のみを専門に学級をこえて教えるのが教科担任制である。小学校でも教科担任制を導入する学校は増えている。

▷6　ICT
Information and Communication Technology の略。情報・通信に関する技術の総称。学校教育ではデジタル教科書をはじめ，電子黒板，インターネット，GIS（地理情報システム）など ICTを取り入れた学校環境が整備され，授業でも ICT が活用されている。

Exercise

① 自分の周りの社会科の課題は何だろう。社会科に関する課題を整理してみよう。
② 自分がまとめた社会科の課題について，どのようにそれを克服，解決していけるのだろうか，他の人たちとも話し合ってみよう。
③ 話し合いの結果や他の学校の取り組みなども参考にして，自分で改善できる点，他の人たちと協力できる点を見出し，提案，実施してみよう。

📖次への一冊

『社会科教育』編集部編『平成29年度学習指導要領改訂のポイント　小学校・中学校社会』明治図書出版，2017年。
　　新学習指導要領改訂のポイントが，キーワードや事例に即しながら解説されている。ポイントといいながらも，社会科の本質にせまる課題として書かれている。

井田仁康編『教科教育における ESD の実践と課題——地理・歴史・公民・社会科』古
　今書院，2017年。
　　　ESD の実践と課題が記されている。日本だけでなく海外での ESD のあり方にもふ
　　れられており，現状の ESD の実践を理解し，展望をもつのに有用な研究書である。
永田忠道・池野範男編著『地域からの社会科の探究』日本文教出版，2014年。
　　　社会科の著名な実践者の授業分析やインタビューがあり，社会科を教える教師のあ
　　り方を考えるうえで参考になる。また，そこに社会科の課題や展望も教師を通して
　　みえてくる。

引用・参考文献

井田仁康「持続可能な社会の形成のための社会科・地理歴史科——高等学校地理歴史科
　における融合科目の提案」『社会科教育研究』No.113，2011年，1 〜 8 ページ。

小学校学習指導要領　社会

第1　目　標

　社会的な見方・考え方を働かせ，課題を追究したり解決したりする活動を通して，グローバル化する国際社会に主体的に生きる平和で民主的な国家及び社会の形成者に必要な公民としての資質・能力の基礎を次のとおり育成することを目指す。

(1)　地域や我が国の国土の地理的環境，現代社会の仕組みや働き，地域や我が国の歴史や伝統と文化を通して社会生活について理解するとともに，様々な資料や調査活動を通して情報を適切に調べまとめる技能を身に付けるようにする。

(2)　社会的事象の特色や相互の関連，意味を多角的に考えたり，社会に見られる課題を把握して，その解決に向けて社会への関わり方を選択・判断したりする力，考えたことや選択・判断したことを適切に表現する力を養う。

(3)　社会的事象について，よりよい社会を考え主体的に問題解決しようとする態度を養うとともに，多角的な思考や理解を通して，地域社会に対する誇りと愛情，地域社会の一員としての自覚，我が国の国土と歴史に対する愛情，我が国の将来を担う国民としての自覚，世界の国々の人々と共に生きていくことの大切さについての自覚などを養う。

第2　各学年の目標及び内容

〔第3学年〕

1　目　標

　社会的事象の見方・考え方を働かせ，学習の問題を追究・解決する活動を通して，次のとおり資質・能力を育成することを目指す。

(1)　身近な地域や市区町村の地理的環境，地域の安全を守るための諸活動や地域の産業と消費生活の様子，地域の様子の移り変わりについて，人々の生活との関連を踏まえて理解するとともに，調査活動，地図帳や各種の具体的資料を通して，必要な情報を調べまとめる技能を身に付けるようにする。

(2)　社会的事象の特色や相互の関連，意味を考える力，社会に見られる課題を把握して，その解決に向けて社会への関わり方を選択・判断する力，考

えたことや選択・判断したことを表現する力を養う。

(3)　社会的事象について，主体的に学習の問題を解決しようとする態度や，よりよい社会を考え学習したことを社会生活に生かそうとする態度を養うとともに，思考や理解を通して，地域社会に対する誇りと愛情，地域社会の一員としての自覚を養う。

2　内　容

(1)　身近な地域や市区町村（以下第2章第2節において「市」という。）の様子について，学習の問題を追究・解決する活動を通して，次の事項を身に付けることができるよう指導する。

　ア　次のような知識及び技能を身に付けること。

　　(ア)　身近な地域や自分たちの市の様子を大まかに理解すること。

　　(イ)　観察・調査したり地図などの資料で調べたりして，白地図などにまとめること。

　イ　次のような思考力，判断力，表現力等を身に付けること。

　　(ア)　都道府県内における市の位置，市の地形や土地利用，交通の広がり，市役所など主な公共施設の場所と働き，古くから残る建造物の分布などに着目して，身近な地域や市の様子を捉え，場所による違いを考え，表現すること。

(2)　地域に見られる生産や販売の仕事について，学習の問題を追究・解決する活動を通して，次の事項を身に付けることができるよう指導する。

　ア　次のような知識及び技能を身に付けること。

　　(ア)　生産の仕事は，地域の人々の生活と密接な関わりをもって行われていることを理解すること。

　　(イ)　販売の仕事は，消費者の多様な願いを踏まえ売り上げを高めるよう，工夫して行われていることを理解すること。

　　(ウ)　見学・調査したり地図などの資料で調べたりして，白地図などにまとめること。

　イ　次のような思考力，判断力，表現力等を身に付けること。

(ア) 仕事の種類や産地の分布，仕事の工程などに着目して，生産に携わっている人々の仕事の様子を捉え，地域の人々の生活との関連を考え，表現すること。

(イ) 消費者の願い，販売の仕方，他地域や外国との関わりなどに着目して，販売に携わっている人々の仕事の様子を捉え，それらの仕事に見られる工夫を考え，表現すること。

(3) 地域の安全を守る働きについて，学習の問題を追究・解決する活動を通して，次の事項を身に付けることができるよう指導する。

ア　次のような知識及び技能を身に付けること。
(ア) 消防署や警察署などの関係機関は，地域の安全を守るために，相互に連携して緊急時に対処する体制をとっていることや，関係機関が地域の人々と協力して火災や事故などの防止に努めていることを理解すること。
(イ) 見学・調査したり地図などの資料で調べたりして，まとめること。

イ　次のような思考力，判断力，表現力等を身に付けること。
(ア) 施設・設備などの配置，緊急時への備えや対応などに着目して，関係機関や地域の人々の諸活動を捉え，相互の関連や従事する人々の働きを考え，表現すること。

(4) 市の様子の移り変わりについて，学習の問題を追究・解決する活動を通して，次の事項を身に付けることができるよう指導する。

ア　次のような知識及び技能を身に付けること。
(ア) 市や人々の生活の様子は，時間の経過に伴い，移り変わってきたことを理解すること。
(イ) 聞き取り調査をしたり地図などの資料で調べたりして，年表などにまとめること。

イ　次のような思考力，判断力，表現力等を身に付けること。
(ア) 交通や公共施設，土地利用や人口，生活の道具などの時期による違いに着目して，市や人々の生活の様子を捉え，それらの変化を考え，表現すること。

3　内容の取扱い

(1) 内容の(1)については，次のとおり取り扱うものとする。
ア　学年の導入で扱うこととし，アの(ア)については，「自分たちの市」に重点を置くよう配慮す

ること。

イ　アの(イ)については，「白地図などにまとめる」際に，教科用図書「地図」（以下第2章第2節において「地図帳」という。）を参照し，方位や主な地図記号について扱うこと。

(2) 内容の(2)については，次のとおり取り扱うものとする。
ア　アの(ア)及びイの(ア)については，事例として農家，工場などの中から選択して取り上げるようにすること。
イ　アの(イ)及びイの(イ)については，商店を取り上げ，「他地域や外国との関わり」を扱う際には，地図帳などを使用して都道府県や国の名称と位置などを調べるようにすること。
ウ　イの(イ)については，我が国や外国には国旗があることを理解し，それを尊重する態度を養うよう配慮すること。

(3) 内容の(3)については，次のとおり取り扱うものとする。
ア　アの(ア)の「緊急時に対処する体制をとっていること」と「防止に努めていること」については，火災と事故はいずれも取り上げること。その際，どちらかに重点を置くなど効果的な指導を工夫をすること。
イ　イの(ア)については，社会生活を営む上で大切な法やきまりについて扱うとともに，地域や自分自身の安全を守るために自分たちにできることなどを考えたり選択・判断したりできるよう配慮すること。

(4) 内容の(4)については，次のとおり取り扱うものとする。
ア　アの(イ)の「年表などにまとめる」際には，時期の区分について，昭和，平成など元号を用いた言い表し方などがあることを取り上げること。
イ　イの(ア)の「公共施設」については，市が公共施設の整備を進めてきたことを取り上げること。その際，租税の役割に触れること。
ウ　イの(ア)の「人口」を取り上げる際には，少子高齢化，国際化などに触れ，これからの市の発展について考えることができるよう配慮すること。

〔第4学年〕

1　目　標

社会的事象の見方・考え方を働かせ，学習の問題を

追究・解決する活動を通して，次のとおり資質・能力を育成することを目指す。

(1) 自分たちの都道府県の地理的環境の特色，地域の人々の健康と生活環境を支える働きや自然災害から地域の安全を守るための諸活動，地域の伝統と文化や地域の発展に尽くした先人の働きなどについて，人々の生活との関連を踏まえて理解するとともに，調査活動，地図帳や各種の具体的資料を通して，必要な情報を調べまとめる技能を身に付けるようにする。

(2) 社会的事象の特色や相互の関連，意味を考える力，社会に見られる課題を把握して，その解決に向けて社会への関わり方を選択・判断する力，考えたことや選択・判断したことを表現する力を養う。

(3) 社会的事象について，主体的に学習の問題を解決しようとする態度や，よりよい社会を考え学習したことを社会生活に生かそうとする態度を養うとともに，思考や理解を通して，地域社会に対する誇りと愛情，地域社会の一員としての自覚を養う。

2 内 容

(1) 都道府県（以下第2章第2節において「県」という。）の様子について，学習の問題を追究・解決する活動を通して，次の事項を身に付けることができるよう指導する。

ア 次のような知識及び技能を身に付けること。

(ア) 自分たちの県の地理的環境の概要を理解すること。また，47都道府県の名称と位置を理解すること。

(イ) 地図帳や各種の資料で調べ，白地図などにまとめること。

イ 次のような思考力，判断力，表現力等を身に付けること。

(ア) 我が国における自分たちの県の位置，県全体の地形や主な産業の分布，交通網や主な都市の位置などに着目して，県の様子を捉え，地理的環境の特色を考え，表現すること。

(2) 人々の健康や生活環境を支える事業について，学習の問題を追究・解決する活動を通して，次の事項を身に付けることができるよう指導する。

ア 次のような知識及び技能を身に付けること。

(ア) 飲料水，電気，ガスを供給する事業は，安全で安定的に供給できるよう進められているこ

とや，地域の人々の健康な生活の維持と向上に役立っていることを理解すること。

(イ) 廃棄物を処理する事業は，衛生的な処理や資源の有効利用ができるよう進められていることや，生活環境の維持と向上に役立っていることを理解すること。

(ウ) 見学・調査したり地図などの資料で調べたりして，まとめること。

イ 次のような思考力，判断力，表現力等を身に付けること。

(ア) 供給の仕組みや経路，県内外の人々の協力などに着目して，飲料水，電気，ガスの供給のための事業の様子を捉え，それらの事業が果たす役割を考え，表現すること。

(イ) 処理の仕組みや再利用，県内外の人々の協力などに着目して，廃棄物の処理のための事業の様子を捉え，その事業が果たす役割を考え，表現すること。

(3) 自然災害から人々を守る活動について，学習の問題を追究・解決する活動を通して，次の事項を身に付けることができるよう指導する。

ア 次のような知識及び技能を身に付けること。

(ア) 地域の関係機関や人々は，自然災害に対し，様々な協力をして対処してきたことや，今後想定される災害に対し，様々な備えをしていることを理解すること。

(イ) 聞き取り調査をしたり地図や年表などの資料で調べたりして，まとめること。

イ 次のような思考力，判断力，表現力等を身に付けること。

(ア) 過去に発生した地域の自然災害，関係機関の協力などに着目して，災害から人々を守る活動を捉え，その働きを考え，表現すること。

(4) 県内の伝統や文化，先人の働きについて，学習の問題を追究・解決する活動を通して，次の事項を身に付けることができるよう指導する。

ア 次のような知識及び技能を身に付けること。

(ア) 県内の文化財や年中行事は，地域の人々が受け継いできたことや，それらには地域の発展など人々の様々な願いが込められていることを理解すること。

(イ) 地域の発展に尽くした先人は，様々な苦心や努力により当時の生活の向上に貢献したことを理解すること。

小学校学習指導要領　社会

(ウ)　見学・調査したり地図などの資料で調べたりして，年表などにまとめること。
イ　次のような思考力，判断力，表現力等を身に付けること。
(ア)　歴史的背景や現在に至る経過，保存や継承のための取組などに着目して，県内の文化財や年中行事の様子を捉え，人々の願いや努力を考え，表現すること。
(イ)　当時の世の中の課題や人々の願いなどに着目して，地域の発展に尽くした先人の具体的事例を捉え，先人の働きを考え，表現すること。
(5)　県内の特色ある地域の様子について，学習の問題を追究・解決する活動を通して，次の事項を身に付けることができるよう指導する。
ア　次のような知識及び技能を身に付けること。
(ア)　県内の特色ある地域では，人々が協力し，特色あるまちづくりや観光などの産業の発展に努めていることを理解すること。
(イ)　地図帳や各種の資料で調べ，白地図などにまとめること。
イ　次のような思考力，判断力，表現力等を身に付けること。
(ア)　特色ある地域の位置や自然環境，人々の活動や産業の歴史的背景，人々の協力関係などに着目して，地域の様子を捉え，それらの特色を考え，表現すること。
3　内容の取扱い
(1)　内容の(2)については，次のとおり取り扱うものとする。
ア　アの(ア)及び(イ)については，現在に至るまでに仕組みが計画的に改善され公衆衛生が向上してきたことに触れること。
イ　アの(ア)及びイの(ア)については，飲料水，電気，ガスの中から選択して取り上げること。
ウ　アの(イ)及びイの(イ)については，ごみ，下水のいずれかを選択して取り上げること。
エ　イの(ア)については，節水や節電など自分たちにできることを考えたり選択・判断したりできるよう配慮すること。
オ　イの(イ)については，社会生活を営む上で大切な法やきまりについて扱うとともに，ごみの減量や水を汚さない工夫など，自分たちにできることを考えたり選択・判断したりできるよう配慮すること。

(2)　内容の(3)については，次のとおり取り扱うものとする。
ア　アの(ア)については，地震災害，津波災害，風水害，火山災害，雪害などの中から，過去に県内で発生したものを選択して取り上げること。
イ　アの(ア)及びイの(ア)の「関係機関」については，県庁や市役所の働きなどを中心に取り上げ，防災情報の発信，避難体制の確保などの働き，自衛隊など国の機関との関わりを取り上げること。
ウ　イの(ア)については，地域で起こり得る災害を想定し，日頃から必要な備えをするなど，自分たちにできることなどを考えたり選択・判断したりできるよう配慮すること。
(3)　内容の(4)については，次のとおり取り扱うものとする。
ア　アの(ア)については，県内の主な文化財や年中行事が大まかに分かるようにするとともに，イの(ア)については，それらの中から具体的事例を取り上げること。
イ　アの(イ)及びイの(イ)については，開発，教育，医療，文化，産業などの地域の発展に尽くした先人の中から選択して取り上げること。
ウ　イの(ア)については，地域の伝統や文化の保存や継承に関わって，自分たちにできることなどを考えたり選択・判断したりできるよう配慮すること。
(4)　内容の(5)については，次のとおり取り扱うものとする。
ア　県内の特色ある地域が大まかに分かるようにするとともに，伝統的な技術を生かした地場産業が盛んな地域，国際交流に取り組んでいる地域及び地域の資源を保護・活用している地域を取り上げること。その際，地域の資源を保護・活用している地域については，自然環境，伝統的な文化のいずれかを選択して取り上げること。
イ　国際交流に取り組んでいる地域を取り上げる際には，我が国や外国には国旗があることを理解し，それを尊重する態度を養うよう配慮すること。

〔第5学年〕
1　目　標
社会的事象の見方・考え方を働かせ，学習の問題を追究・解決する活動を通して，次のとおり資質・能力

を育成することを目指す。

(1) 我が国の国土の地理的環境の特色や産業の現状，社会の情報化と産業の関わりについて，国民生活との関連を踏まえて理解するとともに，地図帳や地球儀，統計などの各種の基礎的資料を通して，情報を適切に調べまとめる技能を身に付けるようにする。

(2) 社会的事象の特色や相互の関連，意味を多角的に考える力，社会に見られる課題を把握して，その解決に向けて社会への関わり方を選択・判断する力，考えたことや選択・判断したことを説明したり，それらを基に議論したりする力を養う。

(3) 社会的事象について，主体的に学習の問題を解決しようとする態度や，よりよい社会を考え学習したことを社会生活に生かそうとする態度を養うとともに，多角的な思考や理解を通して，我が国の国土に対する愛情，我が国の産業の発展を願い我が国の将来を担う国民としての自覚を養う。

2　内　容

(1) 我が国の国土の様子と国民生活について，学習の問題を追究・解決する活動を通して，次の事項を身に付けることができるよう指導する。

ア　次のような知識及び技能を身に付けること。

(ア) 世界における我が国の国土の位置，国土の構成，領土の範囲などを大まかに理解すること。

(イ) 我が国の国土の地形や気候の概要を理解するとともに，人々は自然環境に適応して生活していることを理解すること。

(ウ) 地図帳や地球儀，各種の資料で調べ，まとめること。

イ　次のような思考力，判断力，表現力等を身に付けること。

(ア) 世界の大陸と主な海洋，主な国の位置，海洋に囲まれ多数の島からなる国土の構成などに着目して，我が国の国土の様子を捉え，その特色を考え，表現すること。

(イ) 地形や気候などに着目して，国土の自然などの様子や自然条件から見て特色ある地域の人々の生活を捉え，国土の自然環境の特色やそれらと国民生活との関連を考え，表現すること。

(2) 我が国の農業や水産業における食料生産について，学習の問題を追究・解決する活動を通して，次の事項を身に付けることができるよう指導する。

ア　次のような知識及び技能を身に付けること。

(ア) 我が国の食料生産は，自然条件を生かして営まれていることや，国民の食料を確保する重要な役割を果たしていることを理解すること。

(イ) 食料生産に関わる人々は，生産性や品質を高めるよう努力したり輸送方法や販売方法を工夫したりして，良質な食料を消費地に届けるなど，食料生産を支えていることを理解すること。

(ウ) 地図帳や地球儀，各種の資料で調べ，まとめること。

イ　次のような思考力，判断力，表現力等を身に付けること。

(ア) 生産物の種類や分布，生産量の変化，輸入など外国との関わりなどに着目して，食料生産の概要を捉え，食料生産が国民生活に果たす役割を考え，表現すること。

(イ) 生産の工程，人々の協力関係，技術の向上，輸送，価格や費用などに着目して，食料生産に関わる人々の工夫や努力を捉え，その働きを考え，表現すること。

(3) 我が国の工業生産について，学習の問題を追究・解決する活動を通して，次の事項を身に付けることができるよう指導する。

ア　次のような知識及び技能を身に付けること。

(ア) 我が国では様々な工業生産が行われていることや，国土には工業の盛んな地域が広がっていること及び工業製品は国民生活の向上に重要な役割を果たしていることを理解すること。

(イ) 工業生産に関わる人々は，消費者の需要や社会の変化に対応し，優れた製品を生産するよう様々な工夫や努力をして，工業生産を支えていることを理解すること。

(ウ) 貿易や運輸は，原材料の確保や製品の販売などにおいて，工業生産を支える重要な役割を果たしていることを理解すること。

(エ) 地図帳や地球儀，各種の資料で調べ，まとめること。

イ　次のような思考力，判断力，表現力等を身に付けること。

小学校学習指導要領　社会

　　㋐　工業の種類，工業の盛んな地域の分布，工業製品の改良などに着目して，工業生産の概要を捉え，工業生産が国民生活に果たす役割を考え，表現すること。
　　㋑　製造の工程，工場相互の協力関係，優れた技術などに着目して，工業生産に関わる人々の工夫や努力を捉え，その働きを考え，表現すること。
　　㋒　交通網の広がり，外国との関わりなどに着目して，貿易や運輸の様子を捉え，それらの役割を考え，表現すること。
　(4)　我が国の産業と情報との関わりについて，学習の問題を追究・解決する活動を通して，次の事項を身に付けることができるよう指導する。
　　ア　次のような知識及び技能を身に付けること。
　　㋐　放送，新聞などの産業は，国民生活に大きな影響を及ぼしていることを理解すること。
　　㋑　大量の情報や情報通信技術の活用は，様々な産業を発展させ，国民生活を向上させていることを理解すること。
　　㋒　聞き取り調査をしたり映像や新聞などの各種資料で調べたりして，まとめること。
　　イ　次のような思考力，判断力，表現力等を身に付けること。
　　㋐　情報を集め発信するまでの工夫や努力などに着目して，放送，新聞などの産業の様子を捉え，それらの産業が国民生活に果たす役割を考え，表現すること。
　　㋑　情報の種類，情報の活用の仕方などに着目して，産業における情報活用の現状を捉え，情報を生かして発展する産業が国民生活に果たす役割を考え，表現すること。
　(5)　我が国の国土の自然環境と国民生活との関連について，学習の問題を追究・解決する活動を通して，次の事項を身に付けることができるよう指導する。
　　ア　次のような知識及び技能を身に付けること。
　　㋐　自然災害は国土の自然条件などと関連して発生していることや，自然災害から国土を保全し国民生活を守るために国や県などが様々な対策や事業を進めていることを理解すること。
　　㋑　森林は，その育成や保護に従事している人々の様々な工夫と努力により国土の保全など重要な役割を果たしていることを理解すること。
　　㋒　関係機関や地域の人々の様々な努力により公害の防止や生活環境の改善が図られてきたことを理解するとともに，公害から国土の環境や国民の健康な生活を守ることの大切さを理解すること。
　　㋓　地図帳や各種の資料で調べ，まとめること。
　　イ　次のような思考力，判断力，表現力等を身に付けること。
　　㋐　災害の種類や発生の位置や時期，防災対策などに着目して，国土の自然災害の状況を捉え，自然条件との関連を考え，表現すること。
　　㋑　森林資源の分布や働きなどに着目して，国土の環境を捉え，森林資源が果たす役割を考え，表現すること。
　　㋒　公害の発生時期や経過，人々の協力や努力などに着目して，公害防止の取組を捉え，その働きを考え，表現すること。
　3　内容の取扱い
　(1)　内容の(1)については，次のとおり取り扱うものとする。
　　ア　アの㋐の「領土の範囲」については，竹島や北方領土，尖閣諸島が我が国の固有の領土であることに触れること。
　　イ　アの㋒については，地図帳や地球儀を用いて，方位，緯度や経度などによる位置の表し方について取り扱うこと。
　　ウ　イの㋐の「主な国」については，名称についても扱うようにし，近隣の諸国を含めて取り上げること。その際，我が国や諸外国には国旗があることを理解し，それを尊重する態度を養うよう配慮すること。
　　エ　イの㋑の「自然条件から見て特色ある地域」については，地形条件や気候条件から見て特色ある地域を取り上げること。
　(2)　内容の(2)については，次のとおり取り扱うものとする。
　　ア　アの㋑及びイの㋑については，食料生産の盛んな地域の具体的事例を通して調べることとし，稲作のほか，野菜，果物，畜産物，水産物などの中から一つを取り上げること。
　　イ　イの㋐及び㋑については，消費者や生産者の立

場などから多角的に考えて，これからの農業などの発展について，自分の考えをまとめることができるよう配慮すること。

(3) 内容の(3)については，次のとおり取り扱うものとする。

ア アの(イ)及びイの(イ)については，工業の盛んな地域の具体的事例を通して調べることとし，金属工業，機械工業，化学工業，食料品工業などの中から一つを取り上げること。

イ イの(ア)及び(イ)については，消費者や生産者の立場などから多角的に考えて，これからの工業の発展について，自分の考えをまとめることができるよう配慮すること。

(4) 内容の(4)については，次のとおり取り扱うものとする。

ア アの(ア)の「放送，新聞などの産業」については，それらの中から選択して取り上げること。その際，情報を有効に活用することについて，情報の送り手と受け手の立場から多角的に考え，受け手として正しく判断することや送り手として責任をもつことが大切であることに気付くようにすること。

イ アの(イ)及びイの(イ)については，情報や情報技術を活用して発展している販売，運輸，観光，医療，福祉などに関わる産業の中から選択して取り上げること。その際，産業と国民の立場から多角的に考えて，情報化の進展に伴う産業の発展や国民生活の向上について，自分の考えをまとめることができるよう配慮すること。

(5) 内容の(5)については，次のとおり取り扱うものとする。

ア アの(ア)については，地震災害，津波災害，風水害，火山災害，雪害などを取り上げること。

イ アの(ウ)及びイの(ウ)については，大気の汚染，水質の汚濁などの中から具体的事例を選択して取り上げること。

ウ イの(イ)及び(ウ)については，国土の環境保全について，自分たちにできることなどを考えたり選択・判断したりできるよう配慮すること。

〔第6学年〕

1 目 標

社会的事象の見方・考え方を働かせ，学習の問題を追究・解決する活動を通して，次のとおり資質・能力を育成することを目指す。

(1) 我が国の政治の考え方と仕組みや働き，国家及び社会の発展に大きな働きをした先人の業績や優れた文化遺産，我が国と関係の深い国の生活やグローバル化する国際社会における我が国の役割について理解するとともに，地図帳や地球儀，統計や年表などの各種の基礎的資料を通して，情報を適切に調べまとめる技能を身に付けるようにする。

(2) 社会的事象の特色や相互の関連，意味を多角的に考える力，社会に見られる課題を把握して，その解決に向けて社会への関わり方を選択・判断する力，考えたことや選択・判断したことを説明したり，それらを基に議論したりする力を養う。

(3) 社会的事象について，主体的に学習の問題を解決しようとする態度や，よりよい社会を考え学習したことを社会生活に生かそうとする態度を養うとともに，多角的な思考や理解を通して，我が国の歴史や伝統を大切にして国を愛する心情，我が国の将来を担う国民としての自覚や平和を願う日本人として世界の国々の人々と共に生きることの大切さについての自覚を養う。

2 内 容

(1) 我が国の政治の働きについて，学習の問題を追究・解決する活動を通して，次の事項を身に付けることができるよう指導する。

ア 次のような知識及び技能を身に付けること。

(ア) 日本国憲法は国家の理想，天皇の地位，国民としての権利及び義務など国家や国民生活の基本を定めていることや，現在の我が国の民主政治は日本国憲法の基本的な考え方に基づいていることを理解するとともに，立法，行政，司法の三権がそれぞれの役割を果たしていることを理解すること。

(イ) 国や地方公共団体の政治は，国民主権の考え方の下，国民生活の安定と向上を図る大切な働きをしていることを理解すること。

(ウ) 見学・調査したり各種の資料で調べたりして，まとめること。

イ 次のような思考力，判断力，表現力等を身に付けること。

(ア) 日本国憲法の基本的な考え方に着目して，我が国の民主政治を捉え，日本国憲法が国民生活に果たす役割や，国会，内閣，裁判所と国民との関わりを考え，表現すること。

(イ) 政策の内容や計画から実施までの過程，法令や予算との関わりなどに着目して，国や地方公共団体の政治の取組を捉え，国民生活における政治の働きを考え，表現すること。

(2) 我が国の歴史上の主な事象について，学習の問題を追究・解決する活動を通して，次の事項を身に付けることができるよう指導する。

ア 次のような知識及び技能を身に付けること。その際，我が国の歴史上の主な事象を手掛かりに，大まかな歴史を理解するとともに，関連する先人の業績，優れた文化遺産を理解すること。

(ア) 狩猟・採集や農耕の生活，古墳，大和朝廷（大和政権）による統一の様子を手掛かりに，むらからくにへと変化したことを理解すること。その際，神話・伝承を手掛かりに，国の形成に関する考え方などに関心をもつこと。

(イ) 大陸文化の摂取，大化の改新，大仏造営の様子を手掛かりに，天皇を中心とした政治が確立されたことを理解すること。

(ウ) 貴族の生活や文化を手掛かりに，日本風の文化が生まれたことを理解すること。

(エ) 源平の戦い，鎌倉幕府の始まり，元との戦いを手掛かりに，武士による政治が始まったことを理解すること。

(オ) 京都の室町に幕府が置かれた頃の代表的な建造物や絵画を手掛かりに，今日の生活文化につながる室町文化が生まれたことを理解すること。

(カ) キリスト教の伝来，織田・豊臣の天下統一を手掛かりに，戦国の世が統一されたことを理解すること。

(キ) 江戸幕府の始まり，参勤交代や鎖国などの幕府の政策，身分制を手掛かりに，武士による政治が安定したことを理解すること。

(ク) 歌舞伎や浮世絵，国学や蘭学を手掛かりに，町人の文化が栄え新しい学問がおこったことを理解すること。

(ケ) 黒船の来航，廃藩置県や四民平等などの改革，文明開化などを手掛かりに，我が国が明治維新を機に欧米の文化を取り入れつつ近代化を進めたことを理解すること。

(コ) 大日本帝国憲法の発布，日清・日露の戦争，

条約改正，科学の発展などを手掛かりに，我が国の国力が充実し国際的地位が向上したことを理解すること。

(サ) 日中戦争や我が国に関わる第二次世界大戦，日本国憲法の制定，オリンピック・パラリンピックの開催などを手掛かりに，戦後我が国は民主的な国家として出発し，国民生活が向上し，国際社会の中で重要な役割を果たしてきたことを理解すること。

(シ) 遺跡や文化財，地図や年表などの資料で調べ，まとめること。

イ 次のような思考力，判断力，表現力等を身に付けること。

(ア) 世の中の様子，人物の働きや代表的な文化遺産などに着目して，我が国の歴史上の主な事象を捉え，我が国の歴史の展開を考えるとともに，歴史を学ぶ意味を考え，表現すること。

(3) グローバル化する世界と日本の役割について，学習の問題を追究・解決する活動を通して，次の事項を身に付けることができるよう指導する。

ア 次のような知識及び技能を身に付けること。

(ア) 我が国と経済や文化などの面でつながりが深い国の人々の生活は，多様であることを理解するとともに，スポーツや文化などを通して他国と交流し，異なる文化や習慣を尊重し合うことが大切であることを理解すること。

(イ) 我が国は，平和な世界の実現のために国際連合の一員として重要な役割を果たしたり，諸外国の発展のために援助や協力を行ったりしていることを理解すること。

(ウ) 地図帳や地球儀，各種の資料で調べ，まとめること。

イ 次のような思考力，判断力，表現力等を身に付けること。

(ア) 外国の人々の生活の様子などに着目して，日本の文化や習慣との違いを捉え，国際交流の果たす役割を考え，表現すること。

(イ) 地球規模で発生している課題の解決に向けた連携・協力などに着目して，国際連合の働きや我が国の国際協力の様子を捉え，国際社会において我が国が果たしている役割を考え，表現すること。

3 内容の取扱い

(1) 内容の(1)については，次のとおり取り扱うものとする。

  ア　アの(ア)については，国会などの議会政治や選挙の意味，国会と内閣と裁判所の三権相互の関連，裁判員制度や租税の役割などについて扱うこと。その際，イの(ア)に関わって，国民としての政治への関わり方について多角的に考えて，自分の考えをまとめることができるよう配慮すること。

  イ　アの(ア)の「天皇の地位」については，日本国憲法に定める天皇の国事に関する行為など児童に理解しやすい事項を取り上げ，歴史に関する学習との関連も図りながら，天皇についての理解と敬愛の念を深めるようにすること。また，「国民としての権利及び義務」については，参政権，納税の義務などを取り上げること。

  ウ　アの(イ)の「国や地方公共団体の政治」については，社会保障，自然災害からの復旧や復興，地域の開発や活性化などの取組の中から選択して取り上げること。

  エ　イの(ア)の「国会」について，国民との関わりを指導する際には，各々の国民の祝日に関心をもち，我が国の社会や文化における意義を考えることができるよう配慮すること。

(2) 内容の(2)については，次のとおり取り扱うものとする。

  ア　アの(ア)から(サ)までについては，児童の興味・関心を重視し，取り上げる人物や文化遺産の重点の置き方に工夫を加えるなど，精選して具体的に理解できるようにすること。その際，アの(サ)の指導に当たっては，児童の発達の段階を考慮すること。

  イ　アの(ア)から(サ)までについては，例えば，国宝，重要文化財に指定されているものや，世界文化遺産に登録されているものなどを取り上げ，我が国の代表的な文化遺産を通して学習できるように配慮すること。

  ウ　アの(ア)から(コ)までについては，例えば，次に掲げる人物を取り上げ，人物の働きを通して学習できるよう指導すること。

卑弥呼，聖徳太子，小野妹子，中大兄皇子，中臣鎌足，聖武天皇，行基，鑑真，藤原道長，紫式部，清少納言，平清盛，源頼朝，源義経，北条時宗，足利義満，足利義政，雪舟，

ザビエル，織田信長，豊臣秀吉，徳川家康，徳川家光，近松門左衛門，歌川広重，本居宣長，杉田玄白，伊能忠敬，ペリー，勝海舟，西郷隆盛，大久保利通，木戸孝允，明治天皇，福沢諭吉，大隈重信，板垣退助，伊藤博文，陸奥宗光，東郷平八郎，小村寿太郎，野口英世

  エ　アの(ア)の「神話・伝承」については，古事記，日本書紀，風土記などの中から適切なものを取り上げること。

  オ　アの(イ)から(サ)までについては，当時の世界との関わりにも目を向け，我が国の歴史を広い視野から捉えられるよう配慮すること。

  カ　アの(シ)については，年表や絵画など資料の特性に留意した読み取り方についても指導すること。

  キ　イの(ア)については，歴史学習全体を通して，我が国は長い歴史をもち伝統や文化を育んできたこと，我が国の歴史は政治の中心地や世の中の様子などによって幾つかの時期に分けられることに気付くようにするとともに，現在の自分たちの生活と過去の出来事との関わりを考えたり，過去の出来事を基に現在及び将来の発展を考えたりするなど，歴史を学ぶ意味を考えるようにすること。

(3) 内容の(3)については，次のとおり取り扱うものとする。

  ア　アについては，我が国の国旗と国歌の意義を理解し，これを尊重する態度を養うとともに，諸外国の国旗と国歌も同様に尊重する態度を養うよう配慮すること。

  イ　アの(ア)については，我が国とつながりが深い国から数か国を取り上げること。その際，児童が1か国を選択して調べるよう配慮すること。

  ウ　アの(ア)については，我が国や諸外国の伝統や文化を尊重しようとする態度を養うよう配慮すること。

  エ　イについては，世界の人々と共に生きていくために大切なことや，今後，我が国が国際社会において果たすべき役割などを多角的に考えたり選択・判断したりできるよう配慮すること。

  オ　イの(イ)については，網羅的，抽象的な扱いを避けるため，「国際連合の働き」については，ユニセフやユネスコの身近な活動を取り上げること。また，「我が国の国際協力の様子」につい

ては，教育，医療，農業などの分野で世界に貢献している事例の中から選択して取り上げること。

第3　指導計画の作成と内容の取扱い
1　指導計画の作成に当たっては，次の事項に配慮するものとする。
(1)　単元など内容や時間のまとまりを見通して，その中で育む資質・能力の育成に向けて，児童の主体的・対話的で深い学びの実現を図るようにすること。その際，問題解決への見通しをもつこと，社会的事象の見方・考え方を働かせ，事象の特色や意味などを考え概念などに関する知識を獲得すること，学習の過程や成果を振り返り学んだことを活用することなど，学習の問題を追究・解決する活動の充実を図ること。
(2)　各学年の目標や内容を踏まえて，事例の取り上げ方を工夫して，内容の配列や授業時数の配分などに留意して効果的な年間指導計画を作成すること。
(3)　我が国の47都道府県の名称と位置，世界の大陸と主な海洋の名称と位置については，学習内容と関連付けながら，その都度，地図帳や地球儀などを使って確認するなどして，小学校卒業までに身に付け活用できるように工夫して指導すること。
(4)　障害のある児童などについては，学習活動を行う場合に生じる困難さに応じた指導内容や指導方法の工夫を計画的，組織的に行うこと。
(5)　第1章総則の第1の2の(2)に示す道徳教育の目標に基づき，道徳科などとの関連を考慮しながら，第3章特別の教科道徳の第2に示す内容について，社会科の特質に応じて適切な指導をするこ

と。
2　第2の内容の取扱いについては，次の事項に配慮するものとする。
(1)　各学校においては，地域の実態を生かし，児童が興味・関心をもって学習に取り組めるようにするとともに，観察や見学，聞き取りなどの調査活動を含む具体的な体験を伴う学習やそれに基づく表現活動の一層の充実を図ること。また，社会的事象の特色や意味，社会に見られる課題などについて，多角的に考えたことや選択・判断したことを論理的に説明したり，立場や根拠を明確にして議論したりするなど言語活動に関わる学習を一層重視すること。
(2)　学校図書館や公共図書館，コンピュータなどを活用して，情報の収集やまとめなどを行うようにすること。また，全ての学年において，地図帳を活用すること。
(3)　博物館や資料館などの施設の活用を図るとともに，身近な地域及び国土の遺跡や文化財などについての調査活動を取り入れるようにすること。また，内容に関わる専門家や関係者，関係の諸機関との連携を図るようにすること。
(4)　児童の発達の段階を考慮し，社会的事象については，児童の考えが深まるよう様々な見解を提示するよう配慮し，多様な見解のある事柄，未確定な事柄を取り上げる場合には，有益適切な教材に基づいて指導するとともに，特定の事柄を強調し過ぎたり，一面的な見解を十分な配慮なく取り上げたりするなどの偏った取扱いにより，児童が多角的に考えたり，事実を客観的に捉え，公正に判断したりすることを妨げることのないよう留意すること。

索　引

あ行

IEA（国際教育評価協会）18
愛国（愛国心）25, 153
ICT 49, 102, 174
アカウンタビリティ 162
アクティブ・ラーニング 8
遊び 64
アメリカ 139, 149, 152, 159
暗記 41, 47, 73, 174
安全教育 133
ESD 17, 103, 173
生きる力 52
意見文 91, 102
意思決定 162
一次資料 162
稲作 85
イラスト 47, 66, 95
インターネット 71
ヴァージニアプラン 24
上田薫 26
映像 73
NCLB法 162

か行

外国語活動 71
解体 23
学習意欲 82
学習指導案 125
学習のプロセス 174
学習問題 45, 107, 112
学制 139
学問中心カリキュラム 152
影山清四郎 26
賢い生活 153
課題解決 74, 75
課題解決的な学習 172
課題追究 74, 75
課題把握 74, 75
価値判断 89, 96, 97
学区 160
学校教育法 42
学校図書館 128
カリキュラム・マネジメント 17, 98, 126, 131
カリフォルニアプラン 24
韓国史 155
観察 63, 66, 70, 128, 145, 153
観察法 57

間接民主主義 17
観点別学習状況の評価 52
関連づけ 112
聞き取り 63
『危機に立つ国家』160
気候 95
技能 15
教育課程 160
教育基本法 115
教育スタンダード 160
教育用図書 26
教科横断的 164
教科横断的な学習との関連 132
教科課程 150
教科「市民」116
教科書 171
教科書の発行に関する臨時措置法 42
教科書の無償給与 44
教科用図書 71
教材研究 39, 65
教授要目 150
郷土教育 24
空間認識 49
日下部しげ 22
『くにのあゆみ』22, 27
国を愛する心情（愛国心）108
工夫や努力 85
グラフ 47, 73, 93
グローバリズム 16
軍国主義 22
景観 67, 172
経験 22, 63
経験主義 21
経済教育 146
形式的な評価 57, 102
形式的平等 167
系統学習 4, 9
ゲートキーピング 18
劇的活動 39
見学 35, 38, 39, 65, 76, 93
現代社会 23
現代社会の見方・考え方 7, 13
検定 43
「県内の伝統や文化，先人の働き」82

高学年 140
工業 85
公教育 16
公共施設 66
皇国史観 22
考察・構想 45, 74
公正 164, 165
構成活動 39
公正なものの見方・考え方 164
構想 85, 94, 173
広報誌 64
公民 152
公民科 23
公民的分野 21
公民としての資質・能力 117
国史 152
国定教科書 25, 28, 43
国土 95, 97
国民学校 150, 154
国民的資質 152, 153
国旗 71
異なる扱い 164
子どもの問題 38

さ行

災害 75
作品法 58
参加民主主義 17
産業学習 85
試案 3, 11, 22
GIS 72
GHQ 22, 24, 28
重松鷹泰 11
思考力・判断力・表現力等 6, 7, 9, 13, 15, 41, 75, 79, 131
自己評価 59, 145
資質・能力 64, 96, 115
自助，共助，公助 96, 99
自然災害から人々を守る活動 82
思想品徳 141
実質的平等 167
シティズンシップ教育 116
指導計画 51, 66, 105, 125
指導と評価の一体化 57
児童の発達の段階 106
指導要録 51
市の様子 67

索　引

市の様子の移り変わり　65, 130
自分にできること（自分に何ができ
　　るか）　82, 97
資本主義　16
市民科　116
社会科の初志をつらぬく会　34
社会参加　99, 117
社会参画　82, 123, 173
社会生活科　149
社会的な課題　172
社会的事象の地理的な見方・考え
　　方　7, 13
社会的事象の見方・考え方　7, 13,
　　65
社会的事象の歴史的な見方・考え
　　方　7, 13
社会的ジレンマ　99
社会的な見方・考え方　6, 13, 116,
　　117
社会的な見方や考え方（見方・考
　　え方）　91, 116
社会的判断力　165
社会の問題　38
社会論争問題　96
写真　47, 73, 172
修身　139
授業時間数　106
主権者教育　115, 117
主体的・対話的で深い学び　31,
　　39, 51, 89, 116, 127
主たる教材　41, 42
小学校教則大綱　28
成就基準　156
小中一貫　155
聖徳太子　29, 109
情報　85
情報収集　45
初期社会科　4, 23, 172
食料生産　85
資料　106
新学制　140
真正の評価　58
診断的評価　57
人物学習　27, 113
人物の働きを中心とした学習　106
新聞　71, 94
スタンダード運動　160
図表　47, 58, 107
生活綴方　24, 25
生産や販売　65
政治　141

政治教育　115
政治的中立性　117, 118
政治に関する学習　116
世界史　155
切実　32, 38
絶対評価　52
説話　73
選択・判断　74, 75
総括的評価　57
総合　23
総合科　140
総合性　9, 140
総合的な学習の時間　8, 71, 98, 116
相互評価　145
総則　126, 127
相対評価　52
Social Studies　3
ソビエト　141

た行

大韓民国（韓国）　149
体験活動　7
大正自由教育　26
正しい生活　153
谷川彰英　27
楽しい生活　153
タブレット　49, 102
多様性　162, 168
探究　47
単元　21, 45, 73, 82, 105, 125
地域学習　21, 49
地域素材　63
地域で学ぶ　25
地域との連携　132
地域に見られる生産や販売の仕事
　　130
地域の安全　65
地域の安全を守る働き　130
地域を学ぶ　25
地形　67, 95
知識　15, 143
知識及び技能　6, 9, 13, 15, 79
知識・技能　41, 131
地図　9, 44, 48, 58, 65, 71, 76, 93
地図記号　95
中華人民共和国　139
中華民国　139
中国　139
中等社会科　9
調査　7, 24, 38, 39, 66, 73, 74, 76,
　　82, 128, 153
直接観察　64, 70

地理　139, 141, 152
地理的分野　21
地理歴史科　23
追究　64
通史　105
つまずき　57
低学年　140
低学年社会科　23
デジタル教科書　48, 71, 171
テスト　91, 120, 145
テスト法　59
デューイ, J.　23, 140
伝統行事の維持　75
電力　75
動機付け　45, 74
討議民主主義　17
統計資料　93
東郷平八郎　28
同心円拡大法　150
道徳　23
道徳科　133
道徳教育　128, 140
道徳と法治　142, 145
徳育　146
読書　39
図書館　64
土地利用　67

な行

ナショナリズム　16
ナショナル・カリキュラム　160
西陣織　34
日本生活教育連盟　34
年間指導計画　125, 128, 131
年号　105
年表　107, 112
ノート　58, 91

は行

廃棄物　75
配当時数　66, 130, 131, 134
はい回る社会科　23
白地図　107
博物館　128
発問　112, 149, 152, 156
話し合い　39, 90
パフォーマンス評価　120
パフォーマンス評価法　58
反共・道徳教育　151
PDCA サイクル　133
比較　112
人の動き　95
人びとの健康や生活環境を支える

187

事業　*82*
評価基準　*56*
評価規準　*52, 55, 56*
評定　*51*
平等　*164, 167*
品徳と社会　*141, 145*
品徳と生活　*141, 142*
フィールド・インタビュー　*162*
フィールドワーク　*66, 68*
福岡駅　*34*
副読本　*48, 66, 171*
振り返り　*45, 74*
文化遺産　*105, 112*
文化史　*155*
文部省著作教科書　*43*
分類　*112*
方向づけ（付け）　*45, 74*
防災学習　*95*

法制　*139*
ポートフォリオ評価　*58, 102, 120*

ま行

まとめ　*45, 74, 94*
学びに向かう力・人間性等　*6, 9, 13, 15, 41, 131*
水　*75*
身近な地域　*24, 56, 63, 64, 67*
身近な地域や市（区町村）の様子　*130*
民主主義　*3, 16, 150, 162*
民族文化　*153*
無着成恭　*26*
面接法　*58*
目標に準拠した評価　*52*
問題解究　*45*
問題解決学習　*3, 4, 9, 27, 31*
問題解決的な学習　*45, 73, 74, 82*

問題追究　*45*
問題把握　*45*
問答法　*58*

や行

柳田国男　*27*
『山びこ学校』　*26*
優秀さ　*164*
世論調査　*162*

ら行

ルーブリック　*56*
ルーブリック評価　*120*
歴史　*141, 152*
歴史学習　*105, 112*
歴史的分野　*21*
歴史の担い手　*105*
レディネス　*57*

《監修者紹介》

吉田武男（筑波大学名誉教授）

《執筆者紹介》（所属，分担，執筆順，＊は編著者）

＊井田仁康（編著者紹介参照：はじめに・第1章・終章）

村井大介（静岡大学教育学部講師：第2章）

國分麻里（筑波大学人間系准教授：第3章）

篠﨑正典（信州大学学術研究院［教育学系］准教授：第4章）

＊唐木清志（編著者紹介参照：第5章・第12章・第13章）

桐谷正信（埼玉大学教育学部教授：第6章）

中山正則（埼玉県越谷市立宮本小学校教諭：第7章）

粕谷昌良（筑波大学附属小学校教諭：第8章）

梅澤真一（筑波大学附属小学校教諭：第9章）

大山喜裕（つくば市立吾妻小学校教諭：第10章）

山下真一（筑波大学附属小学校教諭：第11章）

呂　光暁（仙台白百合女子大学人間学部准教授：第14章）

金　玹辰（筑波大学人間系准教授：第15章）

川﨑誠司（東京学芸大学教育学部教授：第16章）

《編著者紹介》

井田仁康（いだ・よしやす／1958年生まれ）

筑波大学人間系教授
『社会科教育と地域──基礎・基本の理論と実践』（単著，NSK出版，2005年）
『地域と教育──地域における教育の魅力』（編著，学文社，2012年）
『究極の中学校社会科──地理編』（編著，2013年，日本文教出版）
『Geography education in Japan』（共編著，2015年，Springer）
『教科教育におけるESDの実践と課題──地理・歴史・公民・社会科』（編著，古今書院，2017年）
『授業が変わる！　新しい中学社会のポイント』（共編著，日本文教出版，2017年）

唐木清志（からき・きよし／1967年生まれ）

筑波大学人間系教授
『子どもの社会参加と社会科教育──日本型サービス・ラーニングの構想』（単著，東洋館出版社，2008年）
『社会参画と社会科教育の創造』（共著，学文社，2010年）
『アメリカ公民教育におけるサービス・ラーニング』（単著，東信堂，2010年）
『モビリティ・マネジメント教育』（共編著，東洋館出版社，2011年）
『シティズンシップ教育で創る学校の未来』（監修，東洋館出版社，2015年）
『防災まちづくり・くにづくり学習』（共編著，悠光堂，2015年）
『「公民的資質」とは何か──社会科の過去・現在・未来』（編著，東洋館出版社，2016年）

MINERVA はじめて学ぶ教科教育③
初等社会科教育

2018年3月30日　初版第1刷発行　　　　　〈検印省略〉
2023年2月10日　初版第2刷発行

定価はカバーに
表示しています

編 著 者	井 田 仁 康
	唐 木 清 志
発 行 者	杉 田 啓 三
印 刷 者	藤 森 英 夫

発行所　株式会社　ミネルヴァ書房

607-8494　京都市山科区日ノ岡堤谷町1
電話代表　（075）581-5191
振替口座　01020-0-8076

ⓒ井田仁康・唐木清志ほか，2018　　　　亜細亜印刷

ISBN978-4-623-08314-5
Printed in Japan

MINERVA はじめて学ぶ教科教育

監修　吉田武男

新学習指導要領［平成29年改訂］に準拠　　全10巻＋別巻1

◆　B5判／美装カバー／各巻190〜260頁／各巻予価2200円（税別）　◆

① 初等国語科教育
塚田泰彦・甲斐雄一郎・長田友紀 編著

② 初等算数科教育
清水美憲 編著

③ 初等社会科教育
井田仁康・唐木清志 編著

④ 初等理科教育
大髙　泉 編著

⑤ 初等外国語教育
卯城祐司 編著

⑥ 初等図画工作科教育
石﨑和宏・直江俊雄 編著

⑦ 初等音楽科教育
笹野恵理子 編著

⑧ 初等家庭科教育
河村美穂 編著

⑨ 初等体育科教育
岡出美則 編著

⑩ 初等生活科教育
片平克弘・唐木清志 編著

別 現代の学力観と評価
樋口直宏・根津朋実・吉田武男 編著

【姉妹編】

MINERVA はじめて学ぶ教職　全20巻＋別巻1

監修 吉田武男　　B5判／美装カバー／各巻予価2200円（税別）〜

① 教育学原論　　　　　　　滝沢和彦 編著
② 教職論　　　　　　　　　吉田武男 編著
③ 西洋教育史　　　　　　　尾上雅信 編著
④ 日本教育史　　　　　　　平田諭治 編著
⑤ 教育心理学　　　　　　　濱口佳和 編著
⑥ 教育社会学　　　飯田浩之・岡本智周 編著
⑦ 社会教育・生涯学習　手打明敏・上田孝典 編著
⑧ 教育の法と制度　　　　　藤井穂高 編著
⑨ 学校経営　　　　　　　　浜田博文 編著
⑩ 教育課程　　　　　　　　根津朋実 編著
⑪ 教育の方法と技術　　　　樋口直宏 編著
⑫ 道徳教育　　　　　　　田中マリア 編著

⑬ 総合的な学習の時間
　　　　　佐藤　真・安藤福光・緩利　誠 編著
⑭ 特別活動　　　　　吉田武男・京免徹雄 編著
⑮ 生徒指導　　　　　花屋哲郎・吉田武男 編著
⑯ 教育相談
　　　高柳真人・前田基成・服部　環・吉田武男 編著
⑰ 教育実習　　　　　三田部勇・吉田武男 編著
⑱ 特別支援教育
　　　　　小林秀之・米田宏樹・安藤隆男 編著
⑲ キャリア教育　　　　　　藤田晃之 編著
⑳ 幼児教育　　　　　　　　小玉亮子 編著
別 現代の教育改革　　　　　徳永　保 編著

ミネルヴァ書房

https://www.minervashobo.co.jp/